徐州体育**70**年

世界冠军名录

徐州市体育局　组织编写

中国矿业大学出版社

·徐州·

图书在版编目(CIP)数据

徐州体育 70 年世界冠军名录 / 徐州市体育局组织编写. — 徐州：中国矿业大学出版社，2024.8. — ISBN 978-7-5646-6401-5

Ⅰ. K825.47-62

中国国家版本馆 CIP 数据核字第 20246EW289 号

书　　名	徐州体育 70 年世界冠军名录	
组织编写	徐州市体育局	
责任编辑	陈　慧	
出版发行	中国矿业大学出版社有限责任公司	
	（江苏省徐州市解放南路　邮编 221008）	
营销热线	(0516)83885370　83884103	
出版服务	(0516)83995789　83884920	
网　　址	http://www.cumtp.com　**E-mail**：cumtpvip@cumtp.com	
印　　刷	苏州市古得堡数码印刷有限公司	
开　　本	787 mm×1092 mm　1/16　**印张** 16.25　**字数** 266 千字	
版次印次	2024 年 8 月第 1 版　2024 年 8 月第 1 次印刷	
定　　价	98.00 元	

（图书出现印装质量问题,本社负责调换）

《徐州体育70年世界冠军名录》
编写委员会

主　任：靖　飞
副主任：吴广跃　　甄宗牧　　吴南宁　　许慧慧　　苗　林
　　　　佟惊扬　　朱　强　　高立功　　李化龙　　李兴勇
委　员：李　鹏　　董　宁　　刘思汝　　魏　兵　　陈祥宏
　　　　郭　杰　　王　磊　　李　展　　黄　斌　　雷华隆
　　　　张伟伟　　谢　淼　　王瑜珩　　郭　申

前　　言

徐州为华夏九州之一,是汉文化的发源地,也是淮海经济区中心城市。地处中国南北交通要塞的徐州,自古就是兵家必争之地,在几千年的传承下,崇文尚武的徐州人,代代将体育融入城市基因。1953年,徐州市人民政府体育运动委员会正式成立,后更名为徐州市体育局。

70年来,徐州体育人秉承"艰苦奋斗,无私奉献,永不服输,勇争第一"的徐州体育精神,打造了"运动之城""健康之城""冠军之城"的城市名片。徐州是全国首批"田径之乡""武术之乡",多次获评"全国群众体育先进单位"。竞技体育更是星耀世界,自1985年产生徐州历史上第一个世界冠军后,共有42人获得109次世界冠军;在2000年悉尼奥运会上,乒乓球运动员闫森成为徐州首个奥运会冠军,至今徐州运动员在夏季奥运会获得5枚金牌、7枚银牌、3枚铜牌,在冬季奥运会获得2枚金牌、2枚银牌,是全国为数不多的"双奥冠军城"。

千古龙飞地,一代帝王乡。徐州"南秀北雄"的城市特质孕育了徐州运动员在世界最高竞技舞台勇攀高峰的潜质,42名世界冠军在15个项目上取得了骄人战绩,多人书写了中国体育史上的传奇。2006年,韩晓鹏夺得中国参加冬奥会以来的首枚雪上项目金牌,成为首位夺得冬奥会金牌的中国男子运动员。2021年东京奥运会,游泳运动员张雨霏80分钟内连破奥运会纪录、世界纪录,以2金2银的成绩成为中国代表团获得奖牌最多的运动员,创造了中国游泳女队单届奥运史上个人最好成绩。

2022年，跳远运动员王嘉男再次创造历史，成为中国和亚洲获得跳远世锦赛冠军的"第一人"。

体育是一座城市的窗口，冠军是一座城市的名片。徐州市体育局组织编写世界冠军名录，以此展现徐州体育70年来的发展历程，弘扬几代徐州体育人拼搏奉献的中华体育精神。本书在编写过程中，得到了社会各界的大力支持，参考了大量历史资料，借鉴了很多宣传文稿和相关作品中的内容，特别是在采访徐州籍世界冠军过程中，他们提供了大量素材、珍贵图片，在此一并致以谢意！

编写委员会

2023 年 12 月

目　录

周传标:徐州世界冠军第一人

　　五省通衢的江苏省徐州市,历来尚武成风,特别是刘邦故里沛县,是我国最早命名的武术之乡,也是武术、技巧的重要发源地。技巧起源于被称为"百戏之祖"的杂技,是一个融体操、舞蹈、音乐为一体的综合性运动艺术,也是一项显示健与美的竞技体育项目。技巧在徐州有着深厚的群众基础和久远的历史传承,徐州出土的汉画像石中就有着生动的刻绘。技巧有较强的观赏价值,优美动听的音乐,风格迥异的造型,抛接和空中翻腾,既高雅优美,又惊险奇特,给人以力量与美的感受。尽管技巧运动在我国溯源悠远,但参与世界比赛却起步较晚,直到 1985 年徐州籍运动员周传标、王沛、王立友首次夺取世界冠军才使我国的技巧运动在国际大赛中崭露头角,这也是徐州运动员获得的第一个世界冠军。从此,徐州体育开始走向巅峰,技巧也成为徐州诞生世界冠军最多的项目。

周传标(左一)

— 1 —

从沛县体校到南京体院

周传标出生于徐州沛县鹿湾乡刘庄村的一个武术世家,祖父和父亲都是远近闻名的武术大师。父亲周长立一生热爱武术,从小就跟着当地著名的老拳师侯长青练功。由于有深厚的武术功底,又会翻跟头,周长立年轻时被杂技团招录为正式职工,经常到各地参加演出。因三年困难时期工资收入低,不能养家糊口,周长立便辞去工作回家务农。因此,父亲也就成为几个孩子的武术教师。周长立是当地武术界著名的"二洪拳"大师,每天带着一帮孩子到村头打麦场上习武练功。他不辞辛苦、无私奉献,带出了一批优秀的武术和技巧人才。1964年3月出生的周传标6岁开始跟父亲练习武术,由于良好的家风传承,周传标对于武术技巧心有灵犀、一点就通。14岁那年,他被选入沛县体校技巧队,师从沈书生教练学习技巧,这是他人生中的一段重要经历。在沈教练指导下,他开始走近技巧运动、熟悉技巧运动,开启了运动生涯的最初道路。

周传标在沛县体校训练期间,国家还处于困难时期,其家庭生活也不富裕。他们这些从农村来的孩子,没钱在学校食堂里入伙吃饭,只能回家背干粮上学,每星期至少要回家两趟,全靠两条腿跑完30多里的路程,在学校靠啃窝头、吃咸菜、喝开水度过了四年艰苦时光。有一次,周传标在沛县体校练习翻跟斗,不慎面部着地,磕掉了两颗门牙,鲜血顿时从嘴里往外流出来。这次意外事故给周传标带来严峻考验。周长立闻讯后赶到县城,沈书生担心家长知情后会心疼孩子,没料到周长立看到受伤的周传标,虽然很关心他、心疼他,却没有说一句泄气的话。周长立鼓励周传标说:"孩子,这点小伤不算事,别打怵,接着练!"周传标明白,父亲总是在关键时刻给予他强大的精神支持。

1980年,周传标被省技巧队的教练看中,调入南京体院参加技巧训练。1981年,他参加了在江西南昌举行的全国比赛,在缺少大赛经验的情况下,一举夺得全国单跳亚军,这让初出茅庐的他获得信心和力量。同年,他进入江苏省专业技巧队,师从著名的都庆廉教练。刚到省队不久,一个非常偶然的机会改变了他的人生轨迹。其间,有一位男子四人项目的运动员突然生病,在选拔替补队员时,周传标成为最佳人选。这是一个良好的机遇,当时周传标只有16岁。

周传标以他的身材优势,被省技巧队男子四人组选为"打底",也叫基础塔座。他这"大力士"的肩上要承担三名技巧健儿的重压,对于这些,周传标毫不畏惧。只是这个胖墩墩的小子缺少点艺术细胞,他那笨拙的舞姿总不能符合舞蹈教练的要求。周传标只好给自己开"小灶",别人休息时,他就把录音机提到宿舍,放起音乐随着节拍苦练,补上每天落下的课程。尽管他尽了最大的努力,仍旧跳得不够潇洒自如,达不到舞蹈教师的要求。这时的周传标有点泄气了,怀疑自己不是练习技巧的料子。苦闷之中,他萌生了打退堂鼓的想法,准备打铺盖卷回乡种地去。

徘徊之际,周传标收到县城里启蒙教练的来信:"退下阵来的不是英雄好汉,而是懦夫。家乡人民不欢迎败将归来!"是啊,就这样灰溜溜地回到沛县,有何颜面去见家乡父老啊!周传标经过反复思考,下定决心坚持下去,决不能半途而废,更不能当逃兵。周传标心里明白,留给自己的只有一条路,拼吧!从舞蹈的基本功开始,从一点一滴、一招一式做起,他要发扬笨鸟先飞的精神,坚信没有克服不了的困难。从此,他在体操房里早来晚走,在舞蹈教练的精心指导下,渐渐领悟到舞蹈的韵律,逐步练出翩翩舞姿。作为男子四人组最下面的那个人,他还要练就大力士的硬功,三个人都以他的肩膀为平台,摆造型、做动作,需要稳定的力量支撑。为了积蓄力量,平时他必须加强压杠铃的练习。汗水打湿了地面,杠铃的重量在不断地增加。他明白,那一个个铁铸的圆盘是测验他毅力的砝码,每加一块就会增添一份成功的希望。

从兵败南宁到夺得世界冠军

1982年,周传标代表江苏技巧队参加在广西南宁举办的全国技巧冠军赛。18岁的周传标信心满满,希望在这次比赛中取得好成绩。由于男子四人项目队伍组建时间不长,有些关键的动作还不够稳定,参加比赛的经验不足,结果兵败南宁。这次比赛的失利引发了周传标深刻的反思,他感到参加重大赛事除了平时的训练积累,还要有参加大赛的心理准备,在赛场上的任何一点动作失误或由此产生的心理波动,都会给比赛带来意想不到的结果。都庆廉教练在总结经验、吸取教训的基础上,对男子四人项目队伍进行优化组合,由周传标、王立友、王沛、赵杰四人重新组建了江苏"男四"项目组。周传标和他的新伙伴们肩负使命,全力以赴投入训练,把压力转化成动力,把失败看作成功的希望。不到一年时间,他们在1983年5月份举行的全国技巧锦标赛上夺得季军,紧接着在下半年的全国技巧冠军赛上获得亚军。从此,他们军心大振,为夺取全国冠军增强了信心，也为夺取世界冠军奠定了基础。

1985年9月，第五届世界杯技巧比赛在北京举行。9月17日下午4点，男子四人组全能冠军争夺战打响。中国队上场的四名队员，除赵杰是从瘦西湖畔的扬州城走来之外，王立友、周传标、王沛三名队员都来自沛县。当他们迈着矫健的步伐走进赛场时，一万余名观众雷鸣般的掌声响彻整个体育馆。音乐响起来，随着《骏马奔驰》欢快奔腾的乐曲，中国男子四人组队员像一匹匹骏马，跃入

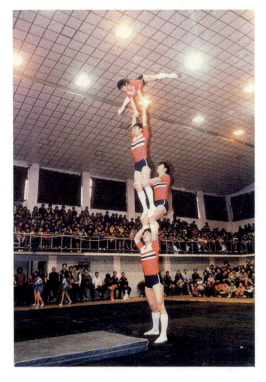

周传标（底座）与队友在比赛中

墨绿色的地毯。他们所展示的第三套动作，是专门为本届世界杯精心编排的，令人耳目一新。只见四名队员配合默契，他们时而飞身腾跃，时而翩翩起舞。四人组合的宝塔立柱（即中国传统的叠罗汉造型的化身）堪称一绝，险而稳，健而美，尤其是最上面的人（塔尖）的倒立动作持续时间长，洒脱优美，引得观众阵阵惊叹。当"跳绳""高抛"等高难度动作陆续展现时，比赛达到高潮。观众屏住呼吸瞪大眼睛观看，不断大声惊呼："好险啊！太绝了！"四名小伙子的精彩表演彻底征服了裁判，他们亮出了39.32的高分。最终，中国队击败夺冠呼声最高的苏联队，捧走男子四人组全能金牌，这是中国在世界技巧赛场上获得的首枚金牌，周传标和他的队友们开创了中国技巧夺取世界冠军的先河。

1988年，周传标在第八届世界技巧锦标赛上再次夺得两枚金牌，为中国技巧项目延续了世界冠军传统，为徐州体育书写了精彩篇章。

从金牌队员到功勋教练

1989年，周传标退役后担任江苏省技巧队教练。他从不因自己是世界冠军

而居功自傲，而是虚心接受有经验教练的指导，潜心研究技巧训练的方法，总结技巧项目成功的秘诀。周传标从助理教练干起，一直到担任江苏省技巧队总教练和国家技巧集训队总教练。周传标身经百战，是一个理论和实践双赢的技巧高手。他牢牢把握男子四人组在动作设计、技巧编排、训练方法等方面的关键，在突出"难、新、稳、美"四字原则的基础上，大胆增加了"巧、绝"两个字，使之成为中国技巧的独门绝技。在周传标"守护、衍变、创新"执教理念的教导下，中国男子四人组在国内外赛场中展示了"人体跳大绳""高抛落花轿"等绝活，至今仍受追捧，每次惊艳亮相都会赢得观众的掌声和惊呼。周传标执掌总教练帅印以来，培养了众多世界冠军和国际级运动健将，他把江苏省技巧队打造成了国家技巧集训基地。从金牌运动员转变成金牌教练，周传标深知肩上的担子沉重，再苦再累也要担起来勇闯难关，为中国培养更多世界冠军。周传标提出教练员必须具有四种精神，即"勇于拼搏、勇于奉献、勇于创新、勇于牺牲"，他也在教练生涯中用行动诠释了这种精神。

周传标教练在训练场上

　　周传标一直担任江苏省技巧队总教练，同时担任国家技巧集训队总教练，还担任过江苏省技巧队领队、国家技巧队副领队，2011 年至 2016 年任南京体育学院教授委员会委员。作为江苏省技巧的带头人，周传标继承了江苏技巧队的优良传统与作风，使江苏省技巧项目一直保持全国领先水平并在国际技巧大赛中不断取得新突破，创造了中国技巧运动的辉煌。

周传标（右二）

当运动员期间，周传标获 1985 年和 1988 年江苏省十佳运动员称号，获 1986 年江苏省人民政府通令嘉奖，获 1987 年江苏省体育局颁发的个人二等功。担任教练员期间，周传标获 2002 年江苏省体育局颁发的教练员二等功；获 2006 年江苏省人民政府颁发的集体一等功；担任国家体育总局教练员职称评审委员会评审专家，享受国务院政府特殊津贴；1986 年至 2016 年间共获中华人民共和国体育运动荣誉奖章 8 次。鉴于为徐州体育做出的杰出贡献，周传标 2014 年被徐州市人民政府授予"徐州世界冠军第一人"称号。

周传标敬业爱岗，有创新精神，传承并发扬了老一辈的光荣传统，能充分利用技巧项目的规则来指导训练，能准确了解国际发展新动态，走在国际技巧发展前沿。目前，周传标担任江苏省蹦床技巧协会副主席。周传标始终坚持用科学训练的思想指导技巧训练，使江苏省技巧队始终保持中国技巧"领头羊"的位置，并打造了江苏技巧"男子四人"品牌，使之成为世界赛场上具有强大竞争力的优势项目。

人物档案

姓名：周传标

性别：男

出生年月：1964 年 3 月

项目：技巧

主要成绩和荣誉：

1985 年 9 月获第五届世界杯技巧比赛男子四人项目全能冠军。

1988 年 12 月获第八届世界技巧锦标赛男子四人项目 2 项冠军。

1985 年被国家体育总局授予"国际级运动健将"称号。

1986 年受到江苏省人民政府通令嘉奖。

2006 年被江苏省人民政府记集体一等功、个人二等功。

1986 年至 2016 年共 8 次被授予中华人民共和国体育运动荣誉奖章。

2014 年被徐州市人民政府授予"徐州世界冠军第一人"称号。

王立友：勇摘技巧世界大赛首金

王立友

1985 年 9 月，第五届世界杯技巧比赛在北京举行，这是技巧项目首次在亚洲国家举办国际大赛。9 月 17 日下午 4 时，备受关注的男子四人项目拉开对决的大幕，王立友和队友王沛、周传标在赛场上展示了中国功夫，以高质量的组合动作和高难度的绝活，一举战胜众多欧洲强队，为中国技巧队获得第一个世界冠军，这也是徐州籍运动员在世界大赛上夺取的首枚金牌。王立友出生于徐州沛县一个农民家庭，自幼酷爱武术，1973 年进入沛县体校技巧队，历经十二年的艰苦磨炼，终于登上世界冠军的领奖台。

武术之乡造就首金之王

徐州是全国闻名的"武术之乡"，无论是在黄河故道，还是微山湖畔，自古以来"尚武"之风甚浓、武术世家层出不穷。"武术之乡"的泥土孕育着众多武术弟子，也为技巧运动打下坚实基础。从小生活在"武术之乡"的王立友，童年的唯一爱好就是翻跟斗、练拳脚。沛县体委干部吴明精下乡检查群体工作时，意外发现了王立友、王沛、周传标这三个"跟斗王"。从 1973 年起，吴明精先后把王立友等三人选到沛县体校技巧队，让他们接受技巧运动的启蒙训练。三个"跟斗王"从乡间翻到县城，好似得到阳光和水分的小幼苗，在有营养的土壤里疯狂生长。几年之后，他们先后进入省技巧队，三棵有强大生命力的苗子，又被插栽到更富有营养的泥土中，为他们成长为参天大树创造了有利条件。

王立友在江苏省队技巧队男子四人组中是大哥也是灵魂人物。他较其他队员年长一些，在队伍里肩负更多的责任，在训练和生活上都可以帮助都庆廉教

王立友回家照（前排左四）

练做好协调工作，成为协助教练管理队伍的好帮手。王立友在男子四人项目中所处的位置也至关重要，他是第一中间人，肩上要站两人，脚下要踩着下面人的肩膀。在抛接上面的人时，他承受的冲击力比较大，需要具备超强的稳定能力。为了完成高难度动作，他每天的训练时长都是四五个小时。处在第一中间人的位置上，训练对他的要求更高，体力消耗也很大，这些对于王立友来说如同家常便饭，每次训练他都严格按照教练的要求，完成超高难度的训练任务。有时为了做好一个动作的细节，需要几十遍、上百遍反复练习。

都庆廉教练的取胜理念中有一个"绝"字，高抛高接是技巧中的"绝活"之一，他设计的"绝活"更是技高一筹，使整个训练过程增加了风险和难度。但"绝活"需要长时间的训练磨合，特别是动作之间的衔接和配合，需要历经无数次失败、付出艰苦卓绝的努力才能成功。王立友克服重重难关，咬牙坚持了下来。特别是"抓轿"这个动作，他首先要完成手部的"抓轿"，再用力抛接上面的人，手与手在动态中抓接、在变换中抛掷，手腕脱皮、手掌流血都是寻常之事。但困难击垮不了王立友的意志，他咬紧牙关，经过千百次的磨合，终于使"抓轿"这一高难动作达到了"高、飘、稳"的要求，为取得最后的胜利奠定基础。

在第五届世界杯技巧比赛中，王立友和另外三名队友摘取了男子四人项目全能桂冠。当五星红旗在赛场上缓缓升起，当庄严的国歌响彻赛场上空时，王立友格外激动，历经十多年的努力，他终于登上技巧运动的世界高峰。这是中国技巧项目获得的第一个世界冠军,使中国技巧运动进入世界最高水平行列,这也是徐州籍运动员在国际大赛中取得的第一枚金牌,是徐州体育开始在世界赛场上争金夺冠的重要标志。

艰苦磨炼助力茁壮成长

体育界的人常说,信念是成功的根本。坚守信念是王立友、周传标、王沛这三位金牌队员永远的追求。论个人条件,他们都不算最好的,可他们牢记着省技巧队都庆廉教练的话:"条件可以靠人创造,信念需要人的意志坚守,不想拿金牌的运动员不是一个好运动员。"江苏省技巧队 1982 年组建男子四人组以来,他们三人就树立了一个坚定信念:"要改变我国男子四人项目落后的状况,走向世界,为国争光!"正是在这种强烈责任感的激励之下,他们奋勇搏击了一千多个日日夜夜,终于站上了世界大赛的最高领奖台。在通往世界冠军的道路上,王立友历经磨炼,从一个爱好武术的农村孩子,逐渐成长为优秀的专业运动员,最终在世界技巧大赛上取得优异成绩,实现为国争光的理想。

王立友 1959 年出生,14 岁时进入沛县体校开始从事技巧运动,历经 12 年的艰苦磨炼,终于完成自己的人生目标,登上了运动生涯的顶峰。王立友经常说,他是从农村走出来的孩子,当年农村的生活环境相当艰苦,他的家庭生活也很困难。在沛县体校学习训练期间,他每星期都要回家背粮,有时还会碰到断粮的窘况。艰苦的生活磨炼了他的意志,促使他更快成长。在王立友的记忆中,沛县体校的 10 年为他今后的生活打下坚实基础,他感谢沛县体校领导和老师的教育培养,感谢教练为他们成长所付出的辛勤汗水。

王立友深情回顾了当年的情景,他印象最深的就是教练张绪印和吴明精,当时学校经费困难,买不起训练用的垫子,两位教练就东拼西凑找来破旧垫子碎片,用缝麻袋的大包针一针一线缝起来,垫子下边再均匀地铺上稻草,训练时可起到缓冲和保护作用。王立友对当年的事情印象特别深刻,教练跪在地上缝制垫子的动作让他终生难忘。当时,学校制订了"严格训练、严格要求、严明纪律、严格管理"的规定,有些同学感觉要求太高、管理太严,对这种管理办法很不适应。但王立友时时想到老师的辛勤、教练的爱护,处处严格要求自己,严格遵守学校的规章制度,全力完成教练布置的训练任务。在沛县体校的 10 年,培养了他"吃大苦,耐大累,担大责,负大任"的精神。

通过参加高层次比赛，王立友领悟了大赛的道理，越是高等级的比赛竞争越激烈。面对高手如云的竞争局面，在比赛的关键时刻，运动员必须具备"狭路相逢勇者胜"的气势。进入省技巧队后，王立友接触的竞争机会越来越多、竞争场面越来越复杂。王立友逐渐明白，在比赛中必须要"有勇有谋"，一方面要研究对手的技术特点，找准对手的缺点和弱点，提高自己的动作质量和技战术水平，以己之长克敌之短；另一方面要研究对方的心理变化，控制自己的情绪，消除心理压力，以不急不躁、从容淡定的良好心理状态克敌制胜。他不断琢磨自己的技术特点，注重发挥特长和优势，力争在比赛中以技艺精湛、形式新颖、稳定优美、造型绝佳的效果而取得胜利。

无悔追求实现人生跨越

当年，在江苏省技巧队男子四人组兵败南宁之后，都庆廉教练大胆起用新人，成立了由王立友、王沛、周传标三个徐州小伙子唱主角的新四人组合，当时并不被各方看好，还受到不少非议。但王立友和队友们坚定信念，无论在训练中碰到多少困难、在比赛中遇到多少挫折，他们都凭着刚强的意志坚持下来，决不半途而废。他们认定了一个道理，运动员的生命就是一场场拼搏，是在奋斗中不断前行的过程。"胜人者有力，自胜者强。"在这个过程中，竞争往往不是来自对手，更重要的是战胜自己。

王立友总结了挑战自我、强化自信、开发潜能的五个基本规律：一是把眼睛盯在奋斗目标上；二是必须相信自己、充满自信；三是不必担心最坏的事情发生，要把注意力高度集中在将要发生的事情上；四是不要担心输赢，要放得开、收得拢，一心一意将比赛进行到底，这样的结果才能是最好的；五是相信自己的潜能，在比赛最激烈、形势最严峻的时刻充分发挥自己的潜能，才能险中求胜。王立友经常回顾说，自我潜能的激活，最好的方法就是挑战自我、战胜自我、建立强大的内心自信。王立友不断挖掘自身潜能，当考验自己的时刻到来时，在赛场上战胜自己、超越自己、战胜对手，实现自我价值，达到自立自强精神的顶峰。

王立友

王立友与队友王沛、周传标在第五届世界杯技巧比赛中实现了人生的重大跨越，为中国技巧夺得第一个世界冠军，也为徐州体育在世界大赛中勇夺首金，终结了徐州体育无世界冠军的历史。无悔追述、永不言弃是王立友终生追求的目标，他多次参加国内、国际大赛并取得优异成绩，谱写了人生壮丽的诗篇，唱响了荡气回肠的《大风歌》。

　　姓名：王立友

　　性别：男

　　出生年月：1959 年 2 月

　　项目：技巧

　　主要成绩和荣誉：

　　1985 年 9 月获第五届世界杯技巧比赛男子四人项目全能冠军。

　　1985 年被国家体育总局授予"国际级运动健将"称号。

　　1986 年受到江苏省人民政府通令嘉奖。

　　1986 年被授予中华人民共和国体育运动荣誉奖章。

　　2014 年被徐州市人民政府授予"徐州世界冠军第一人"称号。

王沛：实现中国技巧"零的突破"

在中国技巧运动的史册上，1985年举行的第五届世界杯技巧比赛有着重要意义。这次比赛是技巧运动国际大赛首次在北京举办。在这次重大国际赛事中，王沛和他的队友获得男子四人项目金牌，这是中国技巧队在世界大赛中首次获得冠军，使中国技巧项目在世界大赛中实现金牌"零的突破"，也开启了徐州体育在世界大赛中夺取冠军的先河。在这次比赛中，王沛气势如虹，为中国技巧首次夺取世界冠军立下了汗马功劳。

王沛

全国比赛初露锋芒

王沛是徐州沛县杨屯镇人，1969年9月出生，8岁进入沛县业余体校参加技巧训练，吴明精、沈书生是他的启蒙教练。1980年他入选江苏省业余体校技巧队，师承顾洪星教练，1982年11月入选江苏省技巧队，成为都庆廉教练门下的一名战将。在名师教导下，王沛一步步走近技巧运动的殿堂，开始了冲击世界冠军之路。

经过三年的技巧专业训练，首次参加在杭州举行的全国技巧冠军赛的王沛，获得男子四人项目第三名，当时的其他三名队员是周传标、于怀玉、丁书东。1981年4月，全国技巧冠军赛在南昌举行，王沛与队友们再次获得男子四人项目第三名，当时的其他三名队员是刘德振、于怀玉、张显军。1982年8月，王沛代表徐州市参加在常熟举行的江苏省第十届运动会技巧比赛,在教练吴明精、沈书生指导下,获得少年男子单人第二名。在省级和全国比赛中,王沛初露锋芒,展现出他在技巧运动中的天赋和实力。经过多年的训练和准备,王沛走上了通往技巧运动巅峰之路。每一次比赛都是一次历练,正是在这大大小小的比赛中,王沛开始摸索比赛规律、积累参赛经验,这些都为他后来能在国际大赛中夺取世界冠军做好了铺垫和准备。

1982 年进入江苏省技巧队后,王沛迎来人生发展的新机遇。他所在的男子四人组被列入江苏技巧运动重点项目,受到各级领导的关注,教练员也在男子四人项目上倾注了巨大精力。教练员确定的目标是:首先在全国比赛中夺冠,取得参加世界大赛的资格。1983 年 6 月,全国技巧冠军赛在成都举行,王沛和队友获得男子四人项目两枚铜牌;在 1983 年 11 月于广州举行的全国技巧锦标赛中获得男子四人全能第四名,同年获得国家级运动健将称号。在 1984 年 5 月于南京举行的全国技巧锦标赛中,王沛与队友王立友、周传标、卞文炎获得男子四人项目两枚金牌。在同年 9 月于合肥举行的全国技巧冠军赛中,王沛又与队友王立友、周传标、赵杰获得男子四人项目两枚金牌。至此,王沛和队友在国内比赛中已经多次获得冠军,锁定了参加世界大赛的资格。

世界大赛勇夺桂冠

1985 年 9 月 16 日是王沛终生难忘的日子,在首都体育馆,规模空前的第五届世界杯技巧比赛开幕。这次比赛是技巧运动国际大赛首次在亚洲举行。参加这次大赛的有来自中国、苏联、保加利亚、联邦德国、英国、美国、波兰等世界各国的运动员。9 月 17 日下午,男子四人项目全能冠军争夺战打响,各国优秀选手展开激烈角逐。男子四人是当时最有影响力的集体项目,历来都是苏联、保加利亚瓜分金银牌。中国技巧运动虽然历史悠久,但参与国际大赛却起步较晚,根本没有被东欧国家放在眼里。

大赛宣告员用普通话和英语宣布男子四人项目比赛开始。苏联队上场,这个曾经夺得 1981 年、1984 年两届世界冠军的男子四人队,雄赳赳、气昂昂,显示出藐视一切的霸王风度。保加利亚队上场,这是个具有相当实力的男子四人队,素以沉着老练、配合默契著称,此时也显得胸有成竹。中国队上场,四名队员均来自江苏,除赵杰从瘦西湖畔的扬州城走来之外,王沛、王立友、周传标三名队员都来自汉高祖刘邦故里——徐州沛县。当他们迈着矫健的步伐走进赛场时，一万余名观众雷鸣般的掌声响彻整个体育馆。

根据抽签结果，中国队首先登场献艺。技巧比赛的评判规则和体操比赛大同小异。裁判员的"印象分"至关重要，往往会因为裁判员的某些因素，把一个挺有夺魁希望的参赛队扼杀。在裁判员工作的常规中，面对第一个参赛队伍，打分往往会格外严格，有时甚至表现得苛刻。而且，这次大赛的裁判员几乎都来自东欧国家，赛场上的各类因素都明显对中国队不利。

随着《骏马奔驰》欢快奔腾的乐曲响起，中国男子四人组队员像一匹匹骏马，跃入墨绿色的地毯。他们所展示的第三套动作，是专门为本届世界杯精心编排的，令在场所有人都耳目一新。只见四名队员各显优势、配合默契，四人组合的"宝塔立柱"稳稳立起来，展现了中国传统的叠罗汉造型。这个造型堪称一绝，险而稳，健而美，尤其是最上面的"塔尖"王沛，倒立动作持续时间长、动作洒脱优美，博得观众的阵阵掌声。当"跳绳""高抛"等高难度动作陆续展现时，比赛达到高潮。随后，王立友和周传标把王沛向空中高高抛起，王立友、周传标、赵杰三人立即组合成"花轿"，把从高空落地的王沛稳稳地接在"轿"上，顿时现场观众掌声雷动。四个小伙子的精彩表演彻底征服了裁判，他们击败夺冠呼声最高的苏联队，捧走了男子四人项目全能金牌。

就这样，王沛代表中国技巧队参加第五届世界杯技巧比赛，获得男子四人项目1枚金牌、2枚银牌，这是中国技巧队在世界大赛中获得的第一枚金牌，使中国技巧项目在世界大赛中实现金牌"零的突破"，也开启了徐州体育在世界大赛夺取冠军的先河。

成长之路艰辛曲折

王沛初到江苏省技巧队时，刚刚过了12岁生日。他个子矮小，常被队友们开玩笑地唤作"小不点"。省技巧队的专业训练使王沛进入一个更高的层次，他一开始还有点不太适应。在训练中，除了翻跟斗轻车熟路，其余科目他都比较生疏，特别是技巧中的基础练习单跳对他来说是个全新的挑战，虽竭尽全力却很难完成教练规定的动作。教练开始怀疑这个从乡间走来的"跟斗王"是否能适应正规的技巧比赛，曾产生了把他退回沛县体校的想法。

沛县体委干部、王沛的启蒙教练吴明精得知消息后心急如焚。他想到，王沛好不容易进入省专业队,真要是被淘汰回乡,那就太可惜了。当时通信条件比较落后,吴明精教练只能火速写信与省队教练取得了联系,请求省队教练给王沛一个考验的机会,农村的孩子也许是大器晚成。省技巧队的都庆廉教练被吴明精的真情打动,让王沛留在省队继续训练。幸运的是,省技巧队筹建男子四人组,都庆廉教练慧眼识金,认为这个"小不点"是上面人的理想人选,让王沛成为男子四人组的关键人物。

王沛(右一)

在"塔尖"上表演的各种倒立姿势,是从单调乏味的倒立动作中提炼而成的。王沛虽然人小,但是那股子倔劲却令人折服。有一回练倒立,教练说看谁能坚持到最后。王沛憋着劲坚持,10分钟后伙伴一个个都倒地了,最后他一人还稳稳地倒立在那里。王沛的毅力感动了都庆廉教练,他不住地夸道:"好样的,好样的,有了这种硬拼的精神,就能高质量地完成训练任务!"

王沛16岁时体重才70多斤,这个年龄正是男孩子长身体的时期,加上每天大运动量训练,需要补充更多能量。但他是四人"宝塔"的"塔尖",需要控制体重,每顿饭只吃三两主食,其他饮食也必须严格控制。有一次,王沛去莫斯科参加世界技巧邀请赛,精美的西餐刺激着食欲,让他真想狼吞虎咽吃个痛快。可一拿起刀叉,他就想到了自己的使命,任何时候都要控制饮食,于是在就餐时故意中途溜掉,避免控制不住食欲。每当伙伴开玩笑地逗他多吃点时,王沛总是坚定地说:"少吃点东西是为了参加大赛,只要能夺取金牌,这点诱惑还是经得起的!"

王沛4岁开始武术、技巧的基础练习,1977年进入沛县体校后开始接触正规的技巧训练，1982年进入省技巧队成为专业的技巧运动员，1985年和队友一起获得技巧世界杯比赛冠军。历经整整12年的艰苦磨砺，王沛终于登上了运动生涯的顶峰。

成功之后执掌帅印

在夺得第五届技巧世界杯男子四人组全能冠军后，王沛又参加世界技巧锦标赛获得两枚银牌，同年被授予中华人民共和国体育运动荣誉奖章，1986年获得江苏省人民政府通令嘉奖。

1989年，王沛进入南京体院和上海体院运动训练系深造，获得大学本科学历，这让他的理论修养得到进一步提升。1991年退役后，王沛担任南京市技巧队教练，开启执教生涯。1995年，王沛被调到南京市体操队执掌帅印。尽管王沛在技巧教练的岗位上已经得心应手，但他服从组织安排，毅然接受新的挑战。勤奋好学的王沛克服了从未练过体操的困难，充分发挥其技巧和武术基本功优势，虚心向体操教练学习，执教水平逐步提升。

王沛

经过坚持不懈的努力，王沛对少年儿童体操训练有了独到的见解，借助当运动员时积累的经验，不断创新训练理念、改进训练方法，在体操训练方面的成绩也开始令人刮目相看。他所带的队员在全国比赛中屡获金牌,很多队员被选入国家队。王沛从世界冠军运动员逐步成长为优秀教练员,他在培养青少年运动员过程中特别重视挖掘潜能。他说,一个运动员的成就往往是与他的能力紧紧挂钩的,而他的能力又往往与自我潜能的发挥和充分利用密切相关。他运用自己的训练理念,全身心地投入到培养青少年运动员的工作中,为国家的体育事业奉献力量。

姓名:王沛

性别:男

出生年月:1969 年 9 月

项目:技巧

主要成绩和荣誉:

1985 年 9 月获第五届世界杯技巧比赛男子四人项目全能冠军。

1985 年被国家体育总局授予"国际级运动健将"称号。

1985 年被授予中华人民共和国体育运动荣誉奖章。

1986 年受到江苏省人民政府通令嘉奖。

2014 年被徐州市人民政府授予"徐州世界冠军第一人"称号。

杜彪：人生理想就是追求卓越

1988 年 12 月，在比利时安特卫普举行的第八届世界技巧锦标赛上，徐州籍运动员杜彪与其师兄周传标等信心百倍地走进赛场。经过激烈角逐，杜彪、周传标与队友们共同努力拼搏，夺取了男子四人项目的两个冠军。这是继 1985 年徐州技巧运动员周传标、王沛、王立友首夺世界技巧大赛金牌后，徐州运动员再次获得冠军，杜彪也从一位默默无闻的运动员一跃成为技巧界的传奇人物。

杜彪（后排居中）

传承家风抱负远大

自幼生活在武术世家的杜彪，从小受到家风的熏陶。祖父杜宗厚在当地武术界享有盛名，是当地著名的抗日英雄。抗日战争期间，杜宗厚眼看着日寇入侵、国破家亡，义无反顾投身抗战队伍，积极参与对敌斗争。在抗日战争最艰难的岁月里，他曾担任当地抗联秘书、抗联主任等重要职务。当国家危难时，他凭着一腔爱国热血,与日寇展开殊死战斗。他以自己练就的一身武功,手持双枪,出入敌营,在敌后抗日中屡立奇功。面对强敌,杜宗厚从不畏惧,出生入死,英勇杀敌,在一次战斗中不幸牺牲,谱写了一曲中国抗战的英雄赞歌。

父亲杜富华继承尚武家风,从小就喜欢武术,曾拜在孟广印老拳师门下,刻苦修炼梅花拳。他尊师好学,得到孟广印老拳师的真传。在打好扎实的基本功后,他又在梅花拳大师李振亭指导下专攻梅花桩功夫,练得出神入化。经过多年磨砺,杜富华成为沛县梅花拳第十四世传人。

受父亲影响,杜彪从小迷恋武术,跟着父亲习武练功,在父亲的严格训练下成为同龄人中的佼佼者。扎实的武术功底为杜彪日后练习技巧运动创造了得天独厚的条件。杜彪四岁开始习武,父亲就是他的启蒙老师。杜彪从小就跟着父亲翻跟头、练武功,直到进入省体校之前,父亲都一直陪伴着他,并且深刻地影响着他的整个人生道路。杜彪经常说,父母是他人生中的第一任教师,家庭是他人生中的第一所学校,崇德尚武家风的耳濡目染在他身上留下深深的烙印。杜彪从父母身上学会了修德,懂得了自尊,磨炼了意志,锤炼了品质,家庭教育为他人生的成长和进步奠定了坚实基础。

1985年是沛县武术和技巧运动史上值得骄傲的一年,沛县籍技巧选手王立友、周传标、王沛夺得世界杯冠军,三位世界冠军同出一县,这在当地引起轰动效应。这个喜讯顿时传遍沛县城乡,也极大地鼓舞了从事技巧训练的杜彪。他暗下决心,争取在技巧运动中有所成就,通过自己的努力,有朝一日能在世界技巧大赛中为家乡父老争光。

历经坎坷终成正果

杜彪七岁那年,父亲把他送进沛县体校,师从刘厚义教练。刘厚义是当地的梅花拳高手,也是技巧项目的知名教练,培养过众多武术、技巧全国冠军,并培养出多名技巧世界冠军。在刘厚义教练指导下,杜彪对技巧有了初步的了解,技巧运动比武术要求更高、动作更复杂、难度更大。凭着勤学苦练,杜彪在技巧项目上的天赋逐步展现,他希望能走周传标、王立友、王沛三位师兄同样的道路,希望有一天能进省技巧队,实现参加世界大赛的梦想。

沛县体校当时开始推行"三严"治校,以"严格训练、严格要求、严格管理"提高办学质量。杜彪在沛县体校完成了从武术向技巧的过渡,他开始喜欢技巧、热爱技巧,对技巧也有了自己的领悟。当时的杜彪正处于青少年成长期,心理及思想方面还不成熟,加上性格倔强,对于学校推行的"三严"管理很不适应,便离开了沛县体校和他热爱的技巧运动,经沛县体校举重教练韩大俊介绍,进入徐州体校参加举重项目的训练。在徐州体校这个新环境中,杜彪的视野逐步开阔,接触了新项目,师从了新教练,结识了新朋友。也是在这个新的生活和训练环境中,他渐渐度过了青少年思想上的叛逆期,情绪上也逐步稳定,在教练指导下举重成绩不断提高。尽管他很喜欢这个新的训练环境,但技巧运动始终在他心里占据着重要位置。

在历经坎坷和曲折之后,幸运之门再次打开,默默等待中的杜彪迎来运动生涯的重大转机。当省技巧队都庆廉教练到沛县选才时,刘厚义教练推荐了杜彪。都庆廉与刘厚义有多年交情,他相信刘厚义的观察能力和识才能力,也深知刘厚义对运动人才的特殊情感,主动到现场考察了杜彪的情况。杜彪身体素质、体能状况好,对技巧动作的领悟能力强,被都庆廉教练一眼相中,经过举重训练的他在力量上更具优势,这也是教练看好他的重要原因。很快,杜彪就收到调入省技巧队训练的通知,从此走上了运动生涯的崭新道路。

被选拔到省技巧队后,杜彪的人生轨迹发生了巨大变化。对技巧的热爱、对成功的追求,都给了他无穷的动力。他在体能和技术方面快速提高,一跃成为省技巧队的后起之秀。这时的杜彪在历经挫折之后,心理逐步成熟,信念更加坚定,目标更加远大,逐渐形成了冲击世界冠军的远大抱负。

1988 年 12 月,在第八届世界技巧锦标赛上,杜彪和师兄周传标一起获得男子四人组全能和第一套两项冠军。在全场观众热烈的掌声中,他终于登上世界冠军的领奖台,实现了理想和抱负。历经十多年的艰苦磨炼,历经运动生涯的曲折坎坷,杜彪的努力终于获得回报,如愿获得了世界技巧运动的最高荣誉。

回乡创业潜心育人

改革的深入推进、体育产业政策的宽松,为面临退役的杜彪提供了更多选择。他经过再三考虑,做出了一个令全省体育界和家乡父老都为之一惊的决定:1990 年 12 月,放弃留在省城工作的机会,携妻子回老家沛县创业。1993 年 8 月,杜彪以个人出资的方式办起沛县"武术技巧馆"。这是全省第一家由世界冠军私人开办的武术技巧培训机构,为青少年体育后备人才培养开辟了一条新路

杜彪(左二)获世界冠军后返乡

径。在他的细心经营下,这所武术技巧馆以崭新面貌出现在家乡父老面前,众多青少年体育爱好者慕名而来,为他所选择的创业之路增添了新动力。经过他全身心的投入,武术技巧馆创造了骄人的业绩,在全省体育界被传为佳话。

1996 年,杜彪在原武术技巧馆的基础上办起武术学校,昔日的世界冠军成为武术学校校长兼总教练。由技巧世界冠军成为武术学校校长,从运动员变成教练员,杜彪的人生角色发生了重大转变。武术学校创办之后,杜彪开启了新的发展思路,走进了体育教育的神圣殿堂。当年沛县体校的办学理念给了他很多新的启发,其实施的"一切为了学生,为了学生的一切,为了一切学生"的办学宗旨,成为他办学的思想基础。在办学中他始终遵循"科学选苗、引导成长、磨炼成才、激励成长"的培训原则,继承和借鉴沛县体校"严格训练、严格要求、严格管理"的"三严"原则,把学校办得井井有条。

对于学校的教师和教练,他提出"政治上严要求,思想上常鼓励,工作上压担子,业务上勤指导,生活上多关心"的管理理念。经过不断探索和实践,杜彪对体育教育有了更深刻的理解,他认识到,成功教育的力量来源于"身教重于言教",这是教育的真谛和内涵。因为在实施"成功教育"过程中,首先要求教育者自身必须具备强大的人格力量,其次才是传授知识和技艺的能力。身教能够为受教育者展现良好的形象,而良好的形象能够对受教育者产生影响力和感染力。缺少感染力的教育、夸夸其谈的说教、华而不实的空谈,在受教育者面前是苍白无力的。杜彪和他的教育团队，把这些办学理念浸润在教育教学的每一个环节中。

杜彪的武术学校自 1996 年创办以来，经过多年的潜心经营，有了很大发展，在教育教学和运动训练方面硕果累累，为国家培训和输送了大批优秀体育后备人才——徐家辉在全国跆拳道比赛中获得冠军；韩洁获得全运会女子跆拳道亚军，2006 年获得全国跆拳道比赛冠军，之后在伊朗举行的世界跆拳道大赛上获得亚军；杜梦娜在全国武术比赛中获得女子散打冠军；孟二伟两次参加全国武术散打比赛，获得亚军和季军。

杜彪

杜彪曾经沸腾着一腔热血，在中国技巧运动史上留下光辉的一页，通过十多年的努力和期盼，最终登上运动生涯的最高峰。之后，他专注培养青少年体育后备人才，为国家的体育事业做出新贡献。他用不懈的追求，诠释了生命的意义，成就了远大抱负和卓越追求。

姓名：杜彪

性别：男

出生年月：1967 年 10 月

项目：技巧

主要成绩和荣誉：

1988 年获第八届世界技巧锦标赛男子四人项目 2 项冠军。

1988 年被国家体育总局授予"国际级运动健将"称号。

1988 年被授予中华人民共和国体育运动荣誉奖章。

1993 年创办杜彪武术学校并任校长。

苏红:历经风雨洗礼　化作飞天彩虹

苏红从小聪明伶俐、人见人爱,在大人眼里,她是别人家的孩子,从小就成为孩子们的榜样。苏红的母亲当时在新沂市新安小学任教,担任语文老师和班主任。苏红从小就经常跟着母亲在学校里玩,这让小小年纪的她有机会接触到体操这个运动项目。新安小学有位带体操队出名的赵启芹老师,早年在徐州体育学校就读,在体操方面有一技之长。20 世纪 60 年代初,国家处于经济困难时期,徐州体育学校暂时停办,赵启芹被分配到新沂担任体育教师。由于对体操有着特殊的情怀,赵启芹就在所任教的学校开辟了一块体操训练的区域,其所带的体操队很快就脱颖而出,每年代表徐州地区参加中小学体操比赛,都能够取得好的成绩,苏红就是这支队伍中的一员。

兴趣是成功的翅膀

由于得天独厚的条件,苏红 4 岁就开启体育运动生涯,一接触体操运动就表现出过人的天赋,各种动作一学就会。赵启芹老师很快就慧眼相中了小小年纪的苏红,有意识地带着苏红去接触女子体操项目的各类器械,发现苏红很有灵气,对所有的体操训练器械都很感兴趣,短时间内都能练得像模像样,成为学校体操队的尖子选手。虽然只是业余训练,但苏红对体操运动如同其他小朋友喜欢玩布娃娃一样痴迷。这朵小娇花在训练场上展现出准确的动作、优美的姿态和刚毅的性格,逐渐显露出在体操运动中的非凡天赋,尤其是在学习翻腾动作和练习跳马中的出色表现,令赵启芹教练欣喜无比,他看到了这个小女孩的潜力,也隐隐感觉到苏红在体操方面有不可估量的前景。

当时,学校的训练环境十分简陋,条件也很艰苦。苏红的一双体操鞋总是舍不得穿,留着比赛时用。练习跳马时都是光着脚在泥土铺成的助跑道上跑,每堂训练课下来全身都是泥水,搞得灰头土脸的。特别是练习高低杠和平衡木时,双手和髋关节经常被碰得血肉模糊。但苏红从小就有一股子犟劲,不怕伤、不怕痛,简单处理一下伤口就继续训练。时间长了,手和脚上的皮肤都变得粗糙,手心上也长满了茧子。苏红在训练中认真对待每一个动作,不完成训练任务决不罢休。对体操的执着和爱好,给苏红插上了理想的翅膀,她开始在充满兴趣的天空中飞翔。

苏红的母亲早年从师范学校毕业,在师范学校读书期间兴趣广泛,特别热衷体育运动,经常活跃在学校的运动场上。苏红的母亲经常到体操房看苏红训练,通过与赵启芹教练的交谈,苏红的母亲对苏红参加体操训练的前景充满信心。她看到女儿在体操方面确实有一定天赋,而且对体操运动有着发自内心的热爱,进一步坚定了对苏红体操训练的支持,她的想法与赵启芹教练不谋而合。家长和教练携手,开始引导苏红向体操运动的方向发展。

机遇是成功的桥梁

1982年,12岁的苏红参加江苏省第十届运动会,在赛场上被省技巧队教练都庆廉和丁小平看中,刚刚小学毕业的苏红离开家乡来到省城,接受专业技巧训练,开启人生最辉煌的技巧运动生涯。这时,来自徐州少年儿童体操队的宋娜也进入省技巧队,两朵小娇花不期而遇。这次相逢真是天赐良机,八年之后,机遇成全了两位世界冠军,她们获得中国技巧的首枚女子双人项目世界大赛金牌。

苏红身材修长、肌体柔美,技艺、力量和体能俱佳,是女子双人组下面人的理想人选。宋娜个子娇小、机智敏捷,在市体操队练就了扎实的基本功,使她能胜任女子双人组上面人的角色。她们在训练中不断磨合、交融,在女子双人项目第一套静力性动作、第二套动力性动作、第三套动静结合全能动作中都有出色表现。

大姐姐苏红是底座,承担下面人的重任。在做静态动作时,苏红作为底座要支撑宋娜做各种姿态动作的展示,要使托举在上面的人纹丝不动、稳如泰山;在训练动态动作时,又需要密切合作,这对苏红的要求更

苏红(右)和宋娜比赛照

高,她要不停地引领宋娜一道奔腾、跳跃、翻滚,需要两个人的默契配合,使动作天衣无缝。在无数次的磨合中,宋娜经常会从上面掉下来,砸得苏红身上青一块紫一块的。在练双手对接时,两人要迅速稳健地抓握对方的手,流血伤痛是家常便饭,长期训练使她俩的手掌都结起了老茧,但两姐妹从来不叫苦叫累,总是能够高质量完成教练布置的训练任务。回到宿舍,苏红像大姐姐般呵护宋娜,一同化解艰苦训练的疲劳和思念家乡亲人的苦闷。省技巧队内外都称赞她们真像是一对亲姐妹,机缘巧遇搭建了两姐妹成功的桥梁。

苏红(下)训练中

技巧女子双人是难度较大的项目,教练的要求也特别高。无论是滴水成冰的严冬,还是酷暑难耐的盛夏,苏红和宋娜都在训练房里承受高强度的训练,每天进行抛接练习至少要达到160次,总是练到大汗淋漓、上气不接下气。手臂无数次的对接、身体无数次的冲撞让她们伤痕累累。每次训练结束后,全身的肌肉关节酸痛,整个人都像散了架一样,但第二天,她们仍然精神抖擞地出现在训练场上。作为双人项目的底座,需要强大的力量支撑,苏红每天还要与杠铃打交道,除了完成教练规定的训练量,还常常自觉增加训练内容,以保证上面人在做动作时能够有足够的支撑和稳定,以提高双人技巧的质量。经过八年的艰苦训练,她们最终迎来收获的季节。

信心是成功的关键

1990 年 5 月,在去参加全国比赛途中,宋娜突发阑尾炎,为保证比赛进行,她采取了紧急的保守治疗,顶着病情复发的风险匆匆赶去赛场。由于种种因素的干扰,比赛中的第一套动作有失误,没有获得全能冠军。接下来是争夺世界比赛的参赛权,两姐妹在这个项目上有一定优势,动作难度也比较大,虽然临场发挥不够稳定,但最终进入选拔的行列,这使她们增添了信心和希望。通过两个多月的封闭训练,历经三次选拔,她们用实力获得了参加世界技巧锦标赛的资格。

1990 年 11 月,苏红和宋娜出征德国,参加第九届世界技巧锦标赛。时年 20 岁的苏红,青春焕发,妩媚动人;13 岁的宋娜初脱稚嫩,豆蔻年华。经过多年的训练,她俩配合默契、技艺娴熟,特别是在高难动作"绝活"方面可以说是艺压群芳。她们满怀信心奔赴赛场,要以精湛的技艺去征服外国裁判和欧洲观众。

然而,命运似乎在刻意考验这对中国姐妹花。在第一套静力性动作比赛中,尽管动作完美、表现不俗,却被偏心的外国裁判使了"绊子",比赛结束宣布结果时,她们仅名列第二。在国际技巧大赛上,"打印象分""打偏袒分"的情况时有出现,当时中国缺少技巧项目的国际级裁判,赛场上的"生杀大权"被东欧国家的裁判独揽,导致女双项目吃了大亏。

这种不公正的裁判,遭到中国代表团的抗议,苏红、宋娜拒绝上台领奖。中国队把这一不公正的裁判结果上报至大赛最高执裁会,要求仲裁重新审议比赛成绩。大赛组委会接受了中国队的抗议,临时决定把整个比赛暂停 10 分钟,同意重新审议比赛结果。大赛组委会最终改判,决定把金牌颁发给中国女双。苏红、宋娜终于夺回金牌,中国姐妹花在赛场上扬眉吐气。这次改判显示出中国队在世界赛场上地位的变化,中国队终于有了自己的话语权。

这一意外的插曲,并未打乱志在夺魁的中国女双的阵脚,在接下来的第二套动力性动作比赛中,苏红、宋娜超常发挥,亮出了"绝活",曾经在国内赛场展示的高难度创新动作,在德国赛场上依然能起到克敌制胜的关键作用。她俩以无可挑剔的表现,令吹毛求疵的外国裁判们吃惊地感叹:"中国花实在了不起!高难动作属世界领先!"在这次比赛中,苏红、宋娜连获两项世界冠军,为中国技巧队在世界大赛中夺取了女子项目的第一枚金牌。这对机缘巧合的姐妹花,经过

苏红(后排中)与教练丁习明(后排右一)、队友宋娜(前排)合影

艰苦卓绝的努力,终于成就了自己的壮丽人生,双双化作飞天彩虹。梅花香自苦寒来,彩虹总在风雨后。世界领先的高难度动作,岂是一天两天就能轻易练成的?正如苏红所说,她的人生字典里没有偷懒两个字。对教练布置的每一个任务、每一个动作,她都是苦练实练巧练,反复打磨,高质量完成,直到教练认为过关了才行。在十多年的专业训练中,她始终把个人理想融入集体梦想,把荣誉藏在心头,把挑战当作机遇,把责任当作习惯,拼搏进取,无私奉献,为国争光。

坚守是成功的延续

优秀运动员的最佳竞技年华毕竟是短暂的,这是任何人都无法抗拒的自然规律。1993年,第七届全运会后,苏红恋恋不舍地告别了技巧赛场,专心攻读南京体育学院的大学课程。1995年退役后,苏红调入徐州市体育局从事体育运动管理工作。就像当年从体操改练技巧一样,她需要尽快熟悉新的工作环境。苏红以高度的适应能力,很快就完成了角色转换。

苏红先是在徐州市体育总会从事群众体育工作,以世界冠军的社会影响力,带动全市群体健身活动蓬勃开展,受到广大体育爱好者的欢迎。之后,她又调入竞技体育处,从事竞赛训练事务管理工作,为培养高质量教练员、扩大青少年运动员队伍、提高徐州市的竞技运动水平做了大量务实的工作。2007 年 1 月,她调任徐州市体育彩票管理中心担任负责人,之后又担任过徐州市体育局经济处处长,为徐州体育经济的起步做了系统性的制度建设。十多年间,她从事了群众体育、竞技体育和体育经济的多项管理工作,积累了丰富的管理工作经验,在不同的岗位上为徐州体育做出重要贡献。2008 年 5 月 25 日,作为徐州的 9 名奥运火炬手之一,苏红参加了在苏州的奥运圣火传递。当她身着运动服、手举火炬在传递现场奔跑时,仿佛让人们又看到了当年那个叱咤国内外赛场的苏红。

虽然不再以运动员的身份出征比赛,但苏红仍然难以割舍对技巧运动的热爱。她先后取得了国家级技巧裁判、国际级蹦床裁判证书,经常担任蹦床和技巧两大项目的国内外重大赛事的裁判工作。作为徐州市第一个国际级女裁判,她还同恩师丁习明教练一道,制订江苏省蹦床比赛的规则规程,参加相关重大研究课题。根据冬奥会在北京举办的新形势,苏红担当起开发冬季项目的重任,为徐州开展"省队市办"冬奥会项目倾注了大量心血。根据冬季运动项目专业发展的需要,苏红担任江苏省自由式滑雪空中技巧项目领队,为了完成冬季运动项目的训练任务,她长期驻扎在东北的深山老林里,不怕困难,不畏严寒,带着年轻的自由式滑雪空中技巧队伍,向着新的高峰奋勇攀登。

人物档案

姓名:苏红

性别:女

出生年月:1970 年 10 月

项目:技巧

主要成绩和荣誉:

1990 年 11 月获第九届世界技巧锦标赛女子双人项目 2 项冠军。

1990 年被国家体育总局授予"国际级运动健将"称号。

1990 年被授予中华人民共和国体育运动荣誉奖章。

1998 年出席中国共产主义青年团第十四次全国代表大会。

取得国际级蹦床裁判、国家级技巧裁判证书。

宋娜:徐州年龄最小的世界冠军

宋娜

20世纪80年代,徐州的学校体育工作开展得热火朝天,全市大多数中小学都有本校的特色体育项目。当年的徐州市北站小学(现徐州市中山外国语实验学校)就是一所具有体操特色的传统项目学校。该校体育老师马翠兰热衷于体操运动,在学校里建立起一支小小的体操队。宋娜四岁时就被父亲送到北站小学体操队,跟体操队员们一起玩。看到小伙伴们在翻腾跳跃,宋娜十分好奇,就在一旁模仿起来。马老师看到宋娜在做动作时的从容神态眼前一亮,她特别喜欢这个聪明灵巧的小女孩,就有意识地让她跟着队员们一块训练。于是,每天早上,北站小学体操队里就多了一个叫宋娜的小机灵鬼。

体坛小花初绽放

当时,设在徐州市体育馆的少年儿童体操队经常与基层学校联系,通过选才补充新队员。有一次,马翠兰老师带着弟子去试试,希望能为市体操队输送几名队员。好奇的"编外队员"宋娜也跟着马老师去了体育馆。市体操队教练徐令媛老师一下就看中了四岁半的小宋娜,从此,这朵小娇花便在市体育馆的少年儿童体操队扎了根。聪明伶俐的小宋娜好像天生就是练体操的苗子,在徐教练的精心栽培下,像雨后春笋般茁壮成长。

在徐州体操队训练两年之后,宋娜参加省、市比赛均取得了很好的成绩。

1986年,宋娜第一次参加省青少年体操比赛,比赛结束后有一位和蔼可亲的老师找到她,让她倒立看看。宋娜心想这个动作早就驾轻就熟,没什么难度,就按照老师的要求做了个倒立。这位老师又看了看她的胳膊和腿就走了,后来才知道他是省技巧队的万有瑞教练。回徐州后没多久，宋娜就收到了省技巧队的通知，让她去南京体育学院省技巧队参加训练。这一年，九岁的宋娜遇到了幸运之神，徐州少年儿童体操队这朵小花进入了专业技巧训练的行列。

宋娜一开始练的是女子三人，教练是丁习明老师，下面人是苏红，中间人是吴庭霞。在练习女子三人项目的三年时期里，宋娜与搭档多次参加全国比赛，成绩一直名列前茅。就在准备冲向世界大赛时，吴庭霞却生病了，女子三人项目只剩下宋娜和苏红两人了。一般在这种情况下，都是再找一个中间人。可是丁老师考虑了两天之后，大胆地做出决定，由女三改为女双，苏红仍担任底座。经过省技巧队教练的反复考虑和认真研究，最后决定由宋娜和苏红练习女子双人项目。从此，省技巧队有了一对迷人的姊妹花——9岁的宋娜和16岁的苏红承担起女子双人项目争金夺冠的重任。

女三改练女双后，宋娜和苏红都得重新磨合。原来练女子三人时，下面有两个人托举宋娜，改练女双后，下面只有一个人了，所以要求宋娜控制体重。那时宋娜的体质属于易胖类型，喝口水都能长二两肉，所以控制体重很困难。她每天早晨喝一小碗牛奶、吃一个鸡蛋，中午吃点蔬菜还有几片牛肉，晚上喝一瓶酸奶、吃一片肉脯。当时宋娜年仅12岁，天天这样吃肯定受不了。

有一次周末训练结束后，大家都放假了，宋娜好不容易逮到一次机会，偷偷跑到食堂吃了一顿。第二天下午训练，丁教练看了她一眼就说完蛋了，一称体重涨了5斤。这5斤涨上去容易，要想减下来就太难了。

宋娜（左）与苏红

宋娜整整进行了一个月的体能练习，加上严格控制饮食，才渐渐恢复到原来的体重。经过一年多的磨合，宋娜和苏红在全国技巧比赛中获得冠军，也获得了参加世界比赛的备选资格。

战胜病魔扛大梁

宋娜、苏红开始在全国比赛中初露锋芒,先是 1987 年在全国少年技巧锦标赛上夺得女子双人组冠军,1988 年又乘势而上,在全国技巧锦标赛上夺得女子双人组冠军。江苏技巧队这对姊妹花组合,开始令全国技巧界刮目相看:她们动作完美、配合默契,夺冠势头锐不可当!

1990 年 5 月举行的全国技巧比赛是参加当年世界大赛的选拔赛,对于每一个参赛队员来说都至关重要,但宋娜在这次比赛中却发生了一次意外。当时刚坐上火车出发时,宋娜的肚子就开始疼,疼得在卧铺上打滚。列车长在广播中寻找医生,车上还真有个医生主动过来为宋娜做了检查,判断说可能是阑尾炎,需要赶快下车到医院治疗。这趟车正好路过徐州,当火车到达徐州站时,宋娜的父母在站台上拎着食品和水果,高高兴兴地迎接教练和队员,结果看到苏红哭着跑下车告诉他们宋娜生病了。宋娜的父亲急忙跑到车上抱起宋娜打车赶到了医院。医生检查后确诊是急性阑尾炎并给出两种治疗方案:一是手术,二是保守治疗。

这时宋娜的父亲心里很矛盾,既心疼宋娜又怕耽误比赛,最后和教练商量之后,决定选择保守治疗。宋娜挂了一夜的水,第二天早晨回家休息了一上午,中午简单吃了点东西,紧接着就坐火车赶往比赛地点。在进行熟悉场地练习时,宋娜感觉整个人都在飘。但宋娜积极调整情绪,尽快适应赛场氛围,为接下来的比赛做好了充分的心理准备。比赛中,这位意志坚强的小姑娘咬紧牙关,高质量做好每一个动作,最终战胜疾病,出色地完成了比赛任务,获得女子双人全国冠军。

此前,为了实现更高目标,宋娜和苏红自加压力,经过无数次的失败,终于完成"高单臂落成直角支撑再吊起成高单臂倒立并转换成侧水平"这一组创新求变的高难度动作。这组高难度动作当年只有男子双人组能够完成,江苏姊妹花却填补了女子双人组的技术空白,成为全国技巧界拿下这组高难度动作的第一对女子双人组合。

1990 年全国技巧锦标赛这次比赛还将确定参加世界技巧锦标赛的人选。谁能代表国家队出征世界技巧大赛,众多高手翘首企盼。当时,宋娜、苏红这朵姊妹花的目标就是金牌,为争取出征世界大赛的机会而拼搏。

面对夺冠呼声最高的上海女子双人队，宋娜、苏红表现得沉着冷静，在比赛中胆大心细，动作完美，静态稳如泰山，动态似玉龙出水。当她俩把"独门绝技"的高难度动作展现在裁判和观众眼前时，人们为她们完美的平衡能力和控制能力叫好，为她们优美的姿态和不断变换的高难度动作叫绝，裁判也无可挑剔地亮出最高分，她们顺理成章地击败上海队，获得女子双人项目冠军，并捧走本次比赛独设的"中国技巧创新难度奖"。

历经艰苦拼搏，这对姐妹花终于圆了自己的梦想。本次比赛结束后，经过三个月的训练和考察，最后确定由宋娜、苏红代表国家队出征世界技巧锦标赛。消息传来，宋娜和苏红都流下了激动的泪水，她们在创新求变中练就的高难度动作，最终成为制胜法宝。

1990 年 11 月，在德国奥格斯堡举行的第九届世界技巧锦标赛上，宋娜和苏红的女子双人项目一举获得两项世界冠军。在一次世界技巧大赛上拿下两枚金牌，让中国女双成为国际技巧大赛的耀眼明星，特别是宋娜，在 13 岁的花季就成为世界技巧大赛"双冠王"，成为徐州迄今为止年龄最小的世界冠军。

告别赛场谱新篇

1991 年，年仅 14 岁的宋娜退役回到徐州三中就读，之后考入南京体育学院体育系开始三年的大学生涯。1997 年大学毕业后，宋娜被分配到南京市游府西街小学担任体育教师。从激烈争夺的赛场到书声琅琅的校园，宋娜像学技巧翻跟斗一样，转眼间就从运动员、大学生变成体育教师。在体育赛场上练就的拼搏精神让宋娜很快就适应了体育教师的职业。她把每一堂课都看作自己当年的训练场，教学严谨，一丝不苟，认真上好每一堂课，认真对待每一个学生，执教水平突飞猛进。

2000 年，宋娜来到南京市中山路小学担任体育教师。这所具有体育特色的小学，针对宋娜这个世界冠军的优势，为她量身定制，在体育教学中开设了技巧课程。作为世界技巧冠军，教小学生练习技巧对宋娜来说可谓驾轻就熟。编写教材、备课、课堂教学，宋娜一点都不含糊，她还编排了一套适合少年儿童的技巧动作，在课堂教学和课后活动中进行推广，深受学生喜爱和欢迎。

宋娜在中山路小学积极开展特色体育项目"啦啦操"培训和推广活动。在宋娜的组织和带领下，学校的"啦啦操"活动开展得有声有色，很多热爱体育的孩子都聚集在她周围,学校的"啦啦操"表演队曾获得全国比赛亚军,并多次获得省、市、区比赛一等奖和特等奖。宋娜用自己的特色教学,感染身边的学生,带动更多少年儿童参与体育运动,为学校开展素质教育发挥了重要作用。宋娜从一名技巧运动世界冠军成长为一名优秀的体育教师,用自己的努力和热情,为国家的体育和教育事业做出了自己的贡献!

宋娜编排的"啦啦操"获奖

姓名:宋娜

性别:女

出生年月:1977 年 6 月

项目:技巧

主要成绩和荣誉:

1990 年 11 月获第九届世界技巧锦标赛女子双人项目 2 项冠军。

1990 年被国家体育总局授予"国际级运动健将"称号。

1990 年被授予中华人民共和国体育运动荣誉奖章。

担任"啦啦操"社团教练,带队获得全国"啦啦操"比赛亚军。

路海松:激起浪花一朵朵

中国是世界公认的跳水强国,江苏则是中国的跳水重镇,培养出了跳水奥运冠军陈若琳和世界冠军路海松、吕伟、张玉萍、杨兰、石磊、许冕、徐浩等。其中,路海松是徐州人,于1991年5月在加拿大举行的第七届世界杯跳水赛上获得女子团体和混合团体两项冠军,她还带陈若琳进行过基础跳水训练。

在国家队与队友合影(右一路海松,左二伏明霞)

幸运的"小不点"

路海松1974年出生于徐州市北关的一个普通家庭,从小就经常发低烧,还贫血,在同龄孩子中算是个"小不点"。然而,瘦弱的身体却掩盖不住她喜欢蹦蹦跳跳的天性,阻挡不住她迈入世界跳水最高领奖台的拼搏脚步。

幸运第一次降临在路海松身上,是她上幼儿园的时候。她所在的幼儿园附近有个北站小学,体育老师马翠兰建了个少儿体操队。马老师到幼儿园挑苗子时,发现小海松聪明伶俐、活泼好动,就想让她试试练体操。这正合路爸爸的心意,他正想让"小不点"女儿锻炼体魄,使她孱弱的肌体增加抵抗力。于是,1980年,刚上小学一年级的路海松成为北站小学少儿体操队的"小不点"选手。她虽然个子不高、体质不太好,但翻跟斗、竖倒立、比跳跃,样样不比其他小队员差,很快就成了马老师的爱徒。

上二年级的时候,小海松又得到幸运之神的眷顾。市体校少年体操队教练钱枫枫到北站小学选才,让好友马翠兰推荐好苗子,马翠兰忍痛割爱,举荐了爱徒路海松。就这样,"小不点"被选入市体校练习体操。

好苗子需要精心栽培。钱枫枫教练手把手教小海松,从基本功着手提升她的体操技能,使这棵幼苗在体操运动的土壤中越长越旺,基本功越练越扎实。两年后,在徐州市的赛场上,路海松初试锋芒便首战告捷,赢得了一枚银牌。

从刚开始觉得练体操好玩,到长了本事在赛场夺取奖牌,路海松逐渐显露出运动天赋,对体操运动也日渐钟爱。

1983 年,幸运之神又一次亲吻路海松。徐州体坛名宿、江苏省跳水运动队领队孟广才来家乡选拔人才,在市体校少年体操队看中了路海松。

孟广才是体操运动员出身,他对体操和跳水两个运动项目的相通之处了如指掌。故此,他对体操好苗子路海松改练跳水胸有成竹。他在考察过程中特别看中的是小海松八九岁就离家训练,独立生活、学习,具备身体力量好、意志品质好、训练领悟好的运动天赋,到省城接受专业培训后,将来一定会成为跳水运动的优秀人才。孟广才慧眼识才,力荐小海松到省城集训。1984 年 3 月,路海松被选入省体校集训,接受专业的跳水运动训练,翻开了她体育运动生涯的重要一页。

"旱鸭子"变身"跳水王"

在省体校和送她来南京的爸妈告别时,年仅十岁的路海松泪花闪闪、恋恋不舍。爸爸对她说,既然来省城了,就留下来好好训练。懂事又乖巧的小海松安慰眼泪汪汪的妈妈:放心吧,女儿会好好努力的。三天后,路海松就开始了集训的历程。她是否能够经受住考验,留在省队做一名有前途的跳水运动员,一切都还是未知数。

跳水是融胆识、力量、体操技巧、游泳于一体的美的运动。每当运动员站在跳板、跳台上潇洒地一跳,瞬间展现出各种优美的动作跃入泳池中,观众会爆发出热烈的掌声和欢呼声。

对于刚刚进入省体校练跳水的路海松来说,练体操时积累的爆发力和平衡技巧以及翻腾本领,可以成为一种优势,帮助她尽快适应跳水技巧的训练。然而,万事开头难。跳水,顾名思义,是要求运动员在做完高空动作后跳入水中。这就要求运动员必须敢下水,会游泳。路海松必须先过下水游泳这一关。这回,她这只"旱鸭子"可不太幸运了。下水训练课上,小海松站在泳池边上,战战兢兢地就是不敢往水里跳,无论教练杨晓萍怎么启发她,海松仍旧像钉在池边一样不动。

第一天,敢下水的孩子不多,路海松这只"旱鸭子"是第三天才被逼着下水的。杨教练在小海松身上绑着绳子,硬是把她推下池中,当她左右扑腾之后,才把她拉上岸来。折腾了几个回合,她逐渐熟悉了水性,开始用两手扒住池沿,按照杨教练的指导,练习蹬水、将头沉下去学习在水中换气。两三天后,她可以两手离开池沿,跟教练学习蛙泳了。一米、两米……一周之后她便能游上三米远了,越游胆子就越大。

闯过下水关,能游上岸了,训练的难度也就加大了——跳水训练开始了。教练由易而难,先教的是跳直体"冰棍式"。这回,小海松胆子大多了,扑腾一声就跳完"冰棍式",水浪呛人也不怕,水的压力大导致耳朵不适应,发炎又红肿,但她全然不顾疼痛,接着苦练,从而练就了跳水运动员的基本素质——胆大心细、平心静气。看到小海松能吃苦、领悟快、练得好,之后每次训练新动作,杨教练都会让她先给小伙伴做示范。

几个月后,路海松登上了三米跳台,开始第一个高度的训练。刚站上跳台,她心里好像有只兔子在"突突"直跳,可杨教练一边重复动作要领,一边死死盯着她,并下达"跳"的口令。她又一次被"逼"得没有退路,只有沉下心,深深吸一口气,纵身跳下三米台,平安跃入池水中。

这一跳,真是海阔天空,入水后泳池的巨大轰鸣声在她爬上岸时仍在回旋,可她却庆幸自己征服了跳台的第一高度。三天后,五米、七米的跳台训练,她好似一只飞燕,入水越发从容淡定了。半年后,路海松满怀信心地登上高高的十米跳台,这次非同寻常的训练科目是 107B(屈体翻腾三周半)。杨晓萍教练反复交代动作要领后,让小海松先试跳,孟广才领队在池边督阵。路海松不负众望,登上十米高台,她平心静气,默念动作要领,潇洒地纵身一跃,动作完美展开后,翩然入水。

当小海松爬上岸时,孟广才领队兴奋得抱着这个未来的跳水新星。一只"旱鸭子",熟悉和掌握了水性,一次次征服了三米跳板和十米跳台,一个个高难度动作和一场场高等级赛事在等待着她去创造奇迹、攀登高峰。

1987年,训练有术的路海松被调入江苏省跳水队,开始了她征战全国、世界跳水大赛的征程。

永不服输的强者

物竞天择,优胜劣汰,这是人们无法抗拒的自然规律。当年与小海松一同踏进省体校的共有10名跳水运动员。然而,经过十年的打拼,在省队坚持奋战的仅有路海松了。江苏省有女子跳水这个项目以来,路海松的成绩是最好的。为了江苏体育的辉煌而南征北战的顶梁柱,就是当年那个"小不点""旱鸭子"路海松。不过,在豆蔻年华屡创佳绩的跳水生涯中,她已经成为永不服输的强者。

那年,有一次在三米板上训练新动作,她突然动作失调,头部撞在跳板上。当时她弹跳腾空,没能控制好高度,身体下落时跳板的反弹力使她的头部与跳板发生了冲撞。由于太过专注,受了伤的她竟浑然不知,入水、出水、上岸程序没有丝毫耽搁。可上岸后,杨晓萍教练惊惶地跑到她身边,竟发现她后脑勺处的头发已经渗出鲜血。省体校紧急派车将她送往医院,头部缝了数针才化险为夷。

这次受伤害得路海松半个月没能训练。可永不服输、勇于拼搏的精神激励着她继续拼命地重复训练新动作,直到完成那最完美一跳。

1990年4月,16岁的路海松身披江苏队战袍来到上海参加全国冠军赛。当时,她是参赛运动员中年龄最小的一个。她以一种认真而又轻松的心态投入三米板的角逐,同高敏、张玉萍等全国名将一道争夺金牌。

三米板是路海松的强项,她的成绩一直紧追高敏,十个动作一个一个地较着劲,她每个动作的名次都紧咬着高敏不放。裁判和观众都开始关注这个名不见经传的跳水新秀,敢于同赫赫有名的世界冠军得主高敏一决高下,肯定得有点实力啊。尽管最后的结果是路海松以总分十分之差惜败而获得亚军,可她在那届大赛一米板、十米台比赛中发挥了超高水平,赢得一枚女子全能金牌。

上海观众没有看走眼,她们对领奖台上这位个头不高的16岁姑娘报以热烈掌声,这位永不服输的跳水新秀的出色表现,给观众留下了深刻印象。

锐气正盛、实力正强的路海松从此在国内外跳水赛场掀起一阵阵令人刮目相看的波澜。1990年8月,在成都举行的全国锦标赛上,路海松夺得一米板、三米板两项冠军。

虽然多次获得全国冠军,但路海松并没有因为登上全国"跳水王"宝座而沾沾自喜。早在1988年就入选国家跳水队的路海松,志在冲向国际跳水赛场,为祖国争光、添彩。

1991年5月,圆梦的时机到了。她飞往加拿大,参加第七届世界杯跳水赛。年仅17岁的路海松把握住了这次为国家效力的机会,她以无可挑剔的动作,同队友高敏、余晓琳等一道夺得女子团体金牌和混合团体金牌。

国际赛事接踵而至,路海松以饱满的拼搏斗志连创佳绩:在获得第16届世界大学生夏季运动会女子三米板和女子团体两项冠军后,1992年又在日本广岛亚洲锦标赛上摘取女子三米板冠军;1993年荣获第一届东亚运动会女子三米板冠军和第十七届世界大学生夏季运动会女子一米板冠军;在1994年世界友好运动会上夺得女子三米板冠军。

华丽转身的辉煌

1997年,23岁的路海松告别跳水的最佳年华,回到江苏省跳水队担任助理教练,带小队员训练。从"跳水王"到助理教练,路海松开始谱写跳水生涯新篇章。

2002年,已经挑起教练大梁的路海松把自己摸索出的训练体会和实战经验倾注到科学训练之中,爱徒屈琳一举夺得全国冠军、全运会冠军。

三米板是路海松的专项优势,她在训练中特别专注于带徒弟发挥优势、提升实力。当她看到屈琳等年轻选手在各大赛事中频创佳绩,为江苏争光,心里总是美滋滋的。特别令她自豪的是,她带过的运动员就有后来的奥运会冠军陈若琳和来自徐州的小老乡孙梦晨,后者在第十二届全运会上为江苏队夺得跳水团体金牌。

路海松

这些年，路海松先后担任江苏省跳水队教练和江苏省花样游泳队副领队，角色的转变给她带来了新的体验和挑战，她说："我虽然离开了跳台，但依旧活跃在我热爱的游泳项目中。"

姓名：路海松

性别：女

出生年月：1974 年 12 月

项目：跳水

主要成绩和荣誉：

1991 年获第七届世界杯跳水比赛女子团体冠军、混合团体冠军。

1991 年获第十六届世界大学生夏季运动会女子三米板和女子团体 2 项冠军。

1992 年获广岛亚洲锦标赛女子三米板冠军。

1993 年获第一届东亚运动会女子三米板冠军。

1993 年获第十七届世界大学生夏季运动会女子一米板冠军。

1993 年获第七届全国运动会女子一米板第三名、女子团体冠军。

1994 年获世界友好运动会女子三米板冠军。

冀方新：大器晚成的攀登勇士

冀方新

在沛县城关镇陈楼村一个普通农民家庭中，有一个远近闻名的小小"跟头王"——冀方新。他1969年出生，自幼热爱武术，背着父母偷偷拜师求艺，学习武术和技巧，特别喜欢跟着师傅学习翻跟头，还特别有灵性，很快就翻出了名，很多小孩都知道陈楼村有个"跟头王"。这时，父母才知道儿子偷偷练武的事情，他们都是朴实善良的农民，本来是想让冀方新在文化学习上有所成就，但冀方新却从小热爱武术，而且性格倔强，没有遵照父母的意愿，而是执拗地坚持习武练功。他靠自己的执着，终于说服父母，开启世界冠军的人生旅程。

路途坎坷遭遇挫折

1980年3月，沛县体校技巧队准备招收一批新队员，举行了选拔赛。那一年，冀方新11岁，相比其他参选的孩子，他年龄偏大，但他不愿放弃机会，积极报名参加选拔。轮到冀方新做动作时，他特别兴奋，一连做了十几个侧空翻。技巧队教练沈书生一眼就相中了他，认为他天生是一块练技巧的好料子。很快，冀方新就接到通知，他被选进县体校的技巧队。虽然在这批新队员中，冀方新的年龄偏大一些，但他的速度、弹跳、灵活性都强于其他孩子。在县体校技巧队里，冀方新是个特别能吃苦的队员，训练时再累再难他都一声不吭，只知道自己加码狠练，再加上多年习武的功底相助，训练成绩一路走高。

1982年，冀方新参加江苏省第十届运动会，被省技巧队的都庆廉教练看中，选入省专业队，参加双人技巧的训练。当时，冀方新身高只有一米三五，体重不足六十斤，正是双人技巧上面人的最佳人选。起初，冀方新被安排和他的师哥，也是从沛县选拔来的刘德镇搭档,练上面人。两人配合默契、动作娴熟,一切都朝着好的方向发展。岂料,就在这双人训练的黄金时段,却出现了他运动生涯中的重大挫折。

在一次训练中,冀方新和刘德镇做双人倒立推起动作,当他倒立在空中时,倏地滑脱了手,整个人倒立着栽了下去,双手直捣地面,摔得两眼直冒金花,短时失去意识,趴在地上不能动弹。多亏教练有经验,临危不乱,立刻检查,发现手腕脱臼,忙着送他去医务室。大夫给他做了手腕复位,两只手都打上夹板。当时,他饭没法自己吃,衣服没法自己脱,连上厕所都没法自己完成,生活上全靠刘德镇照顾。经过三个多月的恢复,手腕的伤才渐渐痊愈。但疗伤期间,他的身体发生了重大变化,个头长高了,身体发胖了,双人技巧上面人的位置也没有了。冀方新如同陷在泥潭中不能自拔,失去了参加训练的机会,延误了夺冠的大好时机。

潜心等待大器晚成

在这次事故中,冀方新差点断送了技巧运动生涯,伤愈后身高、体重、体态发生变化,失去了小巧灵活的身材优势,不再适合男双上面人的角色。这棵有希望的苗子,只好被雪藏起来,他只能默默承受着寂寞的煎熬,一边断续着常规训练内容,一边祈盼复出的新项目。他期盼着像王立友、周传标、王沛、杜彪等几位师哥那样,实现夺取世界冠军的梦想,但这个想法只能深深埋在心底。冀方新在这种希望渺茫的境地中等待着,默默度过了五年多时光。

好在命运垂青这位有抱负的年轻人。1987年初,一个男子四人组中间人的名额不期而至。冀方新知道,这次姗姗来迟的机遇,也许能够开启自己的成功之门。1988年,江苏省技巧队进行重新组合,都庆廉教练安排冀方新与新进省队的孟爱国一道,同其他两名队员组合成男子四人组,冀方新被安排在第二中间人位置。从此,圆梦冠军的希望之火被重新点燃。五年雪藏期间,冀方新没有放松基本功和体能训练,良好的身体素质和突出的力量优势使他完全能够胜任第二中间人的角色。

在冀方新加入男子四人项目之前,徐州老乡王立友、周传标、王沛、杜彪几位师哥先后组成了两个男子四人组,都夺得过世界技巧冠军。冀方新和孟爱国两个来自徐州沛县的小伙子,挑起了延续世界冠军的重任。冀方新和孟爱国分别是第一、第二中间人,他俩互相勉励,携手向世界冠军进发!1993年,在保加利亚举行的第10届世界杯技巧比赛中,冀方新和队友不负众望,一举夺取男子四人项目第一套、第二套和全能三项冠军。他经历六年等待,终于一飞冲天,走上运动生涯巅峰。冀方新经常说自己是大器晚成,如果不是意外受伤,世界冠军也许会提前四年到来。时光如流水,人生如白驹过隙,运动员的黄金时期更是稍纵即逝。冀方新在挫折面前不言放弃、在困难面前执着坚持,终于大器晚成,获得世界冠军。

冀方新

　　1994年,冀方新结束运动生涯,告别赛场,走上省技巧队教练岗位。从那时起,他就力求将理论研究和实战经验总结融为一体,立志做一名学者型教练。执教仅一年,冀方新所带的男子双人组选手张健驰、曹慧就在日本举办的亚洲技巧锦标赛上夺得亚军。1997年,他所带的混双组合获得全国技巧锦标赛季军。善于开动脑筋的冀方新,在训练过程中有思想、有主见、有办法,训练成果突出,多次受到南京体院训练部门负责人的肯定。2002年,江苏省开展蹦床运动项目后,他被推举到省蹦床队担任教练。

转项蹦床再立新功

　　蹦床项目是融体操、技巧于一体的新兴奥运会项目。这个项目在国外已经开展 30 多年,而中国队从 1998 年才开始训练。在世界赛场上,与欧洲国家的蹦床项目相比,中国队还存在很大差距。冀方新上任后,刻苦钻研蹦床的项目特点,摸索蹦床训练的技术方法,力求把江苏省技巧队的优势融入蹦床训练中,促使这个项目在江苏生根、开花、结果。当时,省蹦床队教练中无一人出自专业蹦床运动员。冀方新与教练组的同事一道,看录像、听专家讲座,"摸着石头过河",边学边教,逐步探索出一条适应江苏蹦床训练的技术体系。功夫不负有心人,冀方新所带的队员不断努力,逐步提高训练水平,多人多次在全国蹦床大赛中夺得冠军。随后,他升任省蹦床队领队。

在繁忙的训练工作之余,冀方新还抓紧时间加强自身的业务学习和知识更新。2008 年,冀方新参加国际级裁判员培训班,接受高水平蹦床项目技术深造,通过学习和考试,取得蹦床国际级裁判证书。冀方新在工作中爱动脑筋,长期注重钻研蹦床技术,为确保蹦床成为江苏竞技体育的优势项目付出了巨大努力。他在理论研究与技术创新方面都有新成果,撰写的高质量论文先后被《南京体育学院学报》和《蹦床与技巧》杂志刊登。2012 年,他的硕士研究生答辩论文《蹦床项目的能力训练》得到专家好评。

2013 年,受国家体育总局委派,冀方新在泰国举办的亚洲蹦床教练员培训班上担任教员,为 9 个国家参训的教练员主讲《蹦床训练的基本要求》,受到主办方的高度评价,也得到国际同行的充分肯定,加快了中国蹦床走向世界的步伐。冀方新从一名实践型教练,逐步转变成学者型教练。

冀方新还担任江苏省蹦床技巧项目总裁判长,主持制订全省蹦床训练技术标准,进行蹦床竞赛规则的修订,制定蹦床裁判管理规章制度,为推动江苏蹦床运动发展起到了关键作用。

妻子周丹退役后,出任省技巧队教练,也是国际级技巧裁判,并担任省蹦床技巧副总裁判长。丈夫是总裁判长,妻子是副总裁判长,这成为全省竞技项目的一道亮丽风景。夫妻双方携手奋进,在江苏技巧、蹦床这块园地里辛勤耕耘。

冀方新离开家乡在南京生活了 30 多年,可他对家乡一往情深,经常回徐州指导家乡的蹦床、技巧项目,对徐州开展蹦床、技巧运动提供了很大帮助。他期盼家乡的好苗子能够源源不断地被输送到省队,希望在蹦床、技巧项目中能有一颗颗新星冉冉升起。虽然冀方新担任省技巧队教练员多年且成果丰硕,但在组织需要时,他顾全大局、服从安排,毅然改行担任省蹦床队教练员,为启动江苏蹦床项目做了大量有益工作,培养了大批优秀竞技体育人才,为国家蹦床项目做出了重要贡献。

冀方新

从 2009 年起,冀方新进入管理岗位,担任南京体育学院蹦床队副领队,2013 年起先后担任南京体育学院蹦床队领队、南京体育学院体操系艺术体操队领队、南京体育学院竞技训练学院艺术体操队领队等职务。在从事管理工作后,冀方新抓紧学习新知识,尽快适应新岗位。在长期的训练和参赛经历中,他练就了迎难而上的拼搏精神,能够很快适应新的工作环境,在新岗位上施展自己的聪明才智。

根据工作需要,冀方新又担任了南京体育学院体操学院副院长、艺术体操队领队等领导职务,2023年 1 月至今担任南京体育学院乒羽学院院长和江苏省乒乓球羽毛球管理中心主任,并被推荐为江苏省乒乓球运动协会第八届理事会秘书长。在领导工作岗位上,冀方新总是以运动员的身份要求自己,总是用准备进入赛场的精神状态对待工作,不忘初心,牢记使命,为国家体育事业奉献力量。

人物档案

姓名:冀方新

性别:男

出生年月:1969 年 1 月

项目:技巧

主要成绩和荣誉:

1993 年获第十届世界杯技巧比赛男子四人项目 3 项冠军。

1993 年被国家体育总局授予"国际级运动健将"称号。

1993 年被授予中华人民共和国体育运动荣誉奖章。

1993 年被江苏省政府授予"新长征突击手"称号,连续两年获江苏省十佳运动员称号。

孟爱国:从冠军领奖台走进书画殿堂

沛县敬安镇的孟昭林是当地有名的梅花拳大师,早年曾跟随李振亭老拳师练习梅花拳,后来成为当地有影响力的梅花拳传人。为了不让自家的武艺失传,孟昭林每天带领儿孙后辈练习武功,传授他的梅花拳真经。五岁的孙子孟爱国也常常跟着爷爷玩耍,爷爷开始只是带着他玩玩,觉得小男孩需要练练身骨。后来,爷爷发现,孟爱国悟性特别高,模仿爷爷的动作,一招一式还像模像样。

孟爱国

孟爱国年龄虽小,却表现出对武术的兴趣,每天跟着爷爷练习武功,从不叫苦叫累,逐步展现出习武之人的气势,爷爷开始有意识地栽培这个孙子。平时爷爷带着孟爱国踢腿、拔筋、拉弓步、立马步,每个动作都严格要求,这为孟爱国今后的发展打下良好基础。孟爱国七岁时入读沛县敬安小学,由于聪明好学、体格灵活、身体强健,被老师选为体育委员。入学后,孟爱国就开始随爷爷和父亲正式练习梅花拳。在父亲引荐下,孟爱国曾跟随散打高手刘兵训练,武功日渐长进。

机遇连连初告捷

1988年，孟爱国的机遇来了。沛县体校的老师去敬安小学选才，一眼看中了正在操场上翻跟头的孟爱国，经过校方和家长同意，孟爱国进入沛县体校，师从刘厚义教练学习武术技巧。刘厚义教练是中国梅花拳派的高手，也是沛县技巧运动的领军人物。自从孟爱国来到沛县体校后，刘厚义教练就根据他的技术特点，设计了一套适合他的训练方案。在刘厚义教练的悉心指导下，孟爱国在技术上快速提升，在很多关键性动作上都有所突破。入队较晚的孟爱国凭着天赋优势，在技巧队中成为后起之秀。刘厚义教练看到他有先天的好条件，在技巧运动方面的感悟力也很强，便积极举荐他到省专业队深造。

1988年下半年，机遇再次来到孟爱国跟前，后起之秀孟爱国被省技巧队都庆廉教练选中。更幸运的是，他被教练选进男子四人组，这是江苏省技巧队的优势项目，也是国家技巧队在世界大赛上久负盛名的夺金项目。孟爱国机遇连连，满怀信心地进入新的训练环境。在男子四人组中，还有一位来自徐州的老乡冀方新，孟爱国似乎是上天特意安排给冀方新的合作伙伴，两个老乡一见如故，相处十分融洽，他们共同的心愿就是先拿下全国冠军，再去冲击世界冠军，续写中国技巧的辉煌。

从此，孟爱国和冀方新把训练房当成了家，每天早上5点开始训练，晚上10点才收场。有时，一个动作几个小时攻不下来，无数次推倒重来，直到把动作训练到位才肯罢手。由于训练得太晚，食堂师傅早回去休息了，没东西可吃。他们累得也不想吃了，回到宿舍后草草擦擦身子，一头倒在床上便沉沉入睡。

孟爱国不畏艰辛顽强拼搏，他要为这个新组建的男子四人组增光添彩，更想为家乡延续世界冠军梦。检验训练成果的机会终于来了，1991年，他们出征在北京举行的世界青年技巧锦标赛，江苏省技巧队男子四人组包揽了三套动作的金牌，在世界技巧界崭露头角。当外国队的教练得知这个令人震惊的四人组中有两人都来自江苏徐州时，不禁对这方孕育出多名世界技巧冠军的土地产生敬畏之情。

初战告捷并未使孟爱国陶醉在胜利的喜悦之中，他心中有谱：这只是世界青年比赛，何况强手白俄罗斯队并未参赛。他已做好准备，随时挑战世界技巧高手,在真正的世界大赛中建功立业。

挫折之后铸辉煌

1992年,世界技巧锦标赛在法国雷恩举行,江苏男子四人组代表国家参赛,孟爱国终于有了同白俄罗斯队较量的机会。赛前,国家体育总局领导对江苏男子四人项目摘取金牌抱有很大期望。在法国雷恩赛场,看了中国队和白俄罗斯队的赛前训练后,外国教练也都断言,这次比赛的男子四人项目冠军非中国队莫属。然而,幸运之门却没有向着他们打开。在竞争激烈的国际赛场上,任何动作上稍稍的失误,任何心理上细微的变化,都会导致失败的后果。孟爱国和队友初次涉足国际大赛,加上求胜心切,发挥得不够理想,结果败给了白俄罗斯队,仅获得两枚银牌和一枚铜牌。站在亚军领奖台上,孟爱国心里不是滋味,也明白了一个道理:世界大赛高手云集,竞争激烈,没有人能够轻言夺冠,没有任何侥幸取胜的机会。经历这次挫折之后,江苏省技巧队教练组总结失败的原因,分析了国际技巧运动的现状和趋向,冷静地剖析了江苏男子四人组的实力和差距,使孟爱国他们振作起精神,看到了在下届大赛中夺魁的希望。

在接下来的一年里,江苏男子四人组在教练指导下开始了艰苦卓绝的拼搏历程。在专业运动员的生涯中,坦途与坎坷,成功与挫折,历来都是相辅相成的。教练组和运动员认真分析失利的原因,研究问题的症结所在。他们一致认为,正是由于某些动作的细节不扎实,导致每当碰到这个动作时心理不稳定、动作走样,继而导致落败。于是他们从细节入手,在每一个动作、节点上下功夫。经过反复锤炼,基础动作扎实了,底气也足了,有些高难度、易失手的动作也越来越娴熟了,特别是在"绝活"动作上,也能达到出神入化的境界。这时的男子四人组充满信心,他们期待机会的到来,希望能在世界大赛上一展风采、荣膺桂冠。

1993年9月,孟爱国再披中国队战袍,出征在保加利亚索菲亚举行的世界杯技巧比赛。这次,他们又将与白俄罗斯队交锋。狭路相逢勇者胜,这是孟爱国和队友的坚定信念。白俄罗斯队还是原班人马,也是经过了一年的训练,实力上占有明显优势,一场激烈的较量和交锋不可避免。孟爱国和队友个个斗志昂扬,经过一年的训练,他们在高难度动作创新方面已经有了关键性突破,深信自己的实力已经超越对手,只要正常发挥,一定能夺取金牌。这令人震撼的霸气,源于江苏男子四人组的超常付出和刻苦锤炼,源于充满中国力量的文化自信。

比赛开始,中国队的小伙子展示了真正的中国功夫,优美的音乐舞蹈融入高难度的动作,舞龙舞狮绝活组合成独具特色的亮点,让那些对中国队格外挑剔的外国裁判都折服了,那些喜欢技巧运动的东欧观众也敬佩不已。

同样,为蝉联冠军而来的白俄罗斯队也是重任在肩,他们提前对中国队进行了研究。他们深知中国队的实力,又看到了中国技巧健儿雄心勃勃、镇定自若的气势,不免感觉底气不足。赛场上的较量针锋相对,战况十分激烈。结果,白俄罗斯队在重压之下频频失误,孟爱国和他的团队动作潇洒、准确完美,最终将三块金牌收入囊中。他们终于续写了师哥王立友、周传标、王沛、杜彪创造的江苏男子四人项目世界冠军的辉煌,用实力和成绩诠释了"永不服输、勇争第一"的体育精神。孟爱国不负众望,如愿以偿登上了世界技巧运动的巅峰,以赤诚的爱国之心刷新了世界技巧大赛的历史!

重返母校当园丁

1996 年,孟爱国进入南京体育学院攻读运动训练专业,获得大专学历。之后,他又继续进修,终于拿到本科文凭。1999 年,孟爱国退役后回到故乡沛县,开始新的体育生涯,从个人办武馆起步,在民间培养武术、技巧幼苗,默默奉献着世界冠军的一技之长。

孟爱国

2009年,经启蒙恩师刘厚义教练举荐,孟爱国回到母校沛县体育中学担任技巧队教练。在这里,他的能力得到充分发挥,他的聪明才智也有了用武之地。在这所被称为世界冠军摇篮的学校里任教,孟爱国深知责任重大。他不负恩师重托,全身心投入到教学训练工作中。他将自己成长为世界冠军的经历,化作宝贵的精神财富,激励学员们努力奋进;把当年顽强拼搏的精神,化作培养技巧后备人才的动力,努力为国家培养和输送高水平体育后备人才。

孟爱国的训练理念是注重选才,把选好苗子作为首要任务。他一次次下乡去选才,从众多爱好武术的孩子中挖掘苗子。他带的技巧队规模不断扩大,最多时达到80余人。为加强大班与小班的教学衔接,他让妻子邵国平来技巧队协助训练小班队员。邵国平从小练过技巧,也曾在省技巧队受过专业训练,如今成了丈夫的好帮手。

孟爱国根据青少年生长发育的规律,结合技巧运动的项目特点,科学合理地安排训练计划。学校技巧队形成了兴趣班、小班、中班、大班的一条龙教学模式。队员从5岁到13岁,年龄层层衔接,保证训练队伍后继有人。他充分利用学校安排的训练时间,从早上5:30到6:50,从下午3:00到6:30,每天训练5个小时,有时加班训练到晚上8:00。有了科学的安排和充足的训练时间做保证,队伍的训练水平不断提高、专业基础逐步巩固。

孟爱国(中间戴胸牌者)

孟爱国执教以来,在"早出人才、快出人才"方面给自己提出更高要求,为省级以上运动队输送了数十名技巧后备人才。在他输送的队员中,有100多人次获得全国青少年比赛金牌,其中有很多运动员获得国家级运动健将称号。他在教练岗位上的突出贡献,受到国家体育总局表彰,2009年荣获国家体育总局颁发的突出贡献奖,2010年被国家体育总局授予全国优秀教练员称号,2012年、2013年相继获得国家最佳教练员奖、最佳编排奖。

在繁忙的技巧训练之余,孟爱国对中国书画产生了浓厚兴趣。潜意识里的绘画艺术天赋,不知什么时候被激活了。他一边拜师求艺,一边看书学习,欣赏名家画作,还利用上网查询的便利,收集各类绘画技巧资料。他对国画中的大写意和工笔画都很喜欢,利用休息时间临摹、研习和创作,比较擅长画鱼和荷花。他创作的《春荷图》,荷花在大荷叶的映衬下亭亭玉立,不同色彩、不同形状、不同游姿的金鱼栩栩如生。有专业人士评价说,此画颇有民国时期专长绘画金鱼图的大家邓碧珊的风范。在沛县业余画界小有名气的孟爱国,已加入中国当代书画协会并被选为理事。从技巧世界冠军进入绘画艺术行列,孟爱国完成了人生中的又一次华丽转身。

姓名:孟爱国

性别:男

出生年月:1972年8月

项目:技巧

主要成绩和荣誉:

1993年获第十届世界杯技巧比赛男子四人项目3项冠军。

1993年被国家体育总局授予"国际级运动健将"称号。

1993年被江苏省政府记大功一次、授予"江苏省新长征突击手"称号。

1994年被授予中华人民共和国体育运动荣誉奖章。

1996年受到江苏省人民政府通令嘉奖。

2010年被国家体育总局授予全国优秀教练员称号。

2012—2013年获国家体育总局颁发的最佳教练员奖、最佳编排奖。

李红云:获女子举重世界冠军最多的运动员

李红云的故事就是一部传奇:在 1992 年至 1996 年之间的第六届至第十届世界女子举重锦标赛中,先后 13 次获得冠军,28 次打破六项世界纪录。1996年,李红云被国际举联授予"最佳运动员""优秀运动员""获得女子举重世界冠军最多的运动员"三项荣誉称号。

李红云(左二)

举重项目有着悠久的发展历史。公元前 4000 年的古埃及绘画就描述了法老们举沙袋或其他重物来锻炼身体的场景,这是用举重来进行锻炼的最早记录。古希腊人曾用举石头来锻炼和测验人的体力,展示男子的力量和勇气。随着时间的推移,罗马人在棍的两头扎以石块来锻炼体力和训练士兵,在竞技场上举行举重比赛。中国楚汉时代就有举石担、石锁的记录。从晋代至清代,举重均被列为武考项目。

20 世纪 40 年代,美国开始举办女子举重比赛。1984 年,受国际举联委托,美国组织了第一届女子举重比赛,有 12 个国家参加。同年,国际举联在洛杉矶代表大会上审定并通过了新的国际举重规则,将女子举重正式列入比赛项目,并制订了女子举重比赛的9个体重级别标准。1987年10月,第一届世界女子举重锦标赛在美国德托纳比奇举行,有22个国家和地区的99名运动员参加,冠军的成绩被公布为女子举重世界纪录。2000年,女子举重在悉尼奥运会上被列为正式比赛项目。

我国从20世纪80年代开始正式发展女子举重项目,虽然起步晚,但很快便跻身世界女子举重强国行列,李红云就是其中的代表人物。

教练"三顾茅庐"

作为一项重竞技运动,练习举重意味着要比常人吃更多苦、承担更多风险。我国从事专业举重训练的运动员多达万人,要想在众多选手中脱颖而出,实非易事。女子举重运动员想要练出点成绩来更不容易,天赋、努力、实力、运气一个都不能少,而真正能够拿到金牌的人少之又少。

其实,李红云是在不情愿的情况下被"硬"赶上举重道路的。还在丰县西关小学读书时,李红云就显示出良好的身体素质和过人的体育天赋,小学四五年级时就是校田径队的主力,跑跳投样样皆能。

1988年,从未接触过举重的丰县体校教练潘学勇吃了一回"螃蟹",拉起一支女子举重队。对于举重来说,教过足球、干过田径的潘学勇是个门外汉,但他却有着惊人的胆量,要在女子举重这块处女地上折腾出一片天地。

没有队员,潘学勇就跑到各学校选才,还委托熟人帮着打听哪家的孩子适合练举重。但潘学勇到西关小学选才时,李红云却没有露面,对于爱美爱跳的李红云来说,还不知道又粗又重的杠铃为何物,那玩意还不把身体压得又粗又矮?但李红云的情况被邻居宋叔叔介绍给了潘学勇:"这丫头像个假小子,能爬树,爱打架,准是练举重的材料!"潘学勇一听就来了精神,骑着自行车就赶到了李红云家。

到了那里,李红云父母并没有给他好脸色:"俺闺女不能练举重。"几句话没说完,潘学勇就被从家里请出,但他还是幸运地见到了李红云。从小红云的身架、关节的柔韧性及气质、灵敏度等特征,再凭着多年的运动员及教练的经验,潘学勇认定小姑娘是一棵不可多得的举重好苗子,打定了要她进队的主意。

第二次、第三次上门,潘学勇承诺:"跟着我练,以后丫头能上市里户口!"李红云的父母终于松了口："要不让孩子试一试?"尽管不情愿,但李红云还是被"逼"到了举重队。

严师出高徒

"世有伯乐,然后有千里马。"如果没有潘学勇的坚持,李红云很可能从事其他体育运动项目。回首来时路,她还是要感谢潘学勇这个伯乐,感谢举重这个项目,让她成为世界的焦点,开启华丽的人生。

1988年暑假结束后,李红云来到丰县女子举重队,同队的有十几名队友,她是年龄最小的之一。

潘学勇不是举重科班出身,但他爱钻研、爱学习,从举重专业训练书籍和举重杂志中"按图索骥",对李红云等队员进行了探索式的训练。

为了培养队员的兴趣,潘学勇刚开始并没有让李红云接触又沉又重的杠铃,而是让她练练柔韧性和举举白蜡棍。一来二去,李红云不再畏惧举重了,还和队友们打成了一片。

通过几个月的集训,从小红云的悟性、接受能力、训练进展情况来分析,潘学勇越发深信自己的眼光。"抓杠、提起、翻腕、上挺、放下……"潘学勇开始一点点给李红云加量,慢慢地,李红云喜欢上了举重。

初次参赛发挥失常

李红云有举重天赋,但天赋不能自动转化为成绩,对于举重这项"斤斤计较、千锤百炼"的竞技项目来说,日积月累的训练至关重要。"李红云训练非常刻苦,也非常勤奋,而且在训练方面就是一个倔丫头。她训练从来不用督促,除了教练要求举完的重量外,她还经常加练,一个动作练不好,她就反复加练,直到满意为止,到省队、国家队后依然如此。"谈起爱徒当年训练时的一丝不苟,潘学勇依然很自豪。

举重似乎是世界上最枯燥沉重的体育项目了。在小小的举重台上,每天把那副沉重的杠铃抓起来、举上去、放下去,再抓起来、举上去、放下去……这个动作每天要做200多次,每天举起来的重量加在一起有16 000多公斤,李红云就这样整整举了9年……

1989年,江苏省青少年举重锦标赛,李红云第一次代表徐州参赛,项目是女子 48 公斤级。紧张、害怕、发挥失常，李红云稀里糊涂就败下阵来，名落孙山。

"李红云不行！"有专家给她下了这样的定论。但潘学勇不服，怎么能因为一场比赛的胜负就否定一个运动员的前途呢？

拿到第一枚省赛金牌

1990 年，盐城，第十二届江苏省运动会，李红云参加的依然是女子 48 公斤级比赛。她和潘学勇都憋着一口气要证明自己，尽管还是没人看好她。

哀兵必胜。谁也没想到，李红云竟然战胜了实力强劲的东道主选手。赛前称重，对手的体重略轻，这意味着在举起同等重量的情况下，对手将不战而胜。

先进行的抓举，对手赢了李红云 5 公斤。在"斤斤计较"的举重项目中，5 公斤的优势不言而喻，李红云翻盘的可能性微乎其微。但李红云却给了大家一个惊喜，第二把抓举起 90 公斤，赢了对手 7.5 公斤，收获了自己的第一个省赛冠军。

1990 年 7 月，李红云告别潘教练，迈进了江苏省女子举重队的大门，与她一起报到的还有获得亚军的盐城选手，两人后来成为同宿舍近十年的闺蜜。

"编外"选手战胜全国冠军

在丰县女子举重队，李红云是潘学勇眼中的宝贝疙瘩，只要看不到李红云训练，老潘就一天没精神。即使过春节，潘学勇也会一早就来到李红云家催促她到队里训练。

到了省队，都是尖子选手，李红云并不突出，每天只是在训练房的一角跟着大家练，没有谁正眼瞧过"打酱油"的她。但两个月的集训下来，能吃苦的李红云成绩突飞猛进，一下子提高了十几公斤。省举重队教练曹新民马上就注意到了她，把她列为重点队员。

1991 年，全国女子举重锦标赛举行，李红云第一次代表省队参加全国大赛，队里只是想着让她感受大赛的氛围，没有给她布置夺牌任务。但没想到，李红云却一"举"成名。这名前往"学习观摩"的"编外"选手的总成绩竟然超过了 60 公斤级冠军，虽然不计算成绩，但却在赛场内外引起"轩然大波"。国家队教练冲到后台，找到了这位从天而降的"黑马"，用不可思议的眼神看着 158 厘米高的李红云惊喜道："这么小的孩子，哪来这么大的力气？有潜力，有潜力啊！"1991 年冬天,李红云入选国家队,她把目标定在了全国冠军上。

骨头不断就照样练

有人说举重是针尖上的艺术。也许举重没有体操那样舒展的美感,没有篮球那样迷人的技巧,也没有羽毛球那样精彩的扣杀,但这是一项仅凭人力战胜地球引力的伟大运动,虽然只有短短几秒,但也足以撼人心魄。

不能和同龄人一样自由地玩耍,不能做自己喜欢的事,已然是种付出,而最大的"痛苦",就是枯燥的训练。对一个 15 岁的孩子来说,你很难想象她是怎么做到一天到晚在训练房度过而又毫无怨言的,仅凭喜欢举重显然不够,更多地需要毅力。

有一次训练时,李红云没有抓住杠铃,杠铃砸到脖子上,血一下就流了出来,肉也被砸掉了一块。她只上了点药、贴上纱布,下午又接着练,类似这样的场景还有很多。"只要骨头不断,咱就照样练!"李红云牢牢记住妈妈临行前的教诲。

几年高强度的训练,在李红云身上留下了许多伤痛。她的腰椎、手腕、肩部、膝关节、小腿部都有伤,每天,她就带着这些伤痛坚持不懈地训练。每当训练结束的时候,她浑身疼得站都站不住,只想早点躺到床上去。等到九点半熄灯号吹响后,终于可以躺到床上了,但疼痛却不肯放过她,她常常整夜整夜地呻吟着,无法入睡,泪水有时候会不由自主地流下来,打湿了枕巾……尽管如此,每天清晨起床号一响,她便又和队友一起出现在训练场上……一年里,李红云最多时打过 4 次封闭针。

五届世锦赛夺十三冠

举重看起来就像是一个人的战争,看不到硝烟也闻不到火药味,更没有火星撞地球式的激情四射,一下一下的举起又放下,看起来是那么枯燥乏味。

付出总有回报。1992 年 4 月,全国女子举重比赛,李红云牛刀小试,夺取 60 公斤级冠军。一个月后,保加利亚,第六届世界女子举重锦标赛,第一次参加世界大赛的李红云获得 60 公斤级抓举、挺举、总成绩 3 项冠军,并 6 次打破 3 项世界纪录。她让世界瞩目,让时间定格在瞬间。

1993 年,李红云参加在澳大利亚举行的第七届世界女子举重锦标赛,获得 64 公斤级抓举、挺举、总成绩 3 项冠军,并 7 次打破 3 项世界纪录。

1994 年，在土耳其举行的第八届世界女子举重锦标赛上，李红云获得 64 公斤级抓举、挺举、总成绩 3 项冠军，并 14 次打破 3 项世界纪录。

1995 年，在广州举行的第九届世界女子举重锦标赛上，李红云获得 70 公斤级抓举冠军。

1996 年，在波兰举行的第十届世界女子举重锦标赛上，李红云获得 64 公斤级挺举、抓举和总成绩 3 项冠军。当年，李红云被国际举联授予"最佳运动员""优秀运动员""获得女子举重世界冠军最多的运动员"3 项荣誉称号。

李红云

1994 年、1995 年，李红云连续两次被授予中华人民共和国体育运动荣誉奖章。

……

"我们运动员练一年可能就为了一场比赛，要是到时候出不了成绩，那一年的辛苦就付之东流了。"在李红云看来，运动员的生活是单调枯燥的，也是残酷的，因为冠军只有一个，而且比赛中只有三次机会举杠铃。

退役后仍专注体育事业

1997 年全运会后，李红云退役，用五届世锦赛的 13 次冠军为举重生涯画上了圆满的句号，次年作为特招生进入北京体育大学深造。

在中国高校当中,北京体育大学最受运动员青睐。到北京体育大学进修的运动员,大多数是为转型而来,因此与体育相关的专业是他们进修的首选,只要拿到学位,退役之后他们就可以从运动员直接转型为教练或体育管理人员,不需要再进行相关的培训和进修。经过四年的学习,李红云获得了本科学历。

李红云

2003 年,李红云被任命为苏州市女子举重队教练,三年后又被调到省女子举重队当教练,培养了一批又一批希望之星。

在率队参加 2009 年在济南举行的第十一届全运会后,李红云被安排到苏州市体育局工作。2023 年 7 月,李红云被任命为苏州市体育运动学校训练处处长。

事业的天空绚烂,生活的天空多彩,李红云就这样一路快乐地生活着,在自己热爱的体育道路上拼搏奉献着。

姓名:李红云

性别:女

出生年月:1976 年 4 月

项目:女子举重

主要成绩和荣誉:

1992 年获第六届世界女子举重锦标赛 60 公斤级抓举、挺举、总成绩 3 项冠军,并 6 次打破 3 项世界纪录。

1993 年获第七届世界女子举重锦标赛 64 公斤级抓举、挺举、总成绩 3 项冠军,并 7 次打破 3 项世界纪录。

1994 年获第八届世界女子举重锦标赛 64 公斤级抓举、挺举、总成绩 3 项冠军,并 14 次打破 3 项世界纪录。

1995 年获第九届世界女子举重锦标赛 70 公斤级抓举冠军。

1996 年获第十届世界女子举重锦标赛 64 公斤级抓举、挺举、总成绩 3 项冠军。

1994 年、1995 年连续两次被授予中华人民共和国体育运动荣誉奖章。

1996 年被国际举联授予"最佳运动员""优秀运动员""获得女子举重世界冠军最多的运动员"3 项荣誉称号。

崔文华:大块头有大智慧

中国历史上最有名的大力士当数项羽。司马迁在《史记·项羽本纪》中记载:"籍长八尺余,力能扛鼎,才气过人。"项羽兵败时,不无自诩地唱道"力拔山兮气盖世"。徐州出土的《力士图》雕刻了 7 个力士,从左往右依次为"持剑执盾""徒手搏虎""倒拔杨柳""执尾背牛""双手擎鼎""抱犊""执壶"。

崔文华

可见,举重是中国传统体育项目之一,古代已相当普及,徐州地区尤甚。20 世纪 90 年代,徐州大地又涌现出一男一女两位举重奇才:女的叫李红云,28 次打破世界纪录;男的叫崔文华,是中国在大级别项目上多次夺得举重世界冠军的运动员。

四夺全运会冠军

崔文华出生于 1974 年,身高 1.91 米,10 岁跟随启蒙教练韩大俊参加举重训练,1990 年入选江苏省举重队,1994 年进入国家举重队,获得全国锦标赛、冠军赛 26 次冠军。从 1992 年在全国举重冠军赛中一鸣惊人到退役,崔文华在国内从无敌手,成为男子举重 105 公斤级别里不可击败的神话。拖着满身伤病还能在 31 岁创下连续四次夺得全运会金牌的纪录,难怪 2005 年 10 月 20 日晚崔文华会泪洒举重台,并留下做运动员的最后感言:"今天,我为自己的举重人生画上了一个完美的句号,我该谢幕了"。

21 年的举重运动员生涯让崔文华伤痕累累,他的腰、腿、手、肩均有老伤、新痛。他一次次征战,一次次超越自己,战胜病痛。九运会夺金后,在领导动员下,本打算退役的崔文华回到训练场,开始备战十运会。2005年4月,崔文华的右手腕再次受伤,连挤牙膏刷牙都难以完成,每天却要进行二三十吨的力量训练,以至于每天训练结束后,他甚至连起身上厕所的力气都没有,常常是要分把钟时间才能努力着慢慢蹲起。在重重的杠铃一次次被举在头顶时,崔文华也战胜了自己。夺冠后,崔文华透露了"家底":"我的手腕上场前还打了封闭,受伤已经半年多了。"

在家门口举行的十运会是崔文华的最后一战,对他来说意义格外重大,他别无退路,只有夺金。在首把挺举举起200公斤重量后,教练组为他选择了要205公斤的重量,而不是要有些难度的210公斤。在抓举中落后的云南选手张崇喜最后一把只能铤而走险,直接要220公斤。平时他举215公斤是没有问题的,220公斤是他的极限重量,举起了就取代崔文华成为冠军,举不起就只能获得银牌。但最终,张崇喜没有成功,崔文华以392.5公斤的总成绩问鼎,用一枚金牌为自己的运动员生涯画上句号。

崔文华这块金牌含金量很高,全运会四连冠创造的不仅是历史,精神层面的意义远远超过了金牌本身。时任国家体育总局重竞技中心主任马文广评价崔文华:"他是中国举重的一笔财富,这个财富不是能用金钱来衡量的,这是精神上的财富。崔文华是改变欧美选手垄断举重大级别项目的中国乃至亚洲第一人。"

三破世界纪录

崔文华成名于七运会,此后蝉联了八运会、九运会、十运会举重冠军。其中,在1997年10月举行的第八届全运会男子举重比赛中,崔文华举起200.5公斤,超过乌克兰泰马佐夫1994年在伊斯坦布尔创造的抓举世界纪录0.5公斤,这也是亚洲男子举重运动员第一次在大级别上打破世界纪录。在1994年广岛和1998年曼谷举行的两届亚运会中,崔文华均力挫群雄。1995年在广州举行的世锦赛上,他又获得男子108公斤级抓举冠军,填补了中国举重在超大级别上与世界冠军无缘的空白。1997年12月,在泰国举行的第68届世界男子举重锦标赛上,他百尺竿头更进一步,包揽了男子108公斤级抓举、挺举、总成绩3项冠军。1998年12月,在芬兰举行的第69届世界举重锦标赛上,他夺得男子108公斤级抓举冠军,并打破3项世界纪录,这也是中国举重男队在本届世锦赛上获得的唯一金牌,避免了被"剃光头"的尴尬。

崔文华举重生涯的唯一遗憾是没有获得奥运会奖牌。1996 年亚特兰大奥运会是崔文华唯一一次参加的奥运会,当时他是具备夺取奖牌实力的。但临比赛前一个月,他突然左手腕受伤,导致训练强度上不去。进入亚特兰大奥运村后,饮食上特别不适应,加上比赛周期过长,无谓消耗了体力和精力,导致他在比赛中显得不够兴奋,最后仅获得总成绩第五名。到了 4 年后的悉尼奥运会,国家体育总局公布的出征名单中原本有崔文华,可离开赛一周,他的脚伤又发作,最后只能忍痛放弃比赛资格。2004 年雅典奥运会,崔文华没去成的原因有两个:一是年过三十,成绩比起以前有些滑坡;二是在男子举重的 8 个级别中,中国队只参加 5 个级别的比赛,在减掉的 3 个级别中,正好包括他的 105 公斤级别。2008 年 5 月 27 日,已经退役的崔文华作为北京奥运会火炬手传递火炬,承担了火炬在南京倒数第三棒的传递任务,以另一种形式圆了他参加奥运会的梦想。

独创招牌动作

崔文华享誉世界举坛的,除了显赫的战绩,还有独创的招牌动作。他根据自己身材高的特点,在抓举发力后双手向外滑杠,形成了独特的抓举技术动作。他解释"崔氏抓举"的技术诀窍:"首先是建立在实力和自信的基础上,正所谓'艺高人胆大'。双手抓杠的距离小,容易发力;另外杠铃比较贴身后,腰腿力量反而能够发挥!"

崔文华

除了抓杠的招牌动作,崔文华还有"伸舌头"的标志性动作。每当举起杠铃后,崔文华总是习惯性地伸一伸舌头,然后潇洒地向左右转头冲观众点头示意。在比赛最后关头时,崔文华还总喜欢大喊一嗓,彰显着男子汉的力量和自信。崔文华笑称:"舌头伸出来,主要是保持平衡。我认为,运动员既要出比赛成绩,还要有个性,这样才能让观众记住你。沛县是出帝王的地方,作为沛县人,我更要体现出舍我其谁的霸气和豪气。我在多年前就很喜欢看一位希腊 85 公斤级举重选手的比赛,不仅因为他曾三夺奥运会冠军,还因为他举起杠铃后都会潇洒地向左右转头冲观众点头示意,显示出一种难得的轻松和惬意。所以我借鉴了他的动作,希望让原本沉闷的比赛增加些精彩和回味!"

在举重界普遍以身材适中、肌肉发达为主的运动员中,身高超过1.9米的崔文华绝对是个异端。但就是这个异端,却成为改变欧美选手垄断举重大级别项目的中国乃至亚洲第一人。他退役多年后,国内运动员不仅没有人能够超过他,甚至没有人可以逼近他,这让他深切感受到中国男子举重大级别"后继无人"的冷清。

孝顺的孩子

崔文华是个特别孝顺的孩子,从14岁离开沛县到外地训练到十运会之后,已经31岁的崔文华连续17年没在家过春节,因为每年春节前后都是举重队冬训最繁忙的时期。在万家团圆、鞭炮声声的喜庆日子里,崔文华心里满是对家人的思念。这个不无文艺色彩的"大块头"说:"想家的时候,思念是一支短笛,悠悠地奏出一段天涯游子的思乡恋曲。想家的时候,寂寞会无边无际地疯长,我就在心底发誓,让父母接受我遥远的祝福和问候!"无论身处何地,崔文华每周都会给沛县的父母打一个电话,他想听到的就是两位老人熟悉的乡音。"有时候我出去了,碰巧没有接到文华的电话,他总会再打一次,就为了和我说几句话。"崔文华的母亲赵俊梅说。家里买房子,崔文华给父母寄去一大笔钱,并给他们添置了空调、彩电和家具,希望父母在新家住得舒舒服服。"有文华这样的好儿子,是我们一生的福气!"赵俊梅说这话时已泪眼婆娑,一旁用心在听的崔文华忙不迭地为母亲拭去眼角的泪花。

儿行千里母担忧。赵俊梅从没有到过崔文华的一次比赛现场,甚至没有看过一次电视直播崔文华参加的比赛,她说自己的心脏会承受不住赛场紧张气氛带来的压力。每次儿子胜利的消息,都是老伴崔学品告诉她的。而深知父母心思的崔文华,每次给父母打电话都报的是平安和喜讯,关于他受伤的事情从不提及,他怕年迈的父母为自己牵挂。崔文华几次受伤的消息,崔学品、赵俊梅都是从报纸上看到的。可当他们向崔文华核实时,却总是换来儿子善意的谎言:"我挺好的,真的没事!"

在崔文华家里,最珍贵的是崔学品、赵俊梅老两口精心制作的8册剪贴本。

崔文华（后排中）和父母兄姐合影

这里面剪贴的是所有记载了崔文华参加各类比赛的报道，时间跨度从 1992 年的全国冠军赛到 2005 年的十运会。剪贴本上既有崔文华占据整版的专题人物报道，也有只是对崔文华只言片语的捎带报道，老两口都全部剪贴下来，并按照时间顺序工工整整地贴在本子上。"等到文华结婚生子后，我们就把剪贴本全部移交给他，让孙子也看看他爸爸的风采和荣誉！"赵俊梅说，这些剪贴本凝结了他们对儿子的全部情感。

智慧与力量的最佳结合

在绝大多数人的印象中，从事力量训练的体育健儿多是四肢发达、头脑简单的。可如果你接触过崔文华，马上就会摒弃这种偏见。在国家举重队和江苏举重队，有着大卫般健美身躯的崔文华是智慧和力量的最佳结合体，用当下时髦的一句话来说就是："大块头有大智慧！"

从 1990 年开始崔文华就养成了每天写训练日记、每周写一次训练周记、每年写一次全年个人总结的习惯，这一习惯坚持了 15 年，他的训练日记日积月累，不仅有每天的训练体会，还有自己对世界各国高手技术动作的分析。崔文华的这一好习惯在国家举重队、江苏举重队都有口皆碑，国家举重队教练为此多次请他为年轻队员传经授宝。

在国家举重队和江苏举重队，崔文华都是一位走在时尚前列的大哥级人物。1995 年，崔文华在资金并不宽裕的情况下，花 5000 多元买了一台音响，之后,包括摩托车、摄像机、台式电脑、笔记本电脑,社会上最新流行什么,他都是队中第一个添置的人。最值得称道的是,崔文华对这些高科技产品几乎都是无师自通。国家举重队每次外出,摄影或摄像的任务都会交给崔文华,他的许多摄影作品散见于报端。运动员单调和枯燥的训练,并没有消磨崔文华的闲情逸致,他说自己最喜欢的就是上网购物,主要是比较省时间,像一些衣服、鞋子,甚至连商务车都是先从网上看中的。

2002年,崔文华一边训练一边在南京大学新闻系读书。"其实我特别喜欢新闻这个专业,1998年的时候就想上北京广播学院,由于种种原因没能上成。"崔文华说。从南京大学毕业后,崔文华在南京体院训练处当副处长,不久后被调到江苏省总工会高校部,负责高校的工会工作。

现在,崔文华是江苏省教育科技工会副主席。他说自己从事行政工作的优势就是"名人效应","走到哪里,只要一介绍,大家都比较了解,这样做工作就会比较方便,人家也会对你很热情"。

人物档案

姓名:崔文华

性别:男

出生年月:1974年1月

项目:举重

主要成绩和荣誉:

1993年获第七届全运会男子举重105公斤级总成绩冠军。

1995年获世界举重锦标赛男子108公斤级抓举冠军。

1997年第八届全运会,以200.5公斤打破108公斤级抓举世界纪录并夺得总成绩冠军。

1997年获世界举重锦标赛男子108公斤级抓举、挺举、总成绩3项冠军。

1998年获曼谷亚运会男子105公斤级总成绩冠军。

1998年获世界举重锦标赛男子108公斤级抓举冠军。

2000年获亚洲举重锦标赛男子105公斤级抓举亚军。

2001年获亚洲举重锦标赛男子105公斤级抓举冠军,挺举、总成绩2项亚军。

杨影:从世界冠军到央视主持人

1997 年,在第 44 届世界乒乓球锦标赛中,徐州国手杨影获女子团体和女子双打 2 项冠军,这是徐州乒乓球运动员首次获得世界冠军。在运动生涯中,杨影共夺得 5 次世界冠军和 1 次奥运会亚军。2000 年,在悉尼奥运会上,杨影与另一名徐州选手孙晋获得乒乓球女子双打亚军,为徐州摘得首枚奥运奖牌。

在运动员时期,杨影无疑是中国乒乓球军团的大将之一,右手直握球拍近台快攻型打法使其成为中国女乒队伍中女子打法男子化的先驱。正手的斜攻和直线进攻的交互使用以及良好的抢攻意识让杨影的进攻灵活多变,而反手推挡力量大、速度快,配以稳健的拉球、凶狠的扣杀,则让杨影的防守坚如磐石。

杨影

攻守俱佳的杨影曾以其柔中带刚的特色在中国女乒军团中独树一帜,并在国内外大赛中取得过一系列优异成绩,先后 5 次夺得世界冠军。

2003 年卡塔尔公开赛上,退役后的杨影再次出现在电视镜头前,但这次的身份是中央电视台的转播顾问。很长一段时间,杨影频频出现在 CCTV-5 的乒乓球赛事中,以另一种方式给乒乓球观众带来别样激情。相比曾经镜头前的挥拍征战,而今镜头前的杨影展现着一个世界冠军的另类风采。

年少成名

杨影 5 岁就与乒乓球结缘,此后她的乒乓生涯顺风顺水。11 岁,杨影进入江苏省集训队。在1990年的全国锦标赛上，13岁的杨影以2∶0战胜邓亚萍，这一战让全国球迷第一次认识了这个江苏小姑娘。1993年，杨影进入国家队成为一线球员，她说："进入国家队是我从小的梦想。记得1988年汉城奥运会时在电视上看到中国队员夺得奥运冠军上台领奖那一幕，我就自己在家与父母演了一场'颁奖仪式'，进入国家队就意味着我有机会站上领奖台。"

杨影是女乒运动员中继承和发展我国传统直拍近台快攻打法的典型。她抢攻意识强，正手斜攻，直线灵活多变；反手推挡力量大、速度快，并能在相持中先发制人；在对付削球时，稳健的拉球，凶狠的扣杀，显示出柔中带刚的特色。

杨影因13岁打败邓亚萍而在国内乒坛一举成名。作为20世纪90年代女子乒坛第一直板快攻手，杨影胆子大、变化快，前三板好，也善于用脑子打球，因此在1995年到1999年之间取得了一系列优异成绩。但由于直拍打法本身的局限性和训练中存在的问题，杨影后来并没有取得非常突出的成绩，并且在第45届世乒赛女团阵容的竞争中落选。此外，由于队内年轻队员迅速成长，杨影逐渐失去了单打中的主力位置，这从另一方面也促使杨影把主要精力放在双打上面，无论是与孙晋配合的女双，还是与秦志戬搭档的混双，都取得了较好的成绩，仅在2001年就先后夺得国际乒联巡回赛总决赛女双冠军、第46届世乒赛和第9届全运会混双冠军。

杨影

1997年，第44届世乒赛，她第一个进入团体阵容，并帮助中国队夺得团体冠军，实现了世界冠军的梦想。但首次参加世乒赛，杨影却出师不利，小组赛时输给了日本的冈崎惠子，当时心理压力特别大。她回忆道："后面的比赛既想上场，又怕再输。但不上场又不行，决赛肯定就不用你了。后来对德国队的尼科，对俄罗斯的削球手，我都打出了应有的水平，充分展现出直板快攻的威风。"女团决赛，第一场就是杨影对朝鲜队的韦福顺。她对付欧洲选手心里有数，发球和前三板有优势，但亚洲人反倒不好打，尤其是长胶、生胶挺别扭的。第一局手紧，打到20平的时候，杨影心里有点慌了，她听见邓亚萍在下面喊:卸下包袱！最终杨影在关键时刻咬住了,赢下第1局,第2局就很容易打了。

在队友眼里,杨影是个开朗的女孩,大大咧咧,爱说爱笑,甚至有些调皮捣蛋,就像个"假小子",经常让教练颇感"头疼"。但一到球场上,杨影就像换了个人一样,打起球来那个认真劲,就像个"拼命三郎"。生活中的杨影是中国乒乓球队的时尚人物,善于接受新事物,特别爱玩新鲜玩意,队里第一个玩MP3的人就是她。

自1993年在全运会上代表江苏取得团体第五名以后,单双打俱佳的杨影在国内外赛事中取得无数佳绩:在邓亚萍、李菊、王楠等人相继垄断过的国内单打赛场上,杨影取得过全国冠军,乒乓球界"得世界冠军易,得全国冠军难"的传统足以说明杨影在单打上的能力;而将更多精力投入在双打中的杨影,女双混双也都取得过不俗成绩,王辉、邬娜都曾经与杨影合作夺取过国际乒联的公开赛冠军,而与邓亚萍、李菊、王楠这三代中国女乒的代表人物都有过合作更让杨影显得独一无二;混双方面,杨影先后与闫森、秦志戬有过合作,均取得不俗成绩。

恋上新闻专业

找到方向,找到适合自己的道路,然后才是生活。做了许多年运动员,带着许多荣誉离开,也带着不少迷茫去面对新的生活。离开国家队后,杨影拿到了南京大学外语学院的录取通知书,在深圳的一个证券公司当了白领,还继续参加国内的乒乓球联赛。但事实上,刚离开的那段日子并不顺利,对于未来,她不知道自己想干什么、能干什么,只是就这么走一步算一步,没有方向。

糊糊涂涂地过了半年,生活终于有了转折点。经过朋友的介绍和父母的认可,她闯进了中国传媒大学的大门。念新闻、朗诵诗歌……经过层层面试,杨影被录取了,那一刻她非常高兴,毕竟在另一个行业里得到了认同。起初她对这个行业还有些茫然,但学习了两个月之后,她爱上了这个行业,找到了未来的人生方向。

刚入学那会,杨影还不太适应新的环境,毕竟很久没有回北京,圈子也不是从前的那个圈子,难受了好一阵子。但是,面对紧张的学习生活,有可爱的同学陪伴,让她很快进入了角色。她和同学们一起吃、一起住,就连军训也没落下。文化课上她与同学们有着很大差距,但她总是坚持不懈,有不懂的问题就请教,同学们也总是很耐心地给她解答。

大一是打基础的时候，杨影一开始有些犯懒，老师可不管她是不是世界冠军，每天早上六点多，老师看不到她，就会给她打电话，拉她起来发声、吐字、用气……就算是大冬天也不例外，六七个同学一组，在操场上对着大树卖力地练习。说实话，因为阅历比同学们要丰富许多，理解能力也要强些，她的专业课在班上算是不错的。除了专业训练，文化课更是让她受益匪浅，不仅拓展了视野，更提高了文化素质。

偶然加盟央视

杨影在运动员生涯中并没有获得过奥运会冠军，2000年悉尼奥运会女双决赛，她负于王楠、李菊组合，与金牌擦肩而过，但这并不能抹杀杨影"女子乒坛第一直板快攻手"的地位，尤其是退役后杨影"入驻"央视，成为乒乓球解说第一女主持，从国手到国嘴，杨影的转变始终围绕着小小的银球展开。

"从运动员到主持人，我的人生轨迹发生了很大的变化，这也是不断认识自我的过程。"上学期间，恰逢央视举办奥运会主持人选拔赛，杨影没有半点犹豫便报了名："我想是对乒乓球和体育的感情促使我做这个决定的吧。我是运动员出身，现在又学了播音主持，我找不到不站上这个舞台的理由。"面试的时候，杨影凭借精彩的回答，顺利进入36强。

漫长的集中培训时期，杨影如饥似渴地向老师、其他选手学习任何不了解的知识，而一向活泼开朗的她与其他选手相处得极其愉快。她似乎又感受到了国家队那种大家庭的温暖："虽然比赛中我们是对手，可是私下里是特别好的朋友，我们经常一起毫无保留地讨论。我想我的知识积累可能没有其他选手丰富，外语也没有他们好，但运动生涯的磨炼是我的优势，我在学习别人的同时也给别人提供了一些帮助和启示。"

实现华丽转身

经过4年的学习，杨影顺利拿到学位证书。穿上学士服、接过学士证书的那一刻，那种神圣感并不亚于当年站在世界冠军的领奖台上。因为运动员的身份，她上学期间就一直担任中央电视台体育频道的嘉宾主持。记得第一次出镜时，杨影很紧张，眼睛都不知道该往哪里看，如今，她在各种场合都能应对自如。

2003 年，卡塔尔公开赛，杨影再次出现在电视镜头中，当然，这一次的身份是中央电视台的转播顾问。从此，杨影频频出现在 CCTV-5 的乒乓球赛事中，以另一种方式给观众带来别样激情。

杨影

2008 年，杨影入选"中国奥运报道主持人国家队"，担任乒乓球项目解说员。她的主持水平日渐提升，有时候连乒乓解说出身的央视老资格主持人蔡猛也不得不"靠边"站。对于运动员和解说员这两个完全不同的职业，杨影自有她的看法："做运动员时，每天都要将精力集中在比赛上，承受着很大的压力，现在做主持人就没有那么紧张了，但同样要做功课。乒乓球专业知识是我的优势，但我的解说风格却需要长期的积累。"刚开始解说时，杨影还处于模仿阶段，"我当时确实想找个人作为学习目标，我就学蔡猛老师，学韩乔生老师，甚至学宋世雄老师。后来我想这样不行，还是要有自己的风格。我打球时靠的是一种激情，所以我的解说风格就是球场上的风格，雷厉风行。"

然而，杨影的这种解说风格却引来了观众的一些争论——"术语太多""倾向性太强"……面对这些评价，杨影说："我在解说时说的就是一些观众应该知道的术语，我想这些他们不难理解，观众都很懂球，这些又都是乒乓球的基础。至于倾向性，我想还是有一些的，如在国际赛事中，我肯定倾向于中国队，不过这种倾向性要有度，毕竟解说时还是要站在一个客观的角度上，不能让观众感觉到过于偏袒。"2008 年 8 月，杨影与前辈蔡猛一起担任了北京奥运会乒乓球转播的解说工作，用自己的声音，向全世界传递乒乓球的魅力，让大家认识了一个新的杨影。

解说背后满艰辛

从 2002 年进入中国传媒大学学习播音主持，到 2006 年通过层层考试进入央视，再到解说北京、伦敦两届奥运会，杨影一步步成长为央视著名乒乓球解说员。不过，现场解说 2013 年单项世乒赛，对杨影来说还是第一次。

杨影（左）2016 年回到徐州与陈玘解说乒超联赛

当时，由于时差的关系，北京时间凌晨四五点，杨影才能结束最后一场的解说。"大家每天都要工作十几个小时，最多时一天工作了 16 个小时。"杨影说，"我每天都要坐 8 站地铁，因为听不懂法语，我们只能数坐了几站，一上车就高度紧张，不敢睡觉，到了赛场就要开始准备工作。"

杨影每天都会提前来到赛场，一个人拿着厚厚的一叠资料，低着头准备。对此，杨影笑着说："这次巴黎世乒赛有 800 多个运动员参加，前两天还有预选赛。我是等到抽签结束后，才能翻译运动员的人名，查他们的世界排名。解说比赛前，还要看比赛双方上一轮的成绩等各种资料。"

一周多时间，杨影解说了 43 场比赛，北京的后方解说员只说了 4 场。"在现场，能看到很多东西，我也希望多说一些，让观众能全面地了解比赛的台前幕后。"杨影说。坐在央视的主播台上，杨影的一举一动都会被放大，有不少赞美声，也不乏批评声，被问到给自己的巴黎世乒赛解说打多少分时，杨影的答案是80 分。"我的播音功底还不够扎实，有人说解说声音很大，因为我在现场，场馆很吵。当然,解说过那么多场大赛,第一,我尽力做到准确,第二,我想尽量说一些现场鲜活的东西,追求完美。"杨影说。

姓名:杨影

性别:女

出生年月:1977 年 7 月

项目:乒乓球

主要成绩和荣誉:

1993 年获首届世界青年乒乓球锦标赛女团冠军。

1997 年获世界乒乓球锦标赛女团、女双 2 项冠军。

1999 年获世界乒乓球锦标赛女双冠军。

2000 年获悉尼奥运会乒乓球比赛女双亚军(与孙晋)。

2001 年获世界乒乓球锦标赛女团、混双 2 项冠军,女双亚军。

刘峰:技艺传承托起耀眼新星

地处中原大地的江苏徐州是全国有名的武术之乡,徐州西北方向的沛县,自古就有"千古龙飞地,一代帝王乡"之美誉。当年刘邦带领英雄豪杰争霸天下,演绎了四百年的大汉基业。现在的沛县城乡仍旧习武成风,沛县的武术名震全国,大家云集,雄才辈出。

刘峰

1978年9月,刘峰出生在沛县的武术世家,爷爷是习武之人,终生爱好武术,父亲刘厚义是闻名遐迩的武术大师、全国技巧冠军。当年,刘厚义在获得全国技巧比赛冠军后,很想在国际赛场上一展身手。按刘厚义当时的实力,完全有可能在世界大赛中争金夺银。但当时处于"文革"特殊时期,刘厚义空有一身绝技却无法走出国门,失去了为国争光的机会,只能留下终生遗憾。

父亲眼中的未来之星

儿子呱呱降生,给刘厚义带来新的希望。对于幼年时代的刘峰来说,习武是家常便饭,他没有一天不在父亲的指点下练上几招拳术,更何况父亲是当地的梅花拳大师,获得过全国技巧比赛冠军。刘厚义打起拳来腿脚生风、拳拳带响,已经达到出神入化、炉火纯青的地步。刘峰从小就在浓厚的武术家风熏陶下成长,刘厚义也有意识地培养儿子。当褓褓中的小刘峰踢腿伸胳膊时,刘厚义就开始帮助他抻腿、拔筋;在小刘峰刚会走路的时候,刘厚义就帮他学习滚翻。经过长期培养,刘峰从小在身体素质方面就比同年龄的孩子高出一筹,武术和技巧的基本功也十分扎实。

刘峰从小就生活在充满武术和技巧的传奇世界里,每天耳濡目染,都为他今后的技巧运动打下了坚实基础。刘厚义是原江苏技巧队著名队员,也曾在省技巧队担任过教练,获得过许多国家级比赛的金牌,培养了许多全国冠军和世界冠军。刘峰为父亲的成就感到骄傲和自豪,小小年纪就在心底埋下了理想的种子,他暗下决心,一定要继承父志,完成父亲的心愿,有朝一日走向更广阔的舞台,去夺取世界大赛金牌。

童年的刘峰最大的兴趣就是翻跟头、打旋子,越是技巧性强、难度要求高的动作,越是能使他上瘾。每当翻起跟斗来,他那小小的躯体就像个加足了马力的车轮,一圈、二圈、三圈……连续十几个跟斗,使观看者禁不住啧啧称赞。刘峰一路"翻"到了沛县体育中学,成为父亲带领下的一名正式队员,开始从事技巧专项训练。

刘厚义在沛县体育中学任教期间,带出了多名技巧世界冠军。刘厚义的教学特点就是一个"严"字,思想上严格管理,技术上严格要求,特别是在运动员心智培育和毅力磨炼方面,他都有自己独到的理念。平时,父亲忙于训练技巧队的学员,没有过多时间给刘峰开小灶,刘峰就自己加码苦练,把聪明才智全用在技巧训练上。他勤学苦练,从不偷懒取巧,别人练十遍,他就练二十遍,每个动作都力争做到最高标准。他暗暗发誓,一定要练出个名堂来,继承父业,传承家风,像父亲的几个徒弟那样,参加世界大赛,夺取金牌。父亲对刘峰也是充满期望,认为这个孩子很有可能成为希望之星。

省技巧队的冲顶之星

1992 年,刘峰的运动生涯发生了重大转折,他被江苏省技巧队选中,成为都庆廉教练门下的战将。由于从小基础打得牢,身体素质好,接受能力强,刘峰在省技巧队那几年的训练中如鱼得水,很多高难度的技巧动作,他都能很快突破。

在专业运动员的道路上，他越走越畅通，技巧功夫也越练越纯熟，世界冠军之路越走越宽广。1998年9月，都庆廉教练开始组建新一届男子四人组，刘峰被选进这个有冲击世界冠军希望的团队。他也迎来新搭档，同样来自沛县的刘会峰。

刘峰被选进省技巧队后，先是师从王立友教练学习男子双人技巧，后来又师从周传标教练学习男子四人技巧。周传标教练是从沛县走出来的世界冠军，1985年和队友王立友、王沛出战在北京举行的第六届世界杯技巧比赛获得巨大成功，夺得徐州在国际大赛中的首枚金牌。周传标曾是刘厚义的学生，这层师生关系让他对刘峰的成长格外上心。

刘峰训练照

训练时，只要刘峰思想上稍有松懈，周传标就严厉批评，直到刘峰认识到自己的错误且口服心服为止。周传标经常对刘峰说，技巧运动就是力与美的和谐统一，要求运动员每一个动作都要做到位，每一个姿态都必须有美感，每一个细节都必须交代清楚。所以，在训练中，刘峰如果动作做不到位，周传标就要求他反复练习，有时严格到不近人情的地步——什么时候把动作、姿态、造型、细节都做到位了，符合教练的要求了，才能休息。日复一日，年复一年，就是在这样严酷的训练环境中，刘峰逐步成长为技巧队的核心队员。

时间到了1999年，经过六年的艰苦训练，刘峰的技巧动作逐步完美成熟，到了展翅高飞的时候了。这一年，周传标带领刘峰参加世界杯技巧比赛。刘峰格外兴奋，感觉实现世界冠军梦想的时刻就要到了。也许是由于欧洲国家的裁判带有偏见，也许是队员心理上急于求成，种种原因使刘峰与世界冠军失之交臂，只获得了第三名。对于初出茅庐的刘峰来说，这样的成绩已经很了不起了。可刘峰却不满意，金牌梦想没有实现,思想上出现了重大波动。幸好周传标及时发现了刘峰的思想动向,耐心地做他的思想工作。最终,教练的悉心教导、家乡父老的关心让刘峰在思想上有了质的飞跃,从此,他斗志昂扬地踏上新的征程。

国际大赛的卫冕之星

备战 2000 年第十七届世界技巧锦标赛成为刘峰奋斗的目标。刘峰全身心投入到艰苦的备战训练之中,可命运却在成功的道路上设置了重重障碍。在一次训练中,由于用力过猛,刘峰膝关节韧带严重拉伤,关节肿胀,疼痛难忍。接着身体也出现症状,感染发烧,严重影响了赛前训练的质量。但出国比赛在即,时间紧迫,不能停下训练的脚步。因为有崇高的理想支撑着他,有坚定的信念激励着他,有永不言败的精神鼓舞着他,刘峰咬紧牙关,拼命坚持。

因为刘峰在四人组项目中处于底盘的位置,这就要求他必须承受三个人的重量。每当队友上下更迭时,他的身体都要受到极大的震动,对他受伤的膝关节产生猛烈冲击。疼痛有时使他几乎坚持不下去,但他以超人的意志、顽强的毅力,硬是挺下来。病痛不但没有打垮刘峰,反而使他更加坚强,他的人格力量也在坚持中得到提升。刘峰的精神也感动了队友,整个团队在训练中更加团结一心,使训练任务完成得更好,也保证了参赛前的竞技水平,为迎接世界大赛做好了充足准备。

2000 年 11 月,在波兰弗罗茨瓦夫举行的第十七届世界技巧锦标赛上,刘峰和队友发挥出色,技压群雄,一举获得三块金牌。刘峰望着赛场上升起的五星红旗,泪水夺眶而出,他历经十多年的艰苦努力,战胜重重困难,终于实现了世界冠军的梦想,也为中国技巧队卫冕男子四人项目世界冠军做出了重大贡献。

喜讯传到家中时,刘厚义倍感欣慰,儿子终于实现了自己多年的心愿,没有人能比他更清楚这一切的来之不易。刘峰以三枚世界大赛金牌、九枚全国比赛金牌为自己的运动员生涯完美收官,也在中国技巧运动史上书写了浓墨重彩的一页。

2010 年 5 月,刘峰从技巧队退役,进入南京体育学院继续教育学院工作,现在南京体育学院教务处任运动员教育科科长。他是一名从青少年运动成长起来的世界冠军,非常适合从事运动员的思想教育工作。他懂得运动员的心理,了解运动员的思想动态,碰到问题能够很好地与运动员沟通,找到合适的解决办法。

刘峰和队友获奖

他深刻地理解运动员在成长道路上的种种困惑和艰辛,他用自己成长的经历来教育运动员,用自己战胜困难挫折的经验鼓励运动员。他深知肩上的责任重大,特别是在建设体育强国的道路上,国家需要培养大批高水平竞技体育人才,在运动员管理教育的岗位上,刘峰以积极进取和坚持不懈的精神,又在为国家的体育事业做出自己的贡献。

姓名:刘峰

性别:男

出生年月:1978年9月

项目:技巧

主要成绩和荣誉:

2000年获第十七届世界技巧锦标赛男子四人项目3项冠军。

2000年被国家体育总局授予"国际级运动健将"称号。

2000年被授予中华人民共和国体育运动荣誉奖章。

刘会峰：在默默坚守中厚积薄发

在徐州沛县河口镇，家家习武、人人练功早已成为传统。每年农闲之后，各村都会请一位德高望重的拳师教全村孩子习武。1980年，刘会峰出生在河口镇，受到武术氛围的熏染，从小就加入习武的行列，跟着哥哥姐姐习拳练武，并对武术产生了浓厚兴趣。刘会峰小小年纪就能初步掌握武术的基本动作，做得有模有样，家人都认为他是一块练武的料子，每天都带着他在练武场地上摸爬滚打，使他练就了扎实的武术基本功。这些从小打下的良好基础，使刘会峰在身体素质上做好了前期铺垫，也使他今后在技巧方面的发展水到渠成。

刘会峰

走进世界冠军的摇篮

1995年3月，刘会峰有机会进入沛县体育中学技巧队。他的启蒙教练芮广民也是一位技巧高手，曾在全国技巧大赛中获得优异成绩。在芮老师的言传身教下，刘会峰的技巧水平突飞猛进。沛县体育中学是世界冠军的摇篮，为国家培养了众多竞技体育后备人才，特别是在技巧运动方面，培养出数十名全国冠军和十多名世界冠军。沛县体育中学是一个体教融合的成功案例，学校的办学理念、教育思想、训练方法、管理手段都有独到之处。

学校提出"在品行上扶德，在心理上扶健，在训练上扶志"的办学思想，为发展起到良好的导向作用。学校对运动员的教育工作提倡"四严"原则：严格要求，严格管理，严格纪律，严格训练，成为学校管理工作所遵循的理念。特别是学校提出的"以人为本,张扬个性,培养特长,促进发展"的办学方针,为运动员的成长开拓了广阔天地。

在沛县体育中学学习训练期间,刘会峰的技术水平有了大幅度提高,技巧运动的基本功更加扎实。教练和老师的教导让刘会峰明白了很多道理,加上喜欢思考,爱动脑筋,这些都为他打下了深厚的技术功底和良好的思想基础。

刘会峰身处世界冠军的摇篮,虽然年纪不大,却在内心里感觉到一种压力。在这里,很多同龄的孩子都积极上进,他们以那些从这所学校走出来的世界冠军为榜样,在训练中从来不叫苦不怕累,他们心里都藏着一个目标,那就是像师兄们一样,在全国比赛和世界大赛中取得金牌。这种人人都在争先、个个不肯落后的氛围,自然会带给刘会峰无形的压力。但很快,刘会峰就适应了这里的学习和训练环境,也逐渐习惯了这种压力,渐渐地将压力转化为积极向上的动力。在沛县体育中学的三年时间里,刘会峰在技巧训练上进步明显,在心智磨炼上收获丰富,在理想信念上更加坚定,开始朝着目标奋勇前行。

步入创新发展之路

1998年9月,刘会峰被推荐到江苏省技巧队,从此步入施展才能的广阔天地。

江苏技巧队男子四人组是国家优势项目,经常在世界大赛中取得优异成绩。刘会峰被选进省技巧队男子四人组,组里还有同乡刘峰。两位小老乡都庆幸自己能进入男子四人组这个重点项目。当时,男子四人组的教练就是他俩仰慕已久的周传标老师。周传标是为中国队夺得第一枚世界技巧大赛金牌的功勋,在技巧训练方面也有独到见解,在国内和国际技巧界都很有名望。在周教练的悉心指导下,刘会峰开始向新的目标进军。周教练严格执行"三从一大"的训练原则,把"从难、从严、从实战出发,大运动量"作为训练的基本理念。每次大强度的训练,都是对运动员最严酷的考验。刘会峰知道"三从一大"训练原则的重要意义,他不畏艰难,不怕苦累,同队友们默契配合,使男子四人组的技术能力得到快速提高。

江苏省技巧队是一个活力四射的战斗团队,从教练员到运动员齐心协力,为攀登世界冠军的高峰而拼搏。作为技巧专业运动员,除了要具备吃苦耐劳的精神,还要有坚持不懈的追求、迎难而上的勇气,更重要的是要具备思考的能力,要有创新的精神。刘会峰是一位爱动脑筋、勤于思考的运动员。他经常说，一个运动员最重要的是创新精神，这种精神是伴随运动员成长的重要因素。

经过多年在训练场上的历练，刘会峰对技巧项目有了自己的思考，对技巧运动的理解也上升到一个新的高度。他认为，现代体育运动发展的特点之一，就是体育运动学科的高度分化和高度综合化；现代运动员的知识结构不可能再停留在自身的专业知识范畴，应当以精湛的专业知识为基础，以广博的科学文化知识为支撑，以生机勃勃的创新精神为引领，才能达到预期的高峰。他常常说，现代竞技体育要求每一位运动员首先要成为自己所从事训练领域的专家，并对相邻相近的知识领域也有较多的了解，将广博的体育运动理论与精湛的专项知识相结合，才能适应当今的竞技体育潮流。

爱动脑筋的刘会峰在训练过程中深刻地体会到，运动员在学习和训练过程中，专注思考是十分重要的，学会理解运用科学系统的训练方法是运动员的必修课。刘会峰认为，专业运动员必须做到四个坚持：第一是坚持整体性原则，在自己所从事的竞技项目中要具备综合实力，形成自己的优势；第二是坚持循序渐进的原则，突出重点，打好基础，储备潜能，厚积薄发，没有牢固的训练基础做支撑，所有的努力都将成为空中楼阁；第三是坚持个性化原则，突出个性，突出特长，必须有区别于其他人的独特优势，有特色才有亮点，才有取胜的机会；第四是坚持体育训练的动态原则，不断学习，不断改进，互相交流，取长补短，只有不断创新，才能立于不败之地。经过多年潜心钻研，刘会峰厚积薄发，终于迎来人生的重要机遇。

迎来夺冠机遇

刘会峰默默承受着艰苦训练，等待着建功立业的机会。终于，幸运之门打开，他迎来自己运动生涯的第一次机会。此时，刘会峰的技巧动作逐步完美成熟，具备了争夺金牌的实力。1999年在比利时根特举行的世界技巧锦标赛给刘会峰提供了接触世界大赛的机会，周传标教练带领刘会峰等男子四人项目队员发起冲击。刘会峰内心也感觉到，世界冠军的梦想离自己不远了。但是，由于种种原因，他们与世界冠军失之交臂。刘会峰和队友们在这次比赛中只取得了第三名的成绩。作为一支年轻的队伍，这个成绩是值得肯定的。但男子四人组成员没有人沾沾自喜，因为他们的目标是夺取金牌，这次比赛显然没有达到心理预期。

比赛一结束,他们就开始认真总结经验教训:"从外因上分析,裁判对这支年轻的队伍有偏见,这是一个很主要的原因,也是在国际技巧比赛中经常遇到的难题,很多情况是我们无法掌控的。但是,从内因上分析,更重要的是队员们大赛经验不足,在赛场上急于求成,对激烈对抗的局面缺乏应有的准备。"针对自己的问题,刘会峰和队友们在周传标教练指导下,开始新一轮备战。他们在训练中不断提高和完善技术动作,卧薪尝胆,潜心准备,为新的战役储备力量。

2000年11月,刘会峰和队友再次迎来向世界冠军冲击的绝好机会,他们满怀雄心壮志,踏上了前往波兰弗罗茨瓦夫的征程,迎战第十七届世界技巧锦标赛。在这次比赛中,男子四人组配合默契、姿态优美、动作稳定,依靠高难度系数和独特的绝技,一举包揽男子四人项目的3枚金牌。从此,世界技巧冠军排行榜上镌刻了刘会峰的名字。

获得世界技巧锦标赛3项冠军之后,22岁的刘会峰并没有功成名就、急流勇退的想法,而是执着地选择自己热爱的技巧运动,继续在国际国内大赛中展现男子四人组的英姿:2001年获得世界运动会技巧比赛银牌,2002年获得德国里扎世界技巧锦标赛铜牌并被国家体育总局授予技巧运动国际级健将称号。刘会峰在国内赛事中也取得了一系列好成绩:2000年获得全国技巧锦标赛金牌、全国技巧冠军赛金牌;2001年获得全国技巧锦标赛3枚金牌、全国技巧冠军赛3枚金牌;2002年获得全国技巧锦标赛3枚金牌、全国技巧冠军赛3枚金牌、第二届全国体育大会技巧比赛3枚金牌。鉴于在技巧运动中做出的贡献,刘会峰获得江苏省技巧运动项目杰出贡献奖,被江苏省人民政府授予集体一等功、个人二等功。

爱动脑筋的刘会峰退役后选择了新的创业方向,2009年担任上海瑞业投资管理中心合伙人,创办上海峰巍体育发展有限公司。上海峰巍体育致力于青少年儿童的体育教育和培训,发挥自身优势,积极开展体育项目与培训课程的研发,多渠道培育青少年体育人才,打造核心体育项目,推动体育赛事与商务运行合作。上海峰巍体育已获得中国大学生体育协会的独家授权,负责中国大学生"啦啦操"的联赛运营。在新的领域中,刘会峰发挥在竞技体育行业中练就的个性特质和创新优势,为中国体育事业的创新发展做出积极贡献。

刘会峰与队友们

姓名：刘会峰

性别：男

出生年月：1980 年 10 月

项目：技巧

主要成绩和荣誉：

2000 年获第十七届世界技巧锦标赛男子四人项目 3 项冠军。

2000 年被国家体育总局授予"国际级运动健将"称号。

2000 年被授予中华人民共和国体育运动荣誉奖章。

获江苏省技巧运动项目杰出贡献奖。

被江苏省人民政府记集体一等功、个人二等功。

孙晋:从世界冠军到金融界精英

徐州是我国传统的"乒乓之乡",因培养了孙晋、许昕等乒乓球世界冠军、国手而名扬海内外,成为举世闻名的乒乓冠军之城,而他们的成长经历都与少华街小学有着不可或缺的关系。孙晋就是从少华街小学走出来的第 45 届世乒赛和第 46 届世乒赛女团冠军获得者,目前在中国国际金融有限公司工作。从乒乓球世界冠军到金融界精英,孙晋干得风生水起。

爱上乒乓

孙晋从 4 岁开始学习乒乓球,每天早上五点就起床,爸爸带着她跑步,吃完早饭后就去练球。中午睡一会,下午接着练,有时晚上爸爸还得给她开点"小灶"。小丫头毕竟只有 4 岁,刚开始她不太专心,专门教她的乒乓球教练殷本新对她爸爸说:"孙晋太淘了!"听到教练的不满,爸爸的解决方法很简单,哪只手顽皮就拧哪只手,哪儿不老实就"修理"哪儿。老孙的"严"对丫头是真管用,时间不长殷教练就说:"孙晋这孩子要重点培养,是吃这碗饭的料。"于是,孙家人就像吃了定心丸,决心更大了。10 岁时,孙晋在徐州已是战无不胜。

刻苦训练

1990 年 6 月 15 日,孙晋被八一体工大队特招入伍,成为一名年仅 10 岁的小兵。

1992 年,一直在八一队带孙晋的教练突然调离,无论是从训练还是情感上讲,这对 12 岁的孩子来说确实是个打击,孙晋的训练明显退步,她动不动就发无名火,有时自己就将衣服脱下撕成碎片,要么就踢掉自己的暖瓶或是砸掉自己的碗来发泄内心的不快。队领导给孙晋的家长打电话,希望

孙晋获冠军后回到母校

他们做做工作,孙晋的父母一商量,不行就叫她回来,最后关头,爸爸说:"许多赛跑的人,输就输在最后几步!"夫妻俩一合计,还是妈妈请假到北京去。一见到孙晋,妈妈就傻眼了,孩子明显瘦了许多,眼睛里仿佛深藏着一种说不出的郁闷,她抱着妈妈号啕大哭,像是找到了救星,也像是找到了出气筒,一直哭得妈妈也一把鼻涕一把泪。于是,孙晋妈妈打电话向单位请了假,在孙晋的训练馆边租了间房子,守护着孩子,帮孩子圆她金色的梦。

有妈妈在身边,孙晋的生活和诸多方面好了很多。妈妈对孙晋说,你把教练教的东西记下来,晚上我再陪你加练。就这样,在训练馆的灯光下,孙晋每天坚持练习到十点,妈妈就蹲在地上,一个一个地为她捡球,这一陪就是半年。

入选国家队

1993年,孙晋幸运地走进了国家乒乓球队,高兴之余家人很清楚,进了国家队并不意味着进了保险柜,要想在强手如林的中国女子乒乓球队占有一席之地是很艰难的,父母为此常常敲打孙晋。

1997年,孙晋参加了法国公开赛,这是她首次参加国际比赛。当时,在国际乒联没有排名的她一出来,几乎场场都是对阵种子选手,孙晋在电话里对父母说:"我好紧张,稀里糊涂的,反正教练让我怎么打我就怎么打!"这次她居然一场场地赢了下来,最后得了亚军,包括香港的齐宝华、加拿大的耿丽娟在内的多位名将都败在她拍下。经此一役,孙晋的自信心猛然提高。但她毕竟还是个孩子,爸妈都有些担心,怕她在成绩和荣誉面前沾沾自喜、放松训练,到时前功尽弃。孙晋在电话里对爸妈说:"妈妈,你和爸爸放心好了,比起邓亚萍和王楠她们,我这算什么呀!"

孙晋

1998年,孙晋在南斯拉夫公开赛上夺得女子双打冠军和单打亚军,得到消息的那天,父母彻夜难眠,兴奋的心情无法用言语来形容。那两年,孙晋的心气更高了、拼劲更足了,从一般的国际赛场迈向第45届、第46届世界杯和奥运会赛场,她的国际排名升到第三位,在公众眼里也成了明星。

家人始终牵挂她

2000年第45届世乒赛团体比赛前夕,孙晋妈妈的奶奶突然患病,眼看着就要不行了,弥留之际不停地呼唤着重孙女的名字:"晋子,我想看看我的晋子!"

孙晋是老人第四代的第一个孩子,更是她的心肝宝贝。孙晋请了两天假赶回来,由于走得匆忙,没有准备任何东西,怀揣3000块钱就上路了。病床上的太太看到了想念的重孙女,还坚强地挤出一丝笑容,老人已经坐不起来了,伸过手抚摸着孙晋,孙晋拿出随身带的3000块钱说:"太太,我没有给您买什么,这点钱您拿着花吧!"太太抖动着手说:"太太再走就没有牵挂了,好孩子,以后你要好好打球,好好工作,钱你拿回去,太太花不着了。"全家几代人挤在那间小屋里都哭了。

孙晋走后的第二天,老人家就永远离开了。全家人都知道孙晋在为国家备战世乒赛,没有人告知她太太离世的消息。当她从世乒赛上夺取团体冠军、胸前挂着沉甸甸的金牌回来时,疼爱她的太太再也不能喊晋子了!

悉尼奥运夺银

孙晋堪称悉尼奥运会上中国乒乓球队的"悲情人物"。此前她凭借稳定的发挥以及亚洲区预选赛的出色战绩,挤掉了热门人选张怡宁和杨影,成为中国女队的第三单打。女单第二轮比赛,孙晋遭遇"爆冷专家"井浚泓。出道江苏的井浚泓曾入选国家队,有着一手出色的转不转发球和一板致命的发球抢冲。7年前的哥德堡世乒赛,井浚泓淘汰了上届冠军邓亚萍,一战成名,7年后在悉尼,她又以3比0将孙晋淘汰出局。

2000年9月22日,当电视屏幕上打出"王楠、李菊获悉尼奥运会女子双打金牌"的字样时,徐州人民广播电台的会议室里传出一片惋惜声。原来,在女子双打决赛中落败的孙晋和杨影都是徐州人。

不过,在这里和市体委领导一起观看比赛的孙晋和杨影的父母很快就把情绪调整过来,他们笑着对记者说:"只要中国拿金牌,我们一样高兴。"

比赛前,这对选手的父母早早就来到了会议室,焦急地等待着比赛的开始。杨影的母亲薛建华说:"这场比赛杨影和孙晋很难打,她们面对的是女子双打世界排名第一的王楠和李菊;不过,输了也不要紧,因为她们已经把外国的选手都打败了。"

孙晋的父亲孙合义说:"孩子能拿金牌最好,拿不到金牌,打出水平也是胜利。"

孙晋(右一)与杨影、闫森

第一局比赛,当孙晋和杨影从 10:15 落后追到 16 平时,会议室里爆发出一片欢呼声。当王楠和李菊打出好球时,孙晋和杨影的父母也同样鼓掌喝彩。

尽管这对来自徐州的选手最后只获得了银牌,人们依然欢呼着把鲜花献给了她们的父母。徐州市体委主任南建平说:"杨影和孙晋赢了是徐州的骄傲,获得银牌同样也是徐州的骄傲,因为她们和冠军一起为祖国赢得了荣誉。"

进入北大深造

2002 年至 2008 年,两次世界乒乓球团体冠军获得者孙晋在北京大学国际关系学院完成本科和研究生学业,先后获得国际政治专业法学学士学位和外交专业硕士研究生学位。其间,她还被推送到英国布里斯托 Filton College 进行了一年的交流学习。

2006 年 7 月 3 日对孙晋来说意义重大,这一天她获得了北京大学国际关系学院的学士学位。当毕业典礼上毕业生纪念片的音乐响起时,孙晋的眼泪唰地一下掉了下来,挂在还略带着笑意的脸上。她的思绪跟随着短片飘回到了四年前。

那是 2002 年 9 月 6 日,与同学们大包袱小行李外加亲友团簇拥不同,孙晋是自己骑着自行车从八一队红山口一路闲逛到北大南门报到的。和同学们那种第一次张开翅膀单飞的激动和期待不同,孙晋是带着一种离开球场的失落、疲惫和生平第一次受挫的感受进入北大的。那时的孙晋整天沉浸在肩部手术后不能打球的阴影中,加上身边发生了许多出乎意料的事情,她的生活在半年间发生了翻天覆地的变化。来到北大,给她跌落到最低点的内心燃起了一点点希望之火。

记得第一次班会上,班主任给孙晋讲到当年她来到北大时校长给他们讲的一句话:"以前我们过的是众星捧月的生活,但是现在,北大的天空上没有月亮。"这句话孙晋到现在都记忆犹新,但体会却和当年有着很大不同。那时,孙晋的身上还掺带着年少的轻狂,带着运动员特有的气质,认为没有能难倒她的事情。但是整个大一,她都理不清亚里士多德、柏拉图和苏格拉底之间的关系,理不清英语的种种时态,理不清军阀割据的格局。没有办法,只能靠自己每天在图书馆死啃书本,经常在那里一坐就是七八个小时,还要拜托同学们在晚上熄灯后的卧谈会上给指点迷津。那一年的冬天,每天早晨到未名湖边背英语,每周都有一个被孙晋称为"黑色星期四"的日子,从第一节课上到第十二节课。最怕的还是期末考试,纵然自己再努力,背起书来通宵达旦,但是握起笔还是不如站在球台前自信。那一刻,抬头看看身边的牛人,她顿然觉悟自己只是世界上的小小一分子,人外有人,天外有天,只是大家所处的领域不同而已。

大二时,为了通过运动员英语四级考试,孙晋每天把校队两个最铁的哥们轮流拉到图书馆给她补习语法。大三,在上课的同时,孙晋又回到了赛场,比赛结束后匆匆赶回北大,上完课又匆匆赶回去训练,这一年,她脑子里的那根弦就没有松弛过,恨不得脚下加几个风火轮!就这样走到了大四,要毕业了,她脑子里总是在想这四年有什么遗憾?肯定有,遗憾没能全身心地待在这里,遗憾和同学们离多聚少,遗憾没有参加社团……唯一欣慰的是能代表北大打当年的乒超比赛。

如果说国家队的经历教会了孙晋超越进取,那么,北大则教会了她平和坚强,北大教她把眼睛睁开,用多种视角来看这个世界。北大让孙晋调节好心态重新回到赛场上,让她体会了乒乓球的另一种境界。或许,根本不需要理由,北大这两个字已永远刻在她心里。

结婚生女享幸福

好事多磨,孙晋直到30岁那年才遇到自己的真命天子鲁化明。鲁化明

1980 年出生在湖北省天门市的一个普通农村家庭,12 岁随父亲到县城,1998 年以优异成绩考入武汉大学,毕业后进入中国人寿湖北省分公司工作,2007 年调入中国人寿股份公司总部。

2012 年元旦,这对相识不到一年的有情人走入婚姻的殿堂。丘比特之箭总是来得那么不经意,让人们措手不及又满心欢喜,世界冠军也不例外。

"通过接触,我感觉他除了工作比较勤奋以外,其他都比我慢半拍。可能因为我性子比较急,也比较粗心。他就是不着急,很稳重,心态也好。他看问题很准,我看问题可能不管三七二十一就直接说出来了,但是他不说,他会选择时机再说,是个成熟、比较独立的人。"孙晋说。

鲁化明不太打乒乓球,而是喜欢打网球。孙晋说如果他是运动员,一定是那种灵感特别好但不使劲的,属于是用聪明弥补懒惰的人。"我们性格不太一样,我比较直、比较急。他脑子很活,一点就通,最重要的是他虽然聪明但不滑头,还挺实在的,对我父母很好。"

孙晋说,在 30 岁时认识对方,谈起恋爱来不会像 20 岁时那么有激情,但两个人在一起舒服最重要。"我们俩的感情是慢慢积累的,我们对对方的感情每一天都感觉比前一天更深。"

在孙晋老家办答谢礼时,鲁化明对孙晋的父母说了一些话,老两口没绷住,眼泪就流下来了。孙晋说:"感谢爸妈培养了我,并请爸妈相信他,他会给我很好的生活,把我交给他不会错。"

一个从小打球,一个从小念书,两个人都是通过自己的努力打拼出来的,这也是他们能够相爱的原因之一。

2013 年 8 月 14 日,孙晋、鲁化明的爱情结晶——鲁佳霖出生了。因为两人儿时都喜欢看动画片《皮皮鲁与鲁西西》,他们就给女儿起了鲁西西的小名。享受着家庭带来的甜蜜,孙晋乐在其中。

姓名:孙晋

性别:女

出生年月:1980 年 3 月

项目:乒乓球

主要成绩和荣誉：

1997年12月获法国公开赛女子单打亚军。

1998年获全国乒协杯赛女子单打冠军。

1998年9月获中国乒乓球大奖赛女子单打亚军。

1998年9月获全国锦标赛混合双打冠军(与马琳)。

1998年10月获第二届黎巴嫩国际乒乓球公开赛女子双打亚军(与张怡宁)。

1998年11月获第33届南斯拉夫乒乓球公开赛女子双打冠军(与林菱)、女子单打亚军。

1998年11月获瑞典公开赛女子双打冠军(与林菱)、女子单打亚军。

1999年4月获爱立信中国乒乓球擂台赛女子单打亚军。

2000年获第27届悉尼奥运会女双亚军(与杨影)。

2000年获第45届世界乒乓球锦标赛女团冠军、女双亚军、混双亚军。

2001年获第46届世界乒乓球锦标赛女团冠军、女双亚军。

闫森:徐州首位奥运冠军

闫森,徐州乒乓的一面旗帜,徐州历史上的第一位奥运冠军。

2000 年 9 月 23 日,悉尼奥运会乒乓球男子双打决赛,25 岁的闫森和 22 岁的王励勤出人意料地战胜上届冠军孔令辉、刘国梁获得金牌。此后,闫森和王励勤在世界大赛上的夺金势头一发而不可收。

闫森

其实,身高 1.68 米的闫森和身高 1.88 米的王励勤,两人组合在一起看似不太协调,但就是这样的高低配,组成了令对手胆寒的"阎王"组合。

悉尼奥运会是闫森这辈子最快乐的时刻,当他和王励勤战胜孔令辉、刘国梁夺得男双冠军时,小个子的闫森跳到王励勤怀里,两个人拥抱着转了一圈,相信那个画面会永远定格在很多人的记忆里。

悉尼奥运爆冷夺金

闫森和王励勤从 1996 年开始配对,大赛战绩表上这样记载着:1996 年国际乒联职业巡回赛总决赛冠军、悉尼奥运会冠军、46 届和 47 届世乒赛冠军。

悉尼奥运会上,孔令辉、刘国梁是赛会头号种子,也是上届奥运会双打冠军,被认为是乒乓男双梦幻组合,是赛前的夺冠热门,但两人却最终输给闫森和王励勤,让人意外。闫森后来回顾两人并肩战斗的经历时说:"还没拿世乒赛冠军就先拿了奥运会冠军,知足了!"

最难忘两场比赛

在闫森的运动员生涯中,最难忘的比赛是第 45 届世乒赛和悉尼奥运会决赛,这两场球都是与孔令辉、刘国梁争冠军。

闫森说:"第45届世乒赛男双决赛时,我和王励勤的打法都比较凶狠,但不够稳健,比赛经验和场上应变能力也比孔令辉、刘国梁差得多,那场球我们有机会赢,却没有把握住,当时输了之后,我心里有种说不出的难受。"那场决赛之后,闫森躲到体育馆休息室的一个角落里,哭了。

悉尼奥运会上,闫森和王励勤又打进了决赛,"那场球我们也是处于下风。第一局我们16比19落后但最后扳回来了,第二局输了,第三、四局又是在11比17和16比20落后的情况下赢的。回想起来,如果我们第一局或者第三局输了的话,也许结果就和第45届世乒赛一样了。能够赢下这场比赛,主要是我们的心态比较好,反正这块金牌是中国的了,所以心理压力不是很大,尽力发挥就是了。记忆最深刻的是决定胜负的最后几分球。第45届世乒赛决赛时,打到最后感觉要想赢一分真是太难了,我的腿上好像绑了一块铅,沉重得几乎挪不动步;奥运会上,眼看

闫森(左)、王励勤

就要赢了的时候,就感觉这一局怎么那么长,心里盼着快点赢,快点结束吧。每当想起那两场球,当时的情景就历历在目。"

穷人的孩子早当家

闫森出生时,人家说他的八字五行缺木,所以父母在给他取名时,挑了个"木"最多的字。闫森小时候有个外号叫"老阴天",无论你用什么好吃的、好玩的引诱他,他就是不笑,总是阴着一张脸,不好动,也不大说话,一个人蹲在地上能不声不响地玩上一整天。

闫森三岁时,小朋友中流行骑儿童自行车,他知道家里买不起,就把妈妈给他买的饼干给小伙伴吃,求人家把车借他骑一会儿。妈妈看了实在心酸,就把自己上夜班补助的菜票卖给同事,换了16元钱给小闫森买了辆车。新车到手,闫森反倒不骑了,却把车借给了别的小朋友,"他们没有,就把我的借他们玩吧"。

闫森五岁时,父母每个月的工资加起来才五六十元,要养活一家五口,还要接济两家老人,所以,小闫森没上幼儿园,他每天和哥哥姐姐一起上学、放学,哥哥姐姐上课时,他就在操场玩。妈妈从生活费中省出三元五角钱给他买了一副处理的羽毛球拍,几天下来,闫森居然把老师打败了。他的运动天赋被学校的乒乓球老师发现,开始了自己的乒乓之路。

吃个鸡蛋就是奢侈品

初学打球时,闫森险些因为交不起一个月三元钱的训练费而放弃,好在老师看闫森是个可造之才,破例免费收留了他。每当其他学球的小伙伴吃冰棍、喝汽水,闫森说句"我不吃,怕闹肚子",就躲得远远的。他的生活条件比谁都差,可他比谁都"迷"球,连做梦都在打球。

那时的训练条件很艰苦,乒乓球训练室没有地板,甚至连砖地也没有,就是砂土地,闫森半个月就得穿烂一双球鞋,到每个月 7 号、18 号爸爸妈妈开工资的时候,就得给他买双新鞋,所以闫森的鞋从不用洗。

闫森

为了给闫森补充营养,妈妈把芝麻磨成粉,用糖拌一下,每天给闫森一小包,用这个法子,能哄他一个多月。除此之外,闫森每天还能吃上两个煮鸡蛋,那时,妈妈每天煮四个鸡蛋,吃饭时拿出三个,姐弟三人一人一个,吃完饭,妈妈再偷偷多塞给闫森一个,这个鸡蛋,就算是闫森生活中的"奢侈品"了。

12 岁那年,闫森被江苏省体校录取。为了送他去省里,家里欠了 80 元债。市体校的赵根英老师还资助闫森 60 元给他买了个箱子。对帮助过自己的人,闫森从不敢忘,他说"今后成家立业了,也要带着赵老师送的这只箱子"。

去省体校那天,妈妈煮了水饺为闫森送行,一是因为闫森最爱吃水饺,另外也是因为妈妈想到一句话"肉包子打狗,一去不回头"。她眼见儿子为打球吃了多少苦,如今终于打到省里,她希望儿子就这样一路闯出去,再也不要回头。话是这么说,可闫森真去了省里,妈妈想起他来就哭,结果落下了眼病,视力一直不大好。进了省体校的闫森似乎一下子长大了，懂得关心家里了。他自己的生活过得依然很节俭，把工资全都寄回家里。后来到了国家队，队里发的羽绒服、大衣等用品也都被他寄回家给了爸爸。

从小立志当世界冠军

独立生活的闫森尽量不让家里为自己操一点心，但他的每一步成败都牵动着家人的每一根神经。第45届世乒赛男双决赛，闫森、王励勤大比分2∶0领先，形势大好，偏偏在这个时候，闫森的球鞋破了，最终，他们败给了队友孔令辉、刘国梁。妈妈劝他："好在金牌最终还是落在咱们中国人手中，你还有机会，下次大赛再努力吧。"

闫森

自那之后，闫森就憋了一股劲，直到悉尼奥运会临行前，妈妈对他说："你这次去，一定不能空手回来！"比赛那两天，妈妈天天在家里摆扑克牌"闯关"，她默默祈祷：只要能闯过五关，闫森就能拿冠军。决赛那天早晨，她手里的那副牌果然闯过了五关。决赛时，妈妈被都市晨报社请去和大家一起看电视，当她看到闫森、王励勤拿下最后一分时，一下子休克了。爸爸当时身体很差，躺在家里看电视，看到儿子拿冠军那一幕，他激动得从床上摔了下来，当时流了血也没觉得疼，第二天才想起上医院看看，缝合伤口。闯过了九九八十一关，闫森终于有了辉煌的成绩。妈妈现在还记得当年她和闫森开玩笑的情景。那时闫森还是个孩子，就在妈妈面前立下了"我要当世界冠军"的雄心壮志，妈妈打趣他说："你就等着祖坟冒青烟吧。"闫森从奥运会上捧回金牌后，用同样的口吻对妈妈说："你看，祖坟冒青烟了吧。"

意志坚定两渡难关

2004年，闫森在最后一刻被孔令辉替代，未能参加雅典奥运会，这是他心里永远的痛。对视大赛为生命的运动员来说，落选奥运会不啻人生一次重大的打击。在闫森坎坷的乒坛生涯中，这样的打击已经不是第一次了！难能可贵的是，闫森依靠过人的意志两次渡过了难关。

1999年4月，闫森的名字出现在第45届世乒赛团体阵容之中。对闫森来说，这不仅是一个莫大的荣誉，也意味着自己很快就要实现期盼多年的"世界冠军梦"。然而，北约的炮火使原定于当年5月在南斯拉夫贝尔格莱德举行的世乒赛延期易地于2000年2月在马来西亚吉隆坡进行。世乒赛团体赛前夕，国家队教练组经过反复考虑，决定由当时状态上佳的刘国正替代闫森。得知这一消息时，闫森一时沉默无语。闫森事后说，其实他内心的痛苦是外人难以想象的，因为自己再也没有机会参加世乒赛团体赛了。

命运似乎有意要与闫森作对。2000年2月28日，也就是闫森落选世乒赛团体赛后半个月，他再次经历了一次重大的打击——刘国正替代他参加即将开战的奥运会亚洲区预选赛单打比赛。

在接踵而来的两次重大挫折面前，闫森选择了坚强，他每天依然全身心地投入到训练中。有志者，事竟成！在半年后的悉尼奥运会上，闫森和王励勤在男双比赛中一路过关斩将，最终打败了上届冠军孔令辉、刘国梁，他也由此圆了"世界冠军梦"。在第46届、47届世乒赛上，闫森和王励勤均顺利夺杯。

闫森（左）与王励勤捧杯

事业生活迎来新转变

中国乒乓球队原总教练蔡振华曾把闫森作为乒乓球队为国争光不计私利

的典范。那时,谁都没有想到,握有悉尼奥运会男双冠军的"阎王"组合会无缘雅典。是一场意外的车祸改变了一切。一般碎两块以上就算粉碎性骨折,闫森的右臂碎了三块,导致状态下滑错过了雅典奥运会。在2005年上海世乒赛上没能实现"伊朗杯"三连冠后,闫森开始淡出国际赛场。

2006年10月15日,中国乒乓球队为期两天的教练员述职和竞聘工作结束,国家体育总局乒羽中心主任刘凤岩在北京宣布了教练竞聘结果,闫森进入中国乒乓球女子二队开始教练生涯。闫森在竞聘陈述中表示:"我没有华丽的语言,希望我的真诚能打动大家。作为一名刚下队的一线队员,我拥有国际大赛经验,了解当今乒乓球的国际发展趋势,我相信自己一定能够胜任国家二队教练员一职,并会在此过程中向前辈虚心求教。"那份竞聘报告,是闫森熬了两个晚上写出来的。第一次站在竞聘舞台上,见多识广的他也感到很新鲜:"我能当着1万人的面打球,但当着100人演讲还是头一次,还真紧张。"

2008年北京奥运会以后,由于领导信任和工作需要,闫森从女二队调到女一队工作,在施之皓主教练带领下,团结奋斗,顺利完成伦敦奥运会周期的任务,闫森分管的队员郭焱、武杨、文佳、李晓丹等队员也取得了不同程度的进步。在2008年全国锦标赛上,他的弟子文佳夺得女单冠军;郭焱为女队圆满完成2010年亚运会和2012年伦敦奥运会任务做出了自己的贡献,她本人也获得2012年世界杯女子单打冠军、2012年亚洲锦标赛4项冠军和世界锦标赛团体冠军。

目前,闫森是上海市乒乓球协会副秘书长、教练委员会主任,在老搭档、协会会长王励勤领导下,继续为推广乒乓球事业发光发热。

姓名:闫森

性别:男

出生年月:1975年8月

项目:乒乓球

主要成绩和荣誉:

1996年获国际乒联总决赛男双冠军。

1998年获亚运会男团冠军、亚锦赛男团冠军。

1999年获第45届世界乒乓球锦标赛男双亚军(与王励勤)、混双第五。

2000 年获悉尼奥运会男双冠军(与王励勤)、世界男子乒乓球俱乐部锦标赛团体冠军。

2001 年获国际乒联职业巡回赛总决赛男双冠军(与王励勤)。

2001 年获第 46 届世界乒乓球锦标赛男双冠军(与王励勤)。

2002 年获亚运会男团冠军、男双第三。

2002 年获第 47 届世界乒乓球锦标赛男双冠军。

仇志琪:绽放的射击之花

仇志琪的射击之旅不仅是一段充满荣誉和成就的历程,更是一段拼搏、奋斗和不断超越自我的旅程。她的故事告诉我们,只要有梦想、有勇气、有毅力,就能够超越自我、创造奇迹。这位优秀的射击运动员,用她的实际行动诠释了这一道理,并激励更多人去追求梦想。在崇文尚武的徐州大地,诞生过许多优秀射手,如仇志琪、王正、卢晨晨、徐书敏、潘俊辰等。其中,仇志琪是徐州射击队 1956 年成立以来第一位也是唯一一位世界冠军。

仇志琪

情定射击

1979 年 12 月 11 日,仇志琪出生于徐州一个普通纺织工人家庭。她的降生给家庭带来了无限的欢乐。家里人希望她能有志气、有出息,长大后为国争光、创奇迹,特地为她取名为"志琪(奇)"。

仇志琪的父母均与体育无缘,小时候的仇志琪也喜静不喜动,性格颇为内向,和同学们话也不多。老师每次的评语都会加上一句:"性格内向,不喜欢与同学交流。"

但这种沉稳的性格却是一个射击运动员成功的必备要素。小学六年级时,仇志琪被体育老师带到徐州射击队打枪,同学们都陆续离去,只有仇志琪被教练单独留了下来。经测试,从体能到性格,从反应能力到心理素质,她均符合射击项目的要求。

"你愿意练射击吗?"教练问。

"挺好玩的。我愿意。"仇志琪几乎不假思索就答应了,极有主见的她甚至没征求父母的意见。

从此,每天下午上完两节课后,仇志琪就会准时来到徐州射击队训练。仇志琪每天早出晚归,瞒着父母练射击的事情,很快就被父亲仇宝书发现了。他"跟踪"到徐州射击队,找到教练,打听是不是有个女孩叫仇志琪。教练一问才知道,原来仇志琪练射击并没有跟父母通气。"这孩子有潜力。"教练郭吉安给出了这样的答复,让仇宝书忐忑的心舒缓了下来。

因为训练,仇志琪的学习成绩有所下降,班主任还专门找到仇宝书夫妇,希望仇志琪能放弃射击。但看到女儿兴趣盎然,仇宝书顶住了压力。

经过一段时间的训练,1994 年,仇志琪正式进入徐州射击队。她对一切都感觉很新鲜,训练的劲头更足了。教练讲解时,每一个动作、每一个要领,她都细心记下、反复练习。有一天,教练郭吉安和她闲聊:"你觉得训练苦不苦,怕不怕累?"小姑娘慢悠悠地回答道:"没啥苦的。我觉得很好玩呢。谁叫我是射手座的呢?"

当时,市队的训练条件很简陋,没有空调,夏天闷热,身着层层训练服的仇志琪常常大汗淋漓,擦汗用的毛巾能拧出水来。父母心疼,曾向她提出停止训练的建议,但她不愿意放弃:"我想练,我喜欢这个。"

做出这个选择并不是凭孩子气的热血和幻想。仇志琪从小在艰难的条件中训练,很清楚做一个职业运动员的艰难与坎坷,但对射击的热爱正随着训练的深入而日渐生长,它告诉仇志琪,这是一条她更期待走的道路。

转练移动靶

射击运动是一项非常考验精准度、专注度的项目,身体小范围、小幅度摆动是很正常的,运动员就是要克服身体的晃动,击中靶心。同时,如果没有一颗强大的心脏,很难在这个项目中取得好成绩,比赛时呼吸加快、肌肉紧张都会令运动员失去原先的节奏,发挥不出应有的水平。

刚开始,仇志琪练的是气手枪项目。教练看她身体比较"壮",没多长时间就让她练起了难度更大的移动靶项目。移动靶,是对与射击地线平行方向的移动目标,在限定时间(快速 2.5 秒,慢速 5 秒)和区域(2 米或 10 米)内进行跟踪射击。每发射击之间只有短暂的间隔供射手分析、判断和准备。射击一旦开始,就必须连续射完规定的弹数,不得中断。因此,要求射手具有思维敏捷、反应迅速、准确的判断能力和良好的心理自控能力，此外，移动靶步枪比气手枪重多了，还需要射手具有强壮的身体素质。对照这些条件，仇志琪简直就是上帝专门为移动靶量身制造的"安琪儿"！

那时，女子移动靶项目在江苏省刚刚起步，基础条件差。仇志琪每次训练时，要端着改制后的沉重步枪，跟着移动的靶子来回游移。射击是一项很枯燥的运动，每天的训练就是面对空荡荡的靶场，重复上百次的举枪、瞄准和射击这几个动作，每天接触的就是队里那几张熟悉得不能再熟悉的面孔。而外边的世界很精彩，对一个年轻女孩的诱惑无处不在、无时不在。但仇志琪对这些无动于衷，她深知射击差之毫厘、失之千里，每当站在靶位前，她都要求自己抛开杂念，全身心投入，她的心里只有射击，她的眼睛只看见靶子。除了每天下午坚持完成四个小时的专项训练，节假日全天她也泡在靶场里，饿了吃块饼干，渴了就喝口自来水。不管是酷暑还是寒冬，她从没缺席过一天的训练，训练完了还会久久擦拭手中的爱枪，舍不得放下。

经过两年磨炼，仇志琪已具备一个优秀射手应有的沉稳、冷静、敏捷、果断的素质，运动队中的激烈竞争和射击技艺的逐步提升，让她心中逐步明晰了奋斗的蓝图：省冠军—全国冠军—世界冠军。

成为徐州第一个射击世界冠军

1996 年，仇志琪拿到第十四届省运会冠军，入选江苏省射击队，实现了第一步目标。郭吉安将仇志琪交给省射击队的李小江教练时说："这孩子最大的优点是能吃苦、悟性好、肯钻研，有发展潜力，今后麻烦你对她更加严格要求，好好调教，她肯定有出息！"

正式进入专业队的仇志琪很珍惜机遇，尽管她的天赋和资质不是最好的，但她的刻苦和努力却是公认的第一。又是两年的默默耕耘，仇志琪在汗水和泪水的浸泡下逐渐成熟。在 1998 年的全国射击锦标赛中，她的成绩超过女子 10 米移动靶标准速个人世界纪录。2001 年，在全国射击系列赛女子 10 米移动靶标准速比赛中，她获得个人冠军并超该项世界纪录。在同年举行的釜山亚运会选拔赛女子 10 米移动靶混合速 20＋20 比赛中，她再度夺得冠军。2002 年 4 月，作为移动靶项目的后起之秀，仇志琪被选进国家射击集训队，开始向世界冠军发起冲击。

2002 年 7 月 2 日,第 48 届世界射击锦标赛在芬兰南部城市拉赫蒂拉开战幕。世界射击锦标赛是由国际射击联合会主办的一项最高水准的射击运动,第一届于 1897 年在法国里昂举行,从 1897 年到 1931 年,世锦赛每年举行一次,后来因为战争一度中断,从 1950 年开始每四年举行一次。该届锦标赛共进行 15 天,设有步枪、手枪、移动靶和飞碟等 55 个成年和青少年项目,共有来自 100 个国家和地区的 2100 名选手参加。中国派出了 69 名射手组成的强大阵容参加 23 个成年项目和 18 个青少年项目,队员中不仅有王义夫、杨凌、陶璐娜、李对红和蔡亚林等多位奥运会金牌得主,还有近年来涌现出的射击新秀,仇志琪就是其中之一。至于目标,中国射击队总教练许海峰表示:夺得 10 枚以上金牌。

仇志琪没有让教练失望,由她和王霞、徐翾组成的中国队在女子 10 米移动靶标准速团体、混合速射团体比赛中技压群芳,两次夺得团体冠军,并分别以 1150 环、1149 环的成绩打破这两项团体赛的世界纪录。在女子 10 米移动靶混合速射比赛中,仇志琪以 385 环的成绩获得个人亚军,还获得标准速个人第四名。

第一次参加世界比赛就收获两金一银,仇志琪笑靥如花。颁奖典礼结束后,仇志琪还兴奋地跑到赛场外的茵茵碧草上留影,胸挂两枚金牌一枚银牌,笑得合不拢嘴。

仇志琪获世界冠军时接受献花

那一天的很多画面,现在依然深深刻在她的脑海中:"尤其记得升国旗、奏国歌时,我心潮澎湃,非常自豪,这种感受终生难忘。"

"射击是与对手的比拼,比赛更是与自己的较量。"仇志琪说,在比赛中,她会尽量不看选手的排名,而是专注于自己的成绩,努力完善每一处细节、打好每一枪。在平时的训练和比赛中,她的态度同样是努力完善过程、不过分看重结果。

与父母聚少离多留遗憾

2007年,仇志琪离开赛场,但并没有离开省射击队,而是帮着教练带小队员。同年,仇志琪在南京结婚,丈夫是名学有所成的律师。

如果说她还有什么遗憾和牵挂,那就和父母有关了。自从进入省射击队训练,因为常年南征北战,仇志琪每年只能回家一次,与父母聚少离多。母亲身体不好,一直有病,后来严重了就卧床不起。当仇志琪获得芬兰世锦赛冠军时,母亲的病情着实好了一阵子,她经常自言自语地说:"我们志琪是好样的,没有辜负爸爸妈妈的期望。你创造了奇迹,我为你高兴,为你而骄傲。妈妈的病,你不要多挂念,一定要一心训练,争取再出好成绩。"这些话,仇宝书多年后才告诉女儿,他一人苦苦支撑着家庭,既要工作,又要照顾病重的妻子。为了不影响女儿训练,仇宝书总是报喜不报忧。母亲临终时,仇志琪匆忙赶到徐州的家中,抓住母亲两只冰凉的手摇晃着,悲怆地呼喊着。然而,母亲再也听不到女儿的声音、看不见女儿的容貌了。仇志琪痛苦了好长时间,她为没能亲手伺候病中的母亲而内疚。直到现在,每当在梦中想起妈妈,她还会泪流不止。

仇宝书当年接受记者采访时谈到仇志琪夺得世界冠军的事情。他说,这个消息还是从公交车上的广播里听到的。因为家里当时没装有线电视,看不到央视体育频道,又加上没接到女儿的报喜电话,这让仇宝书一夜未眠。第二天,他从宣武市场买完东西,坐在公交车上听到了女儿夺冠的新闻,差点从座位上蹦起来。回到小区,一位邻居还拉住他说:"仇志琪夺得世界冠军了,你知道吗?我从电视上看到了。""我也刚知道。"仇宝书连连道谢。

"起起伏伏,这就是人生,人不可能永远站在山巅之上,有谷底也有山顶,这才是常态。有人说枪声是一种噪声,但在我耳中,这种声音很美,是一种充满韵律和节奏的美,我享受其中。"仇志琪说。

人物档案

姓名：仇志琪

性别：女

出生年月：1979 年 12 月

项目：女子射击 10 米移动靶

主要成绩和荣誉：

1998 年在全国射击锦标赛上超女子 10 米移动靶标准速个人世界纪录。

2001 年在全国射击系列赛上获女子 10 米移动靶标准速个人冠军并超该项世界纪录。

2002 年获第 48 届世界射击锦标赛女子 10 米移动靶标准速和混合速两项团体冠军，两次打破世界纪录。

孙会:徐州获世界冠军最多的散打运动员

身体矫健、拳法威猛、腿法精湛——这就是当年女子 70 公斤级选手孙会在散打台上留给我们的深刻印象,但走下台来,脱去一身"戎装",你会觉得她只是一个大女孩:调皮活泼的性格、孩子般的稚气笑容⋯⋯

遥想当年,孙会曾四次夺得世界冠军,不仅是徐州获得世界冠军最多的散打运动员,而且拥有研究生学历的她也是国内学历最高的女子散打运动员。

孙会

2009 年,在参加完全国十运会后,孙会结束了运动员生涯。上海体院领导希望她留队担任教练兼队员,坚持打完下届全运会。但十年的运动员生涯已使她伤痕累累,她憧憬着能开始新的生活。

2010 年 8 月,孙会接受了华南理工大学的邀请,成为一名体育老师,她也是华南理工大学引进的第一位世界冠军身份的体育老师。孙会每周要带多节体育课,负责的项目包括散打、跆拳道和游泳。"我讲课很受学生欢迎,他们都知道我过去的经历。"孙会自豪地说。

因为热爱所以坚持

孙会走上武术散打之路,既是偶然,也是必然;可以说是缘分,也可以说是由性格决定的。1999 年,孙会在沛县跆拳道培训中心接受训练,2000 年 11 月开始参加散打集训,由于在集训中表现突出、成绩优异,于 2002 年被上海体育学院录取。进入体育学院后,她在训练中更加努力,综合能力迅速提高,腿法好,拳法准,技术优势明显。2002 年,她代表上海队参加全国武术散打冠军赛,一举夺得70 公斤级第 2 名,从此踏上了追求冠军梦想之路。2003 年,她在全国散打王冠军赛中一路闯关斩将，获 70 公斤级冠军。

因为热爱，所以选择，既然选择，无怨无悔。岁月荏苒，10 年的风雨褪去了这个小女孩的青涩和稚嫩，也见证了她的成长与蜕变——2004 年 11 月获第二届武术世界杯女子 70 公斤级散打亚军；2005 年 10 月获十运会散打女子 70 公斤级冠军；2005 年 12 月获第八届武术世界锦标赛女子 70 公斤级散打冠军；2006 年 9 月获第三届武术世界杯女子 70 公斤级散打冠军；2007 年 11 月获第九届武术世界锦标赛女子 70 公斤级散打冠军；2008 年 5 月获第七届亚洲武术锦标赛女子 70 公斤级冠军；被上海市政府授予个人二等功；被国家体育总局授予中华人民共和国体育运动荣誉奖章。

艰苦训练只为梦想

在上海体院散打队训练的日子清苦而艰辛。光每天训练前的压韧带就让人难以忍受，更不用说无数次的腾挪摔拿。

孙会每天坚持击沙包练习，手背磨出了血泡，她用针将血泡刺破后又继续练习，有时手皮与护手绷带都粘在了一起，那是何等钻心的疼啊。而这一切从未使她松懈，队友和教练从未听她叫苦，她始终用灿烂的微笑面对这些磨难。"孙会是队里最勤奋最能吃苦的，不仅技术全面，摔法更是相当突出。即便如此，每次我去训练房检查时，她都还在角落里埋头对着沙包呐喊、苦练拳打脚踢的动作。"孙会的教练说。

花季对于每个女孩子来说都是充满浪漫和绚丽多彩的，但为了实现梦想，伴随孙会的却只能是不为人知的疲惫、伤痛、汗水和血泪。但这一切却并没有击倒她，她像个不倒翁一样，被困难挫伤后，一次又一次地重新站起来。

会"偷懒"才是好运动员

一个看似高挑的姑娘，却拥有一颗坚强刚毅的心。身高 180 厘米的孙会，用"铁人"二字来形容她一点都不过分，她有着连男选手都忌惮三分的出拳速度和摆腿力量，更难能可贵的是，她还有着强烈的求胜欲望。

作为一个好动的女孩，孙会也有调皮和活泼的一面。孙会说她有个小秘密：在训练间隙，她也会偶尔偷一下懒。同时，孙会还有一句让人大为惊讶的"经典名言"——"不会偷懒的运动员不是好运动员"。正当记者惊讶不已时，孙会便对自己的惊人之语做了解释:偶尔用"偷懒"这种方式调节一下不是坏事,但赛前集训可不敢有丝毫马虎和懒散。

最难的是降体重

散打比赛不仅是运动员技战术的比拼、意志的较量,更包含升降体重的考验。有很多次比赛,孙会都面临降体重的煎熬。

炎炎夏日,当别人享受着空调带来的凉爽时,在近 40 摄氏度高温的田径场上,一个高大的姑娘却穿着降体服在奔跑,十分钟、二十分钟、一个小时……黄豆大的汗水顺着脸庞滚落,浸透衣衫,整个人如同从游泳池里刚出来似的。队友看到此情此景,很是心疼,劝她歇一歇,孙会却说:"降重不能松懈,要不然以前的努力就白费了,我咬咬牙就能挺过去,绝不能前功尽弃。"除了跑步外,她还经常因控制体重而饿得头昏眼花,却还要拖着疲惫的身子承担一天天加大的训练强度。她正是用这些近乎残酷、常人无法忍受的方法把体重降了下来,拿到了参加大赛的入场券。没有坚强的意志品质、坚定的理想信念,是不可能坚持下来的。

绝招这样练成

与男子散打给人的痛快淋漓之感相比,女子散打刚中有柔,别有一番韵味。

打沙袋、踢沙袋、举杠铃、摔沙人,这是散打的基本功。孙会训练起来毫不含糊。打沙袋,手打破了皮,打变了形,纤细的手指骨节粗大了,柔滑的皮肤粗糙了,沙袋上留下斑斑血迹。功夫是练出来的,没有捷径可走。就是这样日复一日的苦练,让孙会练就了一双铁拳。

踢沙袋练的是脚力和速度,练的是实战时的稳准狠。脚骨踢裂了,竟然不知道疼。伤未痊愈,训练课开始了,打一针封闭,又斗志昂扬地上了训练场。就这样,孙会练就了令人望而生畏的"旋风腿"。

练抗击打能力是散打运动员的必修课。孙会的陪练多是男队员,练是真练,打是真打。

孙会

孙会始终牢记老师的话:练散打,首先要学会挨打。挨打的滋味让人难以忍受。用"遍体鳞伤"来形容孙会恰如其分。为了散打,孙会的确付出了血的代价。

首次参加世界杯却因伤弃权

2004年,第二届世界杯武术散打比赛增加了女子项目,孙会被国家武术协会指定为参赛选手。"全国那么多散打高手,70公斤级就选我一个人参加第二届世界杯武术散打比赛,真是我的幸运。"孙会得知消息后激动地说。

"这次集训准备充分、训练严格,与全国高手在一起训练、交流,弥补了我的不少缺点和不足,全面提高了我的散打技术,因此我对取胜充满信心。有人说,不想当将军的士兵不是好士兵,那么,不想得冠军的运动员也不是好运动员。我既然选择了散打,散打也选择了我,就一定不负众望,力争在第二届世界杯武术散打比赛女子70公斤级比赛中拿到冠军。"孙会说。

但事情并没有预想的那么顺利。也许是太渴望胜利,首次参加世界比赛的孙会打到了决赛,最后却因伤弃权,这让她一直觉得很遗憾。

付出总有回报

艰苦的付出,最终让孙会品尝到了收获的喜悦:从2003年到2008年,孙会几乎拿下了所参加的所有全国比赛的70公斤级冠军。

2005年,风头正劲的孙会走出国门,赴越南河内参加第八届武术世界锦标赛,为中国队拼来了女子散打70公斤级这块令世人瞩目的金牌。

在这个号称"男子汉的运动"中,孙会简直是如鱼得水。她勇敢好胜的天性在散打项目中得到充分展示,教练对她的评价是:"她是一块天生的散打材料。"她本人也对这项运动全身心投入,无论训练多苦多累,都咬牙坚持,一天的训练量和强度常常比男队员都大。凭着一股"拼命三郎"精神,她在一系列比赛中取得好成绩,被国家队作为重点培养对象。

五次摔倒对手

付出终有回报,小姑娘完成了破茧成蝶、美丽蜕变。2007年11月17日,在"好运北京"世界武术锦标赛女子散手70公斤级决赛中,孙会以较大优势战胜埃及选手犹瑟福,夺得冠军。这是徐州运动员获得的第51个世界冠军。

在 11 月 16 日的"好运北京"武术锦标赛半决赛中，孙会遇到了法国选手卢埃·阿琳，对手的重拳很有特点，而且在抱摔上不逊于孙会，但孙会依然凭借经验上的优势 2 比 0 战胜对手。在决赛中面对犹瑟福，孙会一次次利用自己的抱摔将对方摁倒在地，其中第二局就摔倒对方 5 次，以无可争议的胜利夺冠。

"我上来之后还是比较保守的，毕竟先得观察一下对手的实力，我看她几次抱住我之后都摔不倒我，心里一下就有底了。"确实如孙会所说，埃及选手虽然在速度上有一定优势，但缺乏力量和技巧，几次在占优的情况下却没有完成

孙会（左）

抱摔。"她的重心不稳，所以我就放开了去打，正好抓住了她的弱点。"对于自己的表现，孙会非常满意，她直言胜得非常轻松："基本上只用了 80％的功力就赢了吧，不过我还是非常佩服对方的，气势上她非常顽强，几次被我打到之后还是爬起来继续攻击我。"

享受平淡生活

目前，孙会还担任广东省搏击协会理事、广东省武术协会委员、广州市散打协会副会长。

从运动员到学生再到大学教师，不是一件容易的事。最初时，面对学生不知所措，面对教案无从下手，但凭着世界冠军那股不服输的劲，孙会一点点调整心态，一步步去挑战那些对她来说很难的事情。

与之前心酸疲惫的训练生活相比，如今的安定似乎更显得来之不易，孙会倍加珍惜。"做运动员的时候，心理上压力比现在大很多，那时候压力大，还是现在平淡舒坦的生活比较好。"孙会的一言一行透出当下的幸福。

现在，每天上课已成为孙会最快乐的事，当她和学生打成一片时，当她制订的教学计划让更多学生喜欢上体育课时，她体会到了"当老师真好"的感觉。

人物档案

姓名：孙会

性别：女

出生年月：1983 年 3 月

项目：女子武术散打

主要成绩和荣誉：

2004 年 11 月获第二届武术世界杯女子 70 公斤级散打冠军。

2005 年 10 月获十运会散打女子 70 公斤级冠军。

2005 年 12 月获第八届武术世界锦标赛女子 70 公斤级散打冠军。

2006 年 9 月获第三届武术世界杯女子 70 公斤级散打冠军。

2007 年 11 月获第九届武术世界锦标赛女子 70 公斤级散打冠军。

2008 年 9 月获第四届武术世界杯女子 70 公斤级散打冠军。

姜冲锋:徐州首位散打世界冠军

徐州散打界卧虎藏龙,先后涌现出姜冲锋、孙会、黄磊、许家恒、朱扬涛五位世界冠军。论综合名气,姜冲锋稍逊一筹,但有一点其他四人只能望其项背——姜冲锋是第一位夺得世界散打冠军的徐州运动员,也是北京散打"世界冠军第一人"。

姜冲锋

2006年9月24日晚,第三届世界杯武术散打赛在西安鸣金收兵,代表中国队参赛的姜冲锋在男子56公斤级决赛中力克韩国名将车准烈,获得该级别冠军。23岁的姜冲锋因此成为首位获得世界武术散打金牌的徐州籍运动员。

散打——中国武术奇葩

武术散打是中华民族的优秀文化遗产,是在中国特定的社会历史条件下逐渐演变发展形成的,因此它具有鲜明的民族特色。中国散打不同于拳击,也不同于跆拳道,更不同于用头顶、肘撞、膝击的泰拳和不能用脚只能用摔、拦、擒的柔道等项目。由于武术散打设擂比试,又不同于西方国家有缆绳的自由搏击,也不同于日本的空手道、相扑、格斗术以及忍拳等。

武术散打也叫散手,古时称之为相搏、手搏、技击等。武术散打是国际武术一个主要的表现形式,以踢、打、摔、拿四大技法为主要进攻手段。另外,还有防守、步法等技术。武术散打也是现代体育运动项目之一,双方按照规则,利用踢、打、摔等攻防战术进行徒手搏击、对抗。

武术散打对抗性很强,练习武术散打能培养机智、顽强、勇敢、灵活、果断等意志品质。至于强身健体,凡是参加武术散打运动的人都能体会到,武术散打运动员的强健体魄是从训练中得到的。散打运动突出地反映出武术的特殊本质——技击性,同时又明显地区别于使人致伤致残的技击术,不包含置人于死地的绝招妙计。散打规则严格规定了不准向对方后脑、颈部、裆部进行攻击,也不允许使用反关节动作及肘、膝的技法,但可以运用武术各种流派的技法。

首战一鸣惊人

世界杯武术散打比赛是代表当今世界武术散打界最高级别和最高水平的国际性大赛,每两年举办一次。由国际武术联合会、中国武术协会、陕西省人民政府主办的第三届世界杯武术散打比赛,有来自 20 个国家和地区的 61 名运动员参加,我国派出 11 名选手参赛。对于第一次参加这种国际大赛的姜冲锋来说,每场比赛都是一次突破。

2006 年 9 月 23 日晚,姜冲锋首先对阵菲律宾选手里克塞尔。姜冲锋一上来就对对方发起猛攻。几个攻守回合后,姜冲锋如灵猴一般猫腰一闪,刹那间将菲律宾选手拦腰抱起,顺势来了一个漂亮的背摔! 干净利落的动作赢得了满堂喝彩。此后,他继续发挥抱摔技术的优势,顺利地以 2 比 0 赢下比赛并进入决赛。

在 24 日的决赛中,姜冲锋和韩国选手车准烈争夺 56 公斤级金牌。中国队教练针对对手身高臂长、技术全面的优势,特意布置姜冲锋采取近身战术,利用身体晃动迷惑对手,寻找进攻机会。姜冲锋充分运用身体灵活快速的优势,频频觅得进攻良机,屡次将对方摔倒在地。最终,姜冲锋为中国队赢得金牌,他说:

姜冲锋在 2006 年第三届世界杯武术散打比赛夺冠

"韩国选手个子高、力量强,但速度要慢一些,我以摔法取胜,以巧取胜。一上场有点紧张,一开始打没放开,第二局就好了。"

姜冲锋夺得世界冠军的现场,周庆福亲临指挥,他回忆说:"最扣人心弦就是他第一场比赛,就碰上了上一届的世界冠军,是菲律宾的,当时他是第一次参加世界大赛,心情有点紧张。我就给他做工作,不要紧张,放开打。第一场打得还是比较紧张一点,后来两个摔法把对方摔倒之后,就放开了。"

刻苦训练的孩子

姜冲锋家住贾汪区大吴镇西大吴村,1999 年进入沛县武术馆师承周庆福练习散打。他意志品质顽强,敢打敢拼,训练认真刻苦,基本功扎实,摔法出众。在 2005 年举行的全国武术散打锦标赛上,姜冲锋崭露头角,获得 56 公斤级季军,同时引起北京散打队的注意而被选走。因为热爱,所以选择,既然选择,无怨无悔。姜冲锋从此踏上了追逐冠军之路。

说起与散打结缘,姜冲锋说多亏了舅舅。舅舅是位狂热的体育爱好者,喜欢练武术、举重。初中毕业那年,从没有接触过散打的姜冲锋被舅舅送到了沛县武术馆。16 岁"高龄"才起步练散打,姜冲锋只能笨鸟先飞。

周庆福对当初慧眼识中姜冲锋的一幕记忆犹新:"当时看他身体素质比较好,很机灵,平时训练很刻苦,别人练完了他有时还给自己加课。自己打沙包,站

姜冲锋(左)与启蒙教练周庆福

在镜子前想动作。有时降体重,他穿着降体重服,里面穿着几层衣服再训练,每次练完之后,衣服一拧全是水。"

周庆福 1969 年出生,7 岁习武,曾获得 1993 年全国"武术之乡"散打比赛 56 公斤级亚军。他先后向国家专业队、大专院校、体工队输送了一批优秀人才。

在北京散打队的日子,姜冲锋分外珍惜机会,外面的花花世界虽好,却比不上心中最朴实的梦想,向教练请教、与队友切磋、自己默默练习成了他训练的常态。

散打比赛不仅是运动员技战术的比拼、意志的较量,更包含升降体重的考验。有一次参加全国比赛,需要在短时间内降下体重。炎炎夏日,当别人享受着空调带来的凉爽时,在近 40 摄氏度高温的田径场上,一个瘦小的身躯却穿着降体重服奔跑,一跑就是一小时,挥汗如雨,浸透衣衫,整个人像刚从水里捞出来似的。队友看到此情此景后,很是心疼,劝他歇一歇,姜冲锋却说:"不能松懈,不然会前功尽弃,达不到降低体重的效果。"除了跑步外,姜冲锋还要忍受因控制体重而带来的饥饿,空着肚子完成高强度的训练。他正是用这些近乎残酷、常人无法忍受的方法把体重降下来,一次又一次取得骄人的成绩。如果没有坚强的意志品质、坚定的信仰信念,是不可能战胜自己、走向成功的。

辉煌的北京散打

北京武术散打发展于 20 世纪 90 年代初,当时由什刹海体校摔跤教练员梅慧志牵头成立了一支业余散打训练队伍。这支队伍当时在北京乃至全国都是较为优秀的,多次在全国武术散打邀请赛和中外对抗赛中取得优异成绩。1992年,以这支队伍为班底的北京市京港搏击会宣告成立,多次代表什刹海体校、北京武警和京港搏击会参加国内大型比赛。当时较为优秀的运动员有曾获得56公斤级第一名的张兴正、获得过52公斤级第一名的杨广辉、获得过60公斤级第一名的特学刚、获得过65公斤级第一名的李锐东等。

1999年,全国武术散打锦标赛在北京体育大学开幕,薛凤强获85公斤级第一名,李明获75公斤级第二名,滕军获90公斤级第二名,当时北京队的实力处在全国各队的第一方阵。2000年末,什刹海体校正式从北京武术院接管散打队,单孝强任执行主教练,苏峻改任领队,李宝茹仍担任摔跤教练员。由于准备仓促,北京散打队在九运会上只得到一个第四名、一个第五名、一个第六名、两个第七名。

九运会后,北京散打队正式入驻什刹海体校,生活和训练条件得到全面改善,开始了较为系统的专业队训练,队伍的管理水平和训练成绩得到较大幅度提高。在当年的比赛中,北京散打队9人参赛,8人进入冠军赛,3人次取得第二名,1人取得第三名,3人次进入前八名。经过长时间的不懈努力,北京散打队在2004年5月举行的全国散打锦标赛上夺得一枚金牌、三枚铜牌,又在当年9月举行的全国冠军赛上夺得两枚金牌、一枚银牌、三枚铜牌。

2001年,北京散打队领队来沛县选材,一次从周庆福那里领走9名弟子,姜冲锋就是其中之一。经过严格的试训,最后仅留下两人,姜冲锋依然是幸运儿。回忆那段艰苦的时光,姜冲锋笑着说,那真是拳头打出来的。经过试训和实战,姜冲锋打走了八九个同级别的竞争对手,最终留在了北京队。

当上"孩子王"

散打队里的单调生活消减不了姜冲锋奋斗的热情,每天的高强度练习阻挡不了他前进的步伐。然而,老天总喜欢给成功者以更多磨炼。因为种种原因,姜冲锋最终与北京奥运会失之交臂,但他并没有灰心气馁。

2010年,姜冲锋退役,毕业于首都体育学院的他先在北京什刹海体校散打队当上了一名助理教练。北京市东城区体校武术散打队于2011年3月成立,姜冲锋又调过去当起了教练。

2017 年，姜冲锋担任北京市朝阳区体校武术散打队教练，顶着世界冠军的光环，却当上了"孩子王"。在日常武术散打训练中，姜冲锋采取毫不放松的紧盯战术，积极组织十余名十五六岁的队员全天候全力投入训练，使队员的运动成绩得到稳步提高，先后输送多名优秀运动员到北京散打队，并带领运动员在全国大赛、锦标赛中取得优异成绩。

姓名：姜冲锋

性别：男

出生年月：1985 年 1 月

项目：男子武术散打

主要成绩和荣誉：

2004 年获苏鲁豫皖武术散打王争霸赛、"绿健杯"徐州市首届散打王争霸赛男子 56 公斤级冠军。

2005 年获全国武术散打锦标赛男子 56 公斤级亚军。

2005 年获全国武术之乡武术散打比赛男子 56 公斤级冠军。

2006 年获全国武术散打锦标赛男子 56 公斤级季军。

2006 年获第三届世界杯武术散打赛冠军。

韩晓鹏：创造中国冬奥史上三个"第一"

　　每一位徐州健儿的拼搏奋斗，那些令人惊喜的突破、令人振奋的精神、令人温暖的瞬间，都激发全市人民的热切关注和自豪感，冉冉升起的五星红旗映衬着徐州人自强不息、创业创新的坚定步伐。

　　2006年2月23日，意大利都灵，巍巍耸立、皑皑白雪的阿尔卑斯山见证了一个英雄的横空出世。此前从没获得过任何世界冠军的中国选手韩晓鹏，以完美的两次跳跃、250.77分的成绩将都灵冬奥会自由式滑雪男子空中技巧项目的金牌揽入怀中。韩晓鹏夺冠后激动地说："我终于实现了中国雪上项目几代人的梦想！"

韩晓鹏在都灵冬奥会赛场上挥舞国旗

　　这是韩晓鹏体育生涯的首枚世界大赛金牌，这枚金牌也创造了中国冬奥史上的三个"第一"：第一枚冬奥会雪上项目金牌、男运动员在冬奥会上获得的第一枚金牌、第一枚冬奥会自由式滑雪金牌。

韩晓鹏（中）在第6届亚冬会领奖台上

早年练习技巧

1983年12月的一个清晨，在沛县沛城镇的一个普通人家，一个新生命诞生，让全家上下沉浸在喜庆之中。当地农村有句俗话：三天不起名，到老是个糊涂虫。父亲韩波、母亲董广侠都是粮管所的一般职工，但新生命总能给人带来无限憧憬，他们希望儿子能成为一个顶天立地、光宗耀祖的人。为孩子取个好名字成了当务之急，但夫妻俩想了很久也没有想到满意的。后来，韩波的一位朋友提议叫"晓鹏"。拂晓出生，以后像大鹏鸟那样畅游天宇。

1992年，韩波夫妇为儿子作出了一个大胆的决定：让上小学五年级的韩晓鹏转入沛县业余体校，师从启蒙教练刘德镇进行系统技巧训练。正是这一决定，给了晓鹏顺乎天性的发展空间。

中国自由式滑雪空中技巧项目发展早期，常从有体操或技巧底子的小运动员中选才，韩晓鹏自小就练习技巧项目，这也成为他接触空中技巧项目的缘由。13岁时，他和父亲坐了一天一夜火车，从家乡徐州来到沈阳，自此开始空中技巧生涯。不会滑雪、不会游泳、不会轮滑，还有最要命的心理恐惧——要从八九层楼高的跳台上一跃而下，这些对于从未接触过这个项目的韩晓鹏来说，无疑是巨大的挑战。但天生乐观的韩晓鹏却说："来都来了,总要试一试。"这一试,为中国几代人的空中技巧之梦埋下了种子。

盐湖城出师不利

1999 年 1 月,在接触自由式滑雪项目三年半后,韩晓鹏得到了参加第九届全国冬季运动会的机会。16 岁的他赛前并不被看好,但稳定的发挥和当时较高的难度帮助他获得了个人职业生涯的第一枚全国比赛银牌。此后,韩晓鹏显露出在这个项目上的特有天赋,进入体育生涯的第一个快速上升期,逐渐在国内赛场崭露头角。2000 年,他先是在阿尔山全国锦标赛上获得第一个全国冠军,又在一年后新设立的

幼时韩晓鹏(后)与父母、弟弟合影

全国冠军赛上轻松地将金牌收入囊中,初步确立了自己中国男子空中技巧项目领军人物的地位。

2002 年 2 月,韩晓鹏站在了盐湖城冬奥会的跳台上。但因为有伤在身,他两跳均出现严重失误,最终折戟预赛,只获得了第 24 名。

盐湖城的失利不仅没能让韩晓鹏丧失信心,反而让这位中国自由式滑雪的希望之星看到差距之后加紧训练,实力进一步增强。他一直相信,假如他成功,一定会是个巨大的成功,如果失败也将会是一败涂地。他就是这样性格的人,总试图做前人没做过的事情、达到前人没有达到的高度,就像去自己从未到过的地方探险,每件事都那么新鲜、令人激动。

在 2003 年举行的美国世界杯上,他拿到了中国男子雪上项目的第一块奖牌。在都灵冬奥会前的四年中,他积极参加各种世界比赛,成绩不断上升。在奥运会前的最后一站世界杯赛中他获得亚军,创造了 244 分的赛季最佳成绩。随后进行的世界杯总决赛上,他历史性地夺得铜牌,取得中国男选手在总决赛中的最好成绩。

都灵一飞冲天

2006 年 1 月 18 日,出征第 20 届都灵冬奥会的中国体育代表团成立,韩晓鹏

名列其中,这已是他第二次出征冬奥会。

资格赛第一,250.45 分! 韩晓鹏在资格赛中表现出色,为自己在 2 月 23 日的决赛争取到一个好的出发位置。

能不能夺下这枚金牌、为中国实现雪上项目金牌零的突破? 韩晓鹏想到了妈妈,与他心心相通的妈妈。每逢出国参赛,孝顺、懂事的晓鹏总要跟妈妈通电话,一是报个平安,二是遇到问题就请妈妈担当"心理医生"化解压力。妈妈的每次鼓励,都能让他在赛场上轻装上阵、发挥出上佳水平。董广侠问儿子:"你现在紧张吗?"尽管相隔万里,细心的妈妈仍能感受到儿子言语中一种无形的压力。韩晓鹏也很坦率:"妈妈,说不紧张是假的,但是我得拼了,你们看我的表现吧!"董广侠尽量控制自己的语调:"你能闯进决赛已经很不简单了,不要有任何包袱,在决赛中能发挥出自己的最好水平就行了。"晓鹏的回答斩钉截铁:"妈妈,我一定不会让你失望的!"

资格赛成绩是不带入决赛的,在往届冬奥会空中技巧比赛中,从没有一位预赛第一的选手夺得过金牌。2 月 23 日,韩晓鹏站上冬奥会自由式滑雪男子空中技巧决赛的场地——都灵海拔 1350 米的萨兹·杜克斯滑雪场,与其他 11 名对手并肩而立,其中包括他的队友、老乡邱森。这是中国男选手第一次进入冬奥会自由式滑雪空中技巧决赛,他能打破预赛第一不能夺冠的怪圈吗?

12 名选手的第一跳是按资格赛成绩逆序排列。因为在资格赛中名列第一,韩晓鹏最后一个出场。成竹在胸的他延续了资格赛的好状态,难度动作为 4.425,他的技术完成、空中姿态都相当出色,尤其是在落地分上两个裁判都给出了 3 分满分。第一轮战罢,他以 130.53 分列第二,与第一名白俄罗斯选手达辛斯基的差距仅有 0.89 分。从 12 名选手第一跳的表现看,10 名选手的得分在 100 分以上,更有 8 名选手得了 120 分以上,冠军从任何人中产生都是有可能的。

这时,哪怕是任何微小的失误,都可能让自己在惨烈的竞争中出局。韩晓鹏做出了一个异乎寻常的举动,事实证明也是无比正确的决定,他的第二个动作难度选择为 4.175。在第一跳中排名第三的美国选手佩特森报出了 4.90 的超高难动作,而暂列第一的达辛斯基则采用与第一跳相同的难度为 4.425 的动作。

保守? 过于保守? 韩晓鹏怎么了? 他是不是要来个剑走偏锋? 韩晓鹏自有他的道理:"我从来没想过更换更难的动作,这个动作我做得非常舒服,也带给我更多自信。"这就是他和教练的既定决策,稳定压倒一切,稳定征服裁判。

第二轮开始,一个又一个选手登场。俄罗斯选手莱贝德夫两跳的总分达到246.76,是冠军强有力的争夺者。第十个出场的佩特森果然成为落地不稳的牺牲品,虽然他的空中姿态完成得不错,难度4.90的动作在所有选手中首屈一指,但落地遇到了大麻烦,不得不靠双手撑地来维持身体平衡,明察秋毫的裁判给他打出了112.70分。

终于轮到韩晓鹏了。从这位略显瘦削却很坚毅的中国小伙子的脸上,看不出任何紧张,只见他活动了一下颈部的肌肉,脸上甚至带着一抹笑意,然后屈膝快速沿着长长的雪坡向下滑行,如一只鲲鹏直冲云霄,一系列的翻腾无懈可击、优美无比,落地更是如板上钉钉。裁判惊呆了。观众惊呆了。全场在瞬间寂静后,爆发出震耳欲聋的掌声。

冠军距离韩晓鹏近在咫尺,他也为自己的出色表现所感染,先是振臂仰天长啸,接着兴奋地向后倒下,久久地仰躺在11年来都亲密无间的白雪上,双臂向左右伸展,好像在接受和拥抱命运、奋斗所带给他的一切。这一次,裁判给出了120.24分!韩晓鹏以250.77的总分暂列第一,后面只有达辛斯基还没有出场,这足以保证他至少可以拿到一枚银牌。

所有的目光都聚焦到达辛斯基身上。观众们屏气凝神,他的最后一跳将决定是把自己送上天堂还是把冠军拱手相让。达辛斯基也是征战国际赛场的一员老将了,比赛经验十分丰富。在1998年长野冬奥会上,他就获得了铜牌,成为白俄罗斯首位冬奥会冠军是他最大的渴望。他这次的动作难度依然为4.425,要远远超过韩晓鹏。只要顺利完成动作,他将以较大优势获得冠军。胜利的天平似乎已倾向于达辛斯基。

提前赛完的韩晓鹏站在角落处细细地观察着达辛斯基。显而易见,对手显得有些紧张,韩晓鹏的出色表现把压力甩给了他。达辛斯基助跑、腾空、翻腾,几个动作一气呵成,落地却出了点小问题:由于身体略微后仰,他的背部擦到了雪地,但在快速滑行中,这个动作微小得甚至非眼睛所能捕捉。老练的达辛斯基用虚张声势的庆祝来掩饰内心的慌乱和矛盾。但这一瑕疵却躲不过电视镜头的回放,也瞒不过裁判的火眼金睛。

117.26分,非常客观的打分,达辛斯基的总得分是248.68,他就这样与冠军失之交臂。中国队的外籍教练达斯汀从十几米高的雪坡上连跑带滑地冲了下来,与韩晓鹏拥抱在一起。

当夜,董广侠接到了韩晓鹏从都灵打来的电话:"妈妈,我赢了,我终于成功了!"韩晓鹏的声音激动得有些颤抖。"儿子,你真棒,妈妈真是大喜过望。"由于没有了任何压力,母子俩这次的交谈显得轻松许多,董广侠还不忘和儿子开个玩笑:"人家夺冠都激动得哭,你怎么没哭?""我光顾着高兴了,忘了哭了。"话筒里传来韩晓鹏爽朗的笑声。这一次,母子俩聊了足足十几分钟。

终于迎来了属于自己的发奖仪式。韩晓鹏站在最高领奖台上,像做梦似的。他用牙齿咬了一下挂在胸前的金牌,是真的,不是梦。他想哭,却还是笑。笑比哭好呀!"当时眼泪就含在眼圈里,但我就想忍住,没有让眼泪掉下来。"

冬奥会胜利归来与父母合影

憾别温哥华

2010 年 2 月 22 日晚,塞普莱斯山白雪皑皑,温哥华冬奥会自由式滑雪男子空中技巧资格赛在这里举行。韩晓鹏说,能参赛就是成功,但站到赛场上的他依然气势十足,热情地向观众挥动双手,观众也报以热烈的喝彩声。第一跳开始了,他排在最后一个上场,选用难度系数为 4.425 的 bddff(向后翻腾三周转体四周)动作,表现中规中矩,获得了 111.95 分,在 24 名选手中排名第 12。第二跳,韩晓鹏降低了难度系数,出发和空中姿态都很理想,但着陆后突然失去平衡,溅起一片飞雪,仅得到 80.57 分。这样一来,作为上届冠军的他以总成绩 192.52 分排在第 21 位,无缘决赛。

赛后,韩晓鹏眼含热泪无奈地表示,第二跳本来是一个很拿手的动作,空中感觉特别好,而且落地特别充分,没想到雪地下面是一个很不平整的坑。就是这样一个雪坑,葬送了26岁的韩晓鹏的决赛之路。因为年龄和伤病的关系,他打算本届冬奥会能有个圆满结局,然后功成身退。但以这样的方式与奉献了15年青春的空中技巧说再见,还是让他万分纠结,有点造化弄人的感觉。

"真是舍不得。"他哽咽着说,然后仰起头,试图不让泪水流下来,转身离开,留给雪场一个惆怅的背影。

2010年2月,韩晓鹏因伤宣布退役。2012年,韩晓鹏进入国家体育总局担任冬季运动管理中心自由式滑雪雪上技巧项目领队;2013年1月起在国家体育总局冬管中心滑雪一部工作;2017年11月任北京冬奥组委运动员委员会委员。

2022年2月4日晚,北京冬奥会开幕式圣火传递仪式在国家体育场举行,韩晓鹏担任护旗手。当晚,在升奥林匹克会旗环节中,中国首位冬季运动世界冠军罗致焕、1998年冬奥会银牌获得者李佳军、2010年冬奥会花样滑冰双人滑项目冠军申雪、2006年冬奥会自由式滑雪空中技巧冠军韩晓鹏、2010年冬奥会短道速滑冠军张会、2014年冬奥会速度滑冰冠军张虹担任旗手共同护旗。

姓名:韩晓鹏

性别:男

出生年月:1983年12月

项目:自由式滑雪空中技巧

主要成绩和荣誉:

2006年获都灵冬季奥运会男子自由式滑雪空中技巧冠军。

2006年获中国十佳劳伦斯冠军奖最佳突破奖。

2007年2月获亚洲冬季运动会男子自由式滑雪冠军。

2007年获自由式滑雪世锦赛男子空中技巧冠军,这是中国男子选手首次夺得自由式滑雪世锦赛冠军。

2007年获2006年"CCTV年度十大体坛风云人物奖"。

秦晓庆："摔"出来的世界冠军

秦晓庆

摔跤被公认为是世界上最早的竞技体育运动。相传,神话中的英雄——雅典民主奠基人捷谢伊,从雅典女神那里学来了摔跤规则,从而发展了摔跤运动。这项重竞技格斗项目的源起,让人大跌眼镜。很多人都以为,多少带着野蛮色彩的摔跤是一项纯粹的男人运动,适合在广阔的大草原上,两个蒙古勇士瞪着铜铃般的眼睛,盘旋相持,腿膝相击。徐州的重竞技项目发展得很好,但在摔跤领域拿到世界冠军的只有秦晓庆这个女子。

三次改练项目

1985年,秦晓庆出生在丰县。在黄楼小学上学时,秦晓庆被启蒙教练王淑英发现。综合考虑了秦晓庆各方面的条件,王淑英决定让她练投掷。在王淑英的印象中,秦晓庆是一个很内向的孩子,无论是和教练还是和同伴一起,都不太说话。但这个闷闷吃吃的孩子,却绝对是个听话的孩子,她会听从教练的一切安排,一个动作反复训练,直到做到满意为止,再苦再累也从不表现出来。

在跟随王淑英教练练习了一段时间投掷后,1998年8月,徐州市柔道队到丰县选才,秦晓庆被一眼相中。在市柔道队练了一阵柔道之后,秦晓庆又在教练的安排下改练摔跤。在摔跤的道路上,秦晓庆一马平川地迈进了省队、国家队,都是主力队员。三次改练项目,秦晓庆终于找到一条通往世界冠军的光明大道,其中既可以看出教练们的敬业和负责,也可以看出秦晓庆的坚韧不拔。

用奖牌告慰母亲

2005年,全国第十届运动会在江苏举行,年仅20岁的秦晓庆崭露头角,夺得女子自由式摔跤 72 公斤级季军。在这块铜牌的争夺中,秦晓庆面对的梁悦是江苏交流到陕西的选手。比赛异常精彩,双方苦战三局才分出胜负,第三局秦晓庆更是以 1 比 0 险胜。赢下比赛之后,秦晓庆激动得一句话也说不出来。当奖牌挂上脖子的时候,秦晓庆再也忍不住失声痛哭,因为她终于可以以此来祭奠刚刚去世的母亲。

2000 年,秦晓庆的母亲查出患有白血病,为了给她治病,家里东挪西借花了20 多万,为此外欠十几万债务。病恹恹地拖了五年,秦晓庆参加完在韩国举行的一场比赛回来,迎接她的却是母亲病逝的消息。没能见到母亲最后一面的秦晓庆立即赶回老家。但两天之后,强忍丧母之痛的秦晓庆又出现在十运会训练场,她誓要用奖牌来告慰母亲的在天之灵。正当秦晓庆每天玩命训练时,右腿却受伤——内侧韧带断裂,但不服输的她依然每天绑着厚厚的绷带照练不误。没想到的是,丧母、受伤之后,第三个打击又向她袭来:队里决定让原本参加 63 公斤级的秦晓庆升到 72 公斤级。闻此消息,秦晓庆犹如掉进冰窖,比赛在即却要改级别,短时间内体重猛增 18 斤,怎么能比出好成绩啊?但坚强的秦晓庆并没有向命运低头,最终夺得铜牌。

2009 年,济南,第十一届全运会。已经两获世界冠军的秦晓庆一路过关斩将杀入决赛。她没有想到,决赛对手不是奥运冠军王娇,原本所有的备战几乎都是围绕王娇进行的。更没想到的是,她最后 6 秒被辽宁老将李丹绝杀,只能以一枚银牌结束自己的全运之旅。首局,秦晓庆显得有些缩手缩脚,被对手逮到机会赢得 3 分。在扳回一局后,双方进入决胜局,一上来都非常谨慎,直至比赛进行到 1 分 54 秒的时候,场外教练对裁判判罚提出异议,结果经过裁判组复议,秦晓庆和李丹各得两分。在这个过程中,秦晓庆披着毛巾在听教练员的部署,而李丹则显得活力十足,反复做着关键技术动作。结果比赛重开之后李丹很快占得先机,最终赢得了比赛的胜利。秦晓庆的教练殷建春非常遗憾:"秦晓庆十运会的时候就战胜过李丹,论实力,我们也是有九成把握能拿下比赛的。"北京奥运会冠军王娇在淘汰赛中早早出局,而另一位实力雄厚的选手洪雁也被拦阻在决赛之外,"得知自己的最大对手都输了之后,秦晓庆的心态发生了变化,所以在场上有些紧,没发挥出自己的最好水平。"

2013 年 9 月,在沈阳举行的第十二届全运会上,28 岁的秦晓庆在首轮 2 比 1力克云南选手杨梅之后,败于上一届的假想敌——东道主选手洪雁,止步八强。

国际赛场勇冠三军

与全运赛场迥然不同的是，秦晓庆在国际比赛中所向披靡、勇不可当。

秦晓庆张开双臂欢呼胜利

2009 年 3 月 22 日，女子摔跤世界杯团体决赛在山西太原滨河体育中心进行，秦晓庆力助中国队以 5 比 2 战胜加拿大队获得冠军，实现女子摔跤世界杯三连冠。女子摔跤世界杯是衡量一个国家女子摔跤整体实力的比赛，每个国家队在 7 个级别上各出一名队员进行团体对阵，先胜 4 场比赛的队伍获得胜利。这届世界杯有包括中国、日本、加拿大、蒙古、俄罗斯、白俄罗斯、乌克兰、美国 8 支队伍参加，中国队派出最强阵容出战，和日本、美国、白俄罗斯分在一组。在小组赛的三场角逐中，秦晓庆首战以绝对优势轻取日本选手，帮助中国队 5 比 2

力克日本；次战美国，中国队以 6 比 1 完胜，秦晓庆面对 2008 年世界青年锦标赛冠军、美国新秀阿德琳·格雷发挥更加出色，以 2 比 0、7 比 0 未失一分的战绩取胜；第三场中国队 7 比 0 横扫白俄罗斯，秦晓庆又零封对手。小组赛三战全胜后，中国队和另一小组的第一名加拿大队争夺冠军。在决赛中，67 公斤级的秦晓庆第 6 个出场，面对 2008 年世界锦标赛铜牌获得者梅根，没有给对手任何机会，以名次分 3 比 0、技术分 10 比 0 的优势取得胜利。此前 5 局，许莉、孟丽丽分别失手，秦晓庆的胜利使中国队以 4 比 2 锁定了 2009 年世界杯女子摔跤赛冠军，也使第 7 局的比赛变得无足轻重。

次日，徐州市委、市政府致电中国女子摔跤队表示祝贺。贺电说，欣悉在 3 月 22 日结束的 2009 年女子摔跤世界杯比赛中，徐州运动员秦晓庆和队友一道团结拼搏，勇夺团体冠军，实现三连冠佳绩，让全市人民欢欣鼓舞、倍感自豪。徐州市委、市政府向中国女子摔跤队全体运动员、教练员和工作人员表示热烈祝贺，向秦晓庆同志表示亲切问候！秦晓庆在比赛中以绝对优势战胜对手所表现出来的勇气和豪情,令家乡人民十分钦佩。希望秦晓庆同志在今后的训练和比赛中,再接再厉,乘胜前进,取得更加优异成绩,为全市人民赢得更大荣誉!

半年之后的 9 月 26 日,世界摔跤锦标赛在丹麦海宁结束了第五个比赛日的争夺,在女子自由式摔跤 72 公斤级比赛中,秦晓庆一路过关斩将,先后战胜韩国、阿塞拜疆、保加利亚和乌克兰四位选手晋级决赛,迎来蒙古选手奥切巴特。第一局比赛开始后,秦晓庆率先进入状态,以 1 比 0 取得领先。比分领先的秦晓庆在第二局又打了对手一个 1 比 0,最终以总比分 2 比 0 夺得金牌,这是她第一个个人项目世界冠军。

翌年 3 月,摔跤世界杯移师家门口的南京举行,秦晓庆自然不会让机会溜走。预赛中,中国队 3 战 3 胜,分别以 4 比 3、5 比 2、5 比 2 战胜同组的日本队、加拿大队、俄罗斯队获得决赛资格。其中,在险胜日本队的比赛中,秦晓庆在 67 公斤级比赛中为中国队拿下关键一分。决赛中,秦晓庆斗志昂扬,美国队的普里兹科夫尽管也是使出全部解数来争夺,两人打满 3 局,但秦晓庆还是依靠强大实力胜出,为中国队斩获第六场胜利,实现女子摔跤世界杯四连冠。

2010 年 8 月底,首届世界武搏运动会在北京举行。9 月 1 日是第 5 个比赛日,秦晓庆与日本选手铃木广绘上演了异常激烈的冠军争夺赛。首局比赛双方打得都比较保守,不敢放手进攻,始终处在僵持局面之中;离比赛结束仅剩 15 秒的时候,秦晓庆抓住机会把铃木广绘压在身下,获得 1 分,拿下首局。双方进入第二局之后同样难分伯仲,比赛时间眼看就要被消耗殆尽,但铃木广绘奋起反击,同样在局末最后 5 秒将秦晓庆扳倒,此刻场边观众悬着的心都提到嗓子眼了。前两局战成 1 比 1,进入第三局决胜局,双方均显示出了体力不支的状况,在比赛中段,秦晓庆把握住了转瞬即逝的机会,将铃木广绘压出圈外,拿下价值连城的 1 分,此时全场爆发出雷鸣般的掌声。随后,秦晓庆稳扎稳打,将 1 分的优势保持到终场,她也露出了欣慰一笑。

秦晓庆(上)在比赛中

2013年第十二届全运会之后,秦晓庆选择了退役,转型成为江苏省女子摔跤队的领队兼教练员。昔日的成绩是奋斗的结果,秦晓庆将永远怀揣为国争光的梦想,弘扬体育精神、推动摔跤事业发展。

姓名:秦晓庆

性别:女

出生年月:1985 年 10 月

项目:女子摔跤

主要成绩和荣誉:

2004 年获全国摔跤冠军赛冠军。

2005 年获第十届全国运动会女子自由式摔跤 72 公斤级季军。

2009 年 3 月获世界杯女子摔跤团体赛冠军。

2009 年 9 月获世界摔跤锦标赛女子 72 公斤级冠军。

2010 年 3 月蝉联世界杯女子摔跤团体赛冠军,赢得个人第三个世界冠军头衔。

2013 年 9 月获首届世界武搏运动会冠军。

许昕：狂揽世界冠军

2021 年 8 月 6 日晚，东京奥运乒乓球男团决赛打响，上届冠军中国队迎战德国队。徐州名将许昕与队友马龙、樊振东合作，帮助中国队以总比分 3 比 0 取胜，拿下男团四连冠，为中国代表团获得东京奥运会第 35 枚金牌。

许昕(右)、马龙和樊振东

继 2016 年里约奥运会后，许昕又一次站在奥运男团最高领奖台上，成为第一位连续两届奥运会斩获金牌的徐州籍运动员。

男团夺冠后，许昕在自己的微博中写道："终于，用这块团体金牌收官，向教练复命、向自己证明。面对团体赛，我眼前只有一个字：赢。很感谢乒协刘国梁主席和秦指导对我的鼓励，感谢我的兄弟马龙、樊振东一起全力以赴，感谢家人和朋友给予我的支持，感谢球迷粉丝和祖国人民的关注！还要感谢我的混双搭档刘诗雯，昕雯联播永不停播！东京周期的备战，一路走来只有自己才知道有多不容易。之前受过的伤，现在终于成了勋章。所有的荣誉、挑战和挫折都将组成我职业生涯中的光辉岁月，让我继续努力走下去！"

许昕（左）与刘诗雯在比赛中

徐州第一个乒乓球单打世界冠军

早在 2013 年 10 月 27 日，在比利时韦尔维耶落幕的第三十四届男子乒乓球世界杯决赛中，23 岁的许昕就击败萨姆索诺夫，第一次在世界三大乒乓赛事（世界杯、世锦赛、奥运会）中夺得男子单打冠军，成为 34 个乒乓球世界杯冠军中唯一的左手直板选手，超越前辈闫森、杨影、孙晋，获得徐州市第一个乒乓球单打世界冠军。

在男子乒乓球世界杯历史上的 34 个男单冠军中，有 6 位直板运动员获得 12 次冠军，分别是中国运动员郭跃华、江加良、陈龙灿、刘国梁、马琳、王皓，但只有许昕是左手握拍。当今世界乒坛横板打法是绝对主流，直板打法已经越来越稀缺。中国参加第三十四届世界杯的 20 名参赛球员中，只有许昕一人是直板选手。在国际乒联排名前 50 位的球员中，直板选手也寥寥无几。

徐州是乒乓球强市，在许昕之前的三位徐州籍乒乓球世界冠军中，闫森 3 次加冕世界大赛金牌，都是男双，孙晋的两次夺冠都是女团，杨影相对全面，5 次夺冠经历涵盖 3 次女团、1 次女双、1 次混双，他们都缺少最能体现个人能力的单打金牌。

自从 2009 年首次登顶三大赛事以来，许昕就开启"世界冠军"模式，职业生涯中已经夺得 20 次世界（奥运）冠军，成为徐州世界冠军头衔最多的运动员，并曾经登上世界排名第一的宝座。

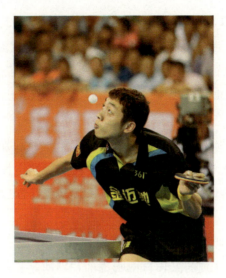

2013 年，许昕回徐参加乒超联赛

在 2020 年悉尼奥运会上，闫森、杨影、孙晋 3 名徐州乒乓球运动员参赛，获得 1 金 2 银，一时轰动中国乒坛。至此，徐州籍运动员在奥运会乒乓球项目上共取得 3 金 3 银的辉煌战绩，进一步奠定了徐州乒乓球项目的优势地位。

乒乓启蒙在徐州

1990 年 1 月 8 日，许昕出生于徐州一个干部家庭。许昕刚上幼儿园时，妈妈罗永红和同事们策划让自己的孩子去学弹琴。许昕从小手指就特别长，妈妈认定他是块弹琴的料，但这个提议被许昕一口否决："打死都不学。"还扬言买了琴，他就要"乱弹琴"。上到幼儿园中班的时候，有一天老师告诉罗永红，你儿子被少华街小学挑中了，去打乒乓球。少华街小学正是罗永红倾心已久的学校，是徐州市三所重点小学之一，也是全国乒乓球重点单位，距离她单位也很近，接送孩子都方便。于是，她与本就喜欢体育运动的丈夫许海平一拍即合，毫不犹豫地将许昕送去打球。当时妈妈的想法只有一个，就是让许昕进少华街小学念书，至于乒乓球能打成什么样，压根儿没想。

学习打球前，教练先让许昕抛球，见他左手比右手扔得远，力气大，就决定让许昕左手握拍。所以许昕从小就会左右开弓，右手吃饭、左手打球，两不耽误又分工明确。就像许昕家里人的分工一样，妈妈管学习，爸爸管训练。"当时要是老师请家长，学习上的事我去，打球上的事他爸爸去。"罗永红说。许昕小时候话特别多,她曾经这样形容:"许昕除了睡觉的时候不说话,其他时候话都不停,睁眼就要说。"活泼好动话又多的孩子打上了乒乓球,家里就更热闹了。"有一次许昕回来说学高抛发球了,班里的谁谁谁抛上去球找不到了。"许昕每天回家都要讲很多学乒乓球的趣事,有时候吃着吃着饭突然把碗和筷子一放,做几个新学的发球动作,边讲边演,逗得全家人乐不可支。

幼儿园大班的时候,许昕就全天在少华街学球了。那时候,家里三个人为他忙活,早上爸爸送去学校,中午爷爷接回家吃完饭再送回去,晚上妈妈下班的时候接回来。后来,许昕成绩不错,顺利进入少华街小学,在小学里学习和打球一直是两不耽误。

罗永红把监督许昕学习的工作干得很好,以至于从来没看过孩子打球,许昕打球的特点还是她从别的家长口中听说的:"别的家长给我讲,许昕训练的时候很专心。训练间隙要是玩起来什么,他也玩得特开心。但是教练一旦说开始训练了,他马上就能放下手里玩的去训练,不像有的小孩还在那恋恋不舍。"听到别人这么夸自己的儿子,罗永红自然心花怒放。

小学三年级的时候,许昕去徐州市体校打球。这段经历,罗永红记得最清楚的是许昕不用接送了,开始自己骑车上学,自己去体校打球,晚上自己回家。"那时候路上的自行车没有现在这么多,但是回想起来,孩子胆儿也真是挺大的。"许昕的学习成绩还不错,每周只有礼拜天下午是休息时间,绝大部分业余时间都用来打乒乓球,一直打到江苏省同年龄段第一。

赴上海训练提升球技

四年级时,许昕进入南京体育学院的乒乓球自费班,这意味着 10 岁的他就要离开徐州的家。罗永红回忆道:"我和他爸爸每周都会去看他,要坐 4 个半小时火车。南京的冬天很冷,许昕自己刷碗,很能吃苦。"那时候不像现在,4 个小时已经是"T"字打头的列车了。

在自费班里,许昕一直是前两名,不到一年就进入江苏省体校,从 2000 年 9 月待到 2002 年 2 月。2001 年,汤志贤担任江苏省二线队的主教练,这位经验丰富的教练曾经在 1994 年到 1999 年带过后来的奥运冠军陈玘。至今汤指导还对初次看到许昕的那一幕记忆犹新:"许昕正在打球,他连续两次摆短都摆得很漂亮!"

2001 年 12 月,汤志贤来到上海工作。只有两个孩子的家长同意让孩子跟着汤志贤去上海,许昕就是其中之一。罗永红说:"家里同意许昕去上海,主要是觉得上海的平台对孩子发展好,许昕的爸爸也专门到曹燕华乒乓球学校考察过。"2002 年 2 月 24 日,许昕来到上海,户口也转到上海。父母刚开始每两周去上海看他一次,后来三周去一次,坐火车单程要 7 个小时。

在上海,许昕吃了不少苦。汤志贤回忆说:"2002 年到 2004 年,训练房里没有空调,夏天热的时候有 40 多度……吃苦也能锻炼人,许昕在没有空调的赛场成绩特别好。每个世界冠军都需要长时间的训练,邓亚萍、王励勤都是'加班'练球练出来的冠军。当时许昕虽然年纪小,但他已经下定决心要打出来。"

谈起许昕的天赋,汤指导滔滔不绝、如数家珍:"当教练最重要的是选才,带天赋高的孩子很轻松。许昕的手上感觉好,脑子也好,自己有想法,他不像其他大多数孩子那样在'流水线'上练习定点击球,他的训练很有个性。2002 年全国业余体校南方赛区的比赛规定用正胶,许昕用的是反胶直板,于是只好赛前半个月改练正胶,但比赛他打得很好,非常聪明。"

2003 年,国家队到东方绿舟训练,有位国家队教练就说:"这个小孩两年后应该能进国家队。"2004 年国家队集训的时候,又有国家队教练告诉汤志贤,要好好培养许昕:"许昕是块世界冠军的料子,一定要让他健康成长。"当年,在世界少年挑战赛上,许昕一举囊括男团、男单、男双三项冠军,2006 年的四国邀请赛再次包揽男团、男单、男双冠军,并夺得世青赛男团冠军、U17 全国赛男单冠军。

实现世界冠军梦

许昕的优异表现,很快就入了国家队的"法眼"。2007 年 2 月,许昕入选国家二队,10 月升入一队。许昕在国家队的教练是他的江苏老乡秦志戬。有趣的是,秦志戬是左手直板,许昕也是左手直板,正好天生一对师徒。每个星期给徐州的家里打一次电话,许昕经常向爸妈讲起秦志戬:"秦指导对我挺好的,关心我,我们俩的打法也一样。"

2009 年,许昕的世界冠军梦终于实现,他随队参加在奥地利举行的第六届乒乓球世界杯,力助中国男队卫冕。如果说这次夺冠许昕的作用还不是很突出的话,那么,2010 年 5 月在莫斯科举行的第 50 届团体世乒赛,许昕就充分证明了自己。在中国队五名队员中,许昕年龄最小,是唯一的 90 后球员。但初生牛犊不怕虎,他代表中国男队第一个亮相,三次出场均获得胜利。当年 10 月获得第七届乒乓球世界杯男团金牌后,11 月迎来广州亚运会。许昕在最后一刻顶替王励勤入选男乒名单,并很好地抓住了机会,不仅获得男团冠军,而且与临时配对的郭焱在决赛中 4 比 1 力克中国香港的姜华珺、张钰,夺得混合双打金牌。

许昕(左)和郭焱在广州亚运会混双比赛中

2013 年初,许昕首次登上国际乒联男乒第一的宝座。紧接着在 3 月举行的第九届乒乓球世界杯上,力助中国队实现五连冠。他总共八次为球队建功,保持了百分之百的取胜率,是那届世界杯拿分最多的选手,甚至远远超过了伦敦奥运会冠军张继科,堪称头号功臣。10 月份又在比利时举行的世界杯单打比赛中捅破了又一层"窗户纸",勇夺分量最重的男单金牌。

2013 年 10 月,许昕夺得世界杯男单冠军。2014 年 1 月,许昕参加国际乒联巡回赛总决赛,又获得男单冠军。在世界乒坛呼风唤雨的许昕,在亚洲乒乓比赛中同样风光无限。2014 年仁川亚运会,许昕一举夺得男团、男单冠军和男双亚军。2019 年亚锦赛,他帮助队伍卫冕团体冠军后,又在单打比赛中一路闯关,首夺亚锦赛单打冠军。凭借这次夺冠,许昕成为当今乒坛除马龙和樊振东外,又一个同时拥有亚运会和亚锦赛单打冠军头衔的男子运动员。

2021 年国庆期间,在卡塔尔多哈举行的亚洲乒乓球联盟(亚乒联盟)代表大会上,31 岁的许昕当选亚乒联盟副主席。许昕表示,当选亚乒联盟副主席体现了各成员协会对年轻一代球员的信任和对亚洲乒乓球发展的信心,将积极参与

许昕

亚乒联盟的工作,最大限度地运用职业生涯的丰富经验和影响力,为推动亚洲乒乓球发展贡献力量。

姓名:许昕

性别:男

出生年月:1990 年 1 月

项目:乒乓球

主要成绩和荣誉:

2009 年获国际乒联世界杯男团冠军。

2010 年获国际乒联世界杯男团冠军。

2010 年获世界乒乓球锦标赛男团冠军。

2011 年获国际乒联世界杯男团冠军。

2011 年获世界乒乓球锦标赛男双冠军。

2012 年获世界乒乓球锦标赛男团冠军。

2013 年获国际乒联世界杯男团冠军。

2013 年获国际乒联世界杯男单冠军。
2014 年获世界乒乓球锦标赛男团冠军。
2015 年获世界乒乓球锦标赛混双冠军。
2015 年获世界乒乓球锦标赛男双冠军。
2015 年获国际乒联世界杯男团冠军。
2016 年获世界乒乓球锦标赛男团冠军。
2016 年获里约奥运会乒乓球男团冠军。
2017 年获世界乒乓球锦标赛男双冠军。
2018 年获世界乒乓球锦标赛男团冠军。
2018 年获国际乒联世界杯男团冠军。
2019 年获世界乒乓球锦标赛混双冠军。
2019 年获国际乒联世界杯男团冠军。
2021 年获东京奥运会乒乓球男团冠军。

许家恒:散打赛场上的"震天威龙"

2017年9月4日,第十三届全运会武术散打比赛全部结束,徐州沛县籍名将许家恒在男子90公斤级决赛中仅用2秒就用一个高鞭腿"KO"四川小将尤雄,创下中国散打界最快高鞭腿"KO"纪录。

许家恒

三届全运会,十几年来的努力终于换来金牌,用许家恒的话说"金牌,久违了!"

许家恒笑道:"的确是一刹那间的事,'高鞭腿'是我的得意技,是常年刻苦训练练就的绝杀技能,而在比赛一开场就利用对手立足未稳、还心存试探和侥幸的机会给他施以致命一击,其实是我和教练赛前就计划好的。当然,能够一击中的,多少也有些出乎我的意料,可那短短2秒钟的精彩却是我多年努力付出、咬牙坚持、战胜自我后换来的结果,可以是说毕其功于一击!"

许家恒在江湖上有着"震天威龙"的慑人绰号,在国际、国内散打比赛中所向披靡——18岁就在全国比赛中赢得王冠;不满20岁就获得亚洲比赛冠军;22岁在第五届世界杯武术散打比赛中实现世界冠军梦。他挥拳生风、出腿迅捷、闪躲灵活,散打选手们较量的不仅是力量、速度,还有强大的心理素质,狭路相逢勇者胜,自信与霸气,也是许家恒压倒对手的法宝之一。

一心练散打的"倔"孩子

和比赛场上的生龙活虎、勇猛彪悍形成巨大反差的,是赛场下的许家恒性格内向和不事张扬,皮肤也较为白皙。只有脱下 T 恤衫进行热身时,你才能感受到他强健的肌肉和体魄里蕴藏的巨大能量。用他的启蒙教练、徐州市散打"金牌教练"刘兵的话说:"家恒的身体素质和意志品质在国内 80 公斤级散打高手中都比较突出,他在场上永远斗志顽强、从不畏缩和不知疲倦,就像一辆功力十足的'推土机'。"刘兵的弟子中,已有一位世界冠军、两位亚洲冠军和十余位全国冠军。

许家恒(左)与教练刘兵

许家恒的散打生涯就是一部奋斗史,也是一部光荣史。许家恒 1988 年 10 月出生在武术之乡沛县,但在上小学四年级前,他并没有显示出突出的体育天赋。11 岁那年,他在沛县敬安镇师承刘兵进行专业训练。在刘兵的记忆中,当时的许家恒身体条件并无过人之处,再加上性格内向,所以在同龄孩子中并不突出,一些队友甚至可以轻而易举地"欺负"他。但随着时间的推移,谁也不敢对这位扎实肯练的毛头小子有任何小视了,他的身高、力量和技术与日俱增。

在母亲袁玲的印象中，许家恒是个"倔强"的孩子。当时小小年纪的家恒就缠着母亲说："妈妈，你给我找老师，让我去练散打吧。"

孩子爱运动是好事，但许家恒的父母知道练武术是非常苦的，因此很不赞成孩子去练散打。但许家恒却没放弃，他缠着姥爷，让姥爷带他去练。家里人看孩子挺坚持的，就让几个孩子结伴去刘兵散打队练习。

和许家恒同去的有他叔叔家的孩子和同乡几个年龄相仿的孩子，还没练到一个月的时候，其他孩子都嫌太苦陆续回家了，只有许家恒一个人坚持了下来。刘兵被许家恒的执着和韧劲打动，觉得这孩子是块练武的料，于是就重点培养。练了一年多，许家恒就在徐州打出了名气。

散打赛场崭露头角

2003 年 10 月，许家恒入选陕西省散打队，从此跻身国内赛场。当时父母亲想去陕西看他，顺便看看他还有什么需要，但 15 岁的许家恒却不愿让父母去："不打出成绩你们就不要来。"

进入陕西队后，许家恒遇到了人生道路上的第二位恩师——国家散打队总教练张根学。在那里，许家恒和队友们每天要训练近十个小时，他在爆发力和速度方面都有了很大提高。2006 年全国散打锦标赛，18 岁的他在 80 公斤级比赛中一战成名，出人意料地战胜国内众多好手，登上冠军领奖台，获得自己的第一个全国冠军奖牌。"震天威龙"的绰号从此不胫而走。随着年龄增长，许家恒经验更加丰富，也更加成熟，在国内、国际武术散打比赛中不断取得好成绩。

2008 年 3 月 23 日，在重庆大田湾体育馆举行的国际武术搏击王争霸赛中，许家恒代表中国队参赛，接连战胜瑞士、阿尔及利亚选手，获得 80 公斤级金牌。国际武术搏击争霸赛是中国武术协会唯一推出的、影响力最大的国际性武术搏击赛。来自日本、西班牙、埃及、阿塞拜疆等 10 个国家的运动员将向中国散打国家队发起挑战，争夺 75 公斤、80 公斤、85 公斤、90 公斤四个级别的冠军。在 80 公斤级半决赛中，许家恒在不到一分钟里，以一记高鞭腿击倒瑞士选手罗兰德，令后者放弃比赛。在 80 公斤级决赛中，面对阿尔及利亚选手德尼，许家恒将技术发挥得淋漓尽致，以绝对的点数优势赢下比赛，成功登上冠军领奖台。

2008 年 5 月，第七届亚洲武术锦标赛在澳门举行，共有来自 22 个国家和地区的 230 多名运动员参加角逐，许家恒在 80 公斤级比赛中先后战胜乌兹别克斯坦、伊朗选手。许家恒介绍，他在决赛中战胜的伊朗选手曾获得世界锦标赛冠军，身高达到 1.90 米，腿法特别凌厉，自己在比赛中扬长避短，最后以 2∶1 艰难取胜。

输了比赛却赢得对手尊重

2009 年 3 月 9 日至 14 日，第四届国际武术搏击赛在重庆举行，共有来自 6 个国家的 12 名散打高手为争夺"王中王"而浴血奋战，他们中既有奥运冠军、世界冠军，也有洲际冠军，水平之高不难想象。

第二次代表中国参加国际武术搏击赛的许家恒没有让大家失望。在第一场预赛中，他面对的是身高比自己高出近 10 厘米、体重多 10 公斤的国家队队友张启俊。两位中国散打队中最有特色的年轻选手展开了一番激烈的角逐，打满 5 回合，最终许家恒取得胜利。在第二场预赛中，许家恒遭遇来自美国的美洲搏击冠军亚历山德罗。率先进入状态的许家恒抓住对手立足未稳的机会，连续用侧踢击中对手。此后 3 个回合，许家恒一直用高鞭腿和组合拳攻击对手，而对手只有招架之功。战至最后一回合，许家恒出拳依旧力道十足，一次高难度的夹臂摔更是将对手重重地摔倒在地而被数秒。比赛结束，许家恒获胜，他也成为第一个晋级半决赛的选手。赛后，亚历山德罗被确诊为左手粉碎性骨折。

在 14 日的半决赛中，经过抽签，许家恒挑战北京奥运会特设项目 80 公斤级散打冠军、有"俄罗斯沙皇"美誉的穆斯里穆。一开场，面对小将许家恒的步步紧逼，实力强劲的老穆打法单一，只能频频用高鞭腿袭击对手。他的这一招在一开始还是起到了效果，但在许家恒适应后，就完全失去了威力。相反，许家恒步法灵活，距离感也很好，比赛中用其擅长的接腿摔多次得手。不过关键时刻，老穆还是经验更胜一筹，最终在打满 3 回合的情况下以 1 分的微弱优势取胜。从场上的形势看，穆斯里穆赢得相当艰苦，如果不是许家恒在经验上有所欠缺，在几次使用高鞭腿的时候被穆斯里穆抓住破绽后被摔倒在台上，最后的胜利属于谁还很难说。

许家恒强大的冲击力和不畏强手的精神气质赢得了对手和观众的尊重和好评。赛后，穆斯里穆主动拥抱这位年轻对手，竖起了大拇指。

战胜老对手摘金

2010 年 8 月 29 日,首届世界武搏运动会武术散打比赛在北京结束,5 场巅峰对决在 10 名散打高手之间上演。中国队凭借强大实力收获参赛的 4 个项目的全部金牌,男子 85 公斤级金牌被许家恒摘得。

在 28 日的男子 85 公斤级半决赛中,许家恒遭遇老冤家穆斯里穆,虽然一度有些被动,但许家恒利用体能优势最终以 2 比 1 逆转取胜。"在 8 月 28 日的男子 85 公斤级半决赛中,我遇到了实力不俗的俄罗斯名将穆斯里穆,他是我这次运动会的主要对手,他曾经多次获得世界冠军,教练当时就告诉我不要有压力,即使不能获胜也正常,但也许就是从小时候就有的这股不服输的劲,越是遇到强的对手,越能激发我的斗志,最终我以 2 比 1 逆转取胜。"许家恒回忆说。

在 29 日的决赛中,许家恒凭借稳定的发挥和漂亮的绝杀,战胜伊朗选手摘下武术散打比赛男子 85 公斤级金牌,这是我国选手在世界武术比赛中首次摘得 85 公斤级桂冠。

世界杯夺冠

2010 年 12 月 19 日,第五届世界杯武术散打比赛在渝北体育馆落幕。经过三天的激烈较量,18 个级别比赛分别决出最终的"散打王"。作为东道主,中国队在本次比赛中派出了 10 名选手参赛,他们在比赛中体现出雄厚的实力,在男女各个级别决赛中共获得 9 个冠军,夺冠数量居各代表团之首。

12 月 18 日,在第五届世界杯武术散打男子 85 公斤级决赛中,许家恒击败瑞士选手获得冠军。赛场上,许家恒延续了中国队的强势地位,刚上场不到 1 分钟就用两个漂亮的过肩摔挫了对手的锐气。

第一回合,许家恒以压倒性优势取得胜利。在 4 次被摔倒在地后,对手放弃了剩下的时间,主动走下台结束第一回合的比赛。第二

许家恒

回合,战况仍然如此。两个回合原本规定的比赛时间一共有 4 分钟,但整场比赛用时不到 2 分钟,堪称"秒杀"。

从散打冠军到金牌教练

2020 年 11 月,在"再战江湖"和"拿起教鞭"之间抉择了很久的许家恒最终选择了后者,成为陕西省散打队的一名执行教练。"对我来说,全新的梦想就是能以教练的身份培养出金牌选手!"有梦就去追,善于学习的许家恒开始一边执教一边虚心求教,恶补理论知识,钻研最先进的训练方法。

最终,在第十四届全运会决赛中,许家恒带领的陕西男队获得武术散打男子团体第五名的佳绩,实现了男团项目的历史性突破。之后,许家恒不但通过竞聘成为国家散打队教练,还在 2021 年 11 月被任命为陕西省散打队主教练。

如今,完成了"从散打冠军到金牌教练"身份转换的他,依旧敬业爱岗,不敢有丝毫懈怠:"人生和竞技体育都有着'不进则退'的特点,培养出更多冠军选手是我接下来要为之努力奋斗的目标。"

姓名:许家恒

性别:男

出生年月:1988 年 10 月

项目:男子武术散打

主要成绩和荣誉:

2006 年获全国武术散打锦标赛男子 80 公斤级冠军。

2008 年获第七届亚洲武术锦标赛男子 85 公斤级冠军。

2008 年获第三届国际武术搏击王争霸赛男子 80 公斤级冠军。

2010 年获首届世界武搏运动会男子 85 公斤级冠军。

2010 年获第五届世界杯武术散打比赛男子 85 公斤级冠军。

2017 年获第十三届全运会男子武术散打 90 公斤级冠军。

黄磊:国内学历最高的散打世界冠军

5岁习武、14岁被父亲送入业余体校练习散打、16岁被选入北京体育大学、17岁进入北京散打队……之后,他的散打之路就一发不可收拾,几乎囊括了所有散打赛事的冠军,三次获得世界冠军,两次获得"中国散打功夫王"荣誉称号,他就是丰县籍散打名将、"傲世苍龙"黄磊。

黄磊(左)重击对手

农村少年家乡练散打

黄磊与散打的缘分,还得从他武学渊源深厚的家庭说起。丰县民风豪爽,民间习武风气浓厚。黄磊的爷爷曾是远近闻名的武师,练习大洪拳,父亲是军人,也习了一些拳脚功夫。受家人影响,从小好动的黄磊5岁开始就跟着爷爷练习踢腿拉筋等基本动作,而黄磊的好学和勤奋,也让爷爷和父亲对他寄予厚望。不过那时的他练的还是传统武术套路,没想到后来会走上散打之路。

黄磊对武术的兴趣越来越浓厚,有时甚至不愿去上学也要练武术。小学6年级时,为了让儿子有更好的发展,父亲决定将他送进附近的业余体校刘邦武术院学习。在选择项目时,小小的黄磊却有了自己的主意:"我虽然个子高,但协调性和柔韧性却不太好,武术传统套路要求动作好看潇洒,没这两点不行,而且那时候也感觉散打更实用一些。"在黄磊的坚持下,他改练散打,师从院长侯敬峰。

在刘邦武术院的日子,黄磊很刻苦。他的启蒙教练侯敬峰回忆:"黄磊来校后,经常自己单独加练,有时师兄弟出去玩了他还在练,直到把学的动作练熟。"而这种状态,也伴随着黄磊的整个职业生涯,他说:"既然决定去做一件事,就要认认真真做好,很多人觉得我身体条件好,成功很正常,但我自己知道,再好的条件,不努力也没用。"

17 岁进入专业散打队

2001 年,黄磊第一次参加全市青少年散打比赛,虽然是主场作战,但由于是初次比赛,心情紧张,脑子一片空白,第一场就败下阵来。当时,黄磊的姐姐到现场观看了比赛。从那以后,黄磊的任何比赛都没有告诉过家人,他说:"毕竟这是一个残忍的对抗项目,怕他们为我担心。"

首次吃了败仗的黄磊并没有气馁,也没有动摇走散打之路的决心。机会总是留给有准备的人。2001 年,北京体育大学的陈超教练到刘邦武术院选才,一眼就相中了身体条件出色、训练刻苦努力的黄磊,那时,他才 16 岁。黄磊感慨地说:"当时就像做梦一样,对一个小县城的孩子来说,到北京去是不可想象的!"

在陈超教练手下,黄磊的技术得到极大提升。短短一年时间,黄磊就开始在各项赛事中崭露头角。也是在这时,他遇到了生命中的第二个"伯乐"。2002年 5 月,黄磊返回徐州参加当地的一个散打比赛并一举夺魁。黄磊在赛场上的出色表现引起了场下一名业内人士的关注,他就是北京散打队教练单孝强。"在这之前,我跟单教练一点都不认识。我记得是比赛结束后,他找到我的教练,希望我能加入北京队试训。"

在单孝强带领下,黄磊开始真正走上职业散打之路,并从此一发不可收拾,各种冠军拿到手软,被誉为新一代"散打王"。在 2011 年的中俄武术散打对抗赛中,他战胜深谙散打、柔道、空手道三种技法的俄国名将易卜拉欣莫夫,捍卫了中国功夫的荣誉。

从注重结果到享受比赛

来到更高水平的队伍当中,黄磊又变得默默无闻,更加专注雕琢自己的技术、练力量,除了吃饭、睡觉,他的其他时间全部在训练馆里度过。在陈超教练手下,黄磊的技术得到极大提高。他说,当时的生活比较简单,没有太多空闲时间,虽然很辛苦,但因为自己喜欢,所以感觉生活很充实。

2003 年,黄磊获得中国武术散打王争霸赛新秀 80 公斤级冠军,从此,他在擂台上所向披靡,几乎每年都有冠军到手。在对抗中,黄磊的心态渐渐发生变化,从注重比赛结果到享受比赛过程。黄磊表示,对于胜败其实看得不重,散打已经成为他生命中的一部分,而赛场就是他的"舞台",很享受在赛场上发挥自己潜能的感觉。

国内学历最高的散打运动员

2009 年,黄磊从北京体育大学毕业之后,又收到了研究生院的入学通知书,成为一名硕士研究生。之后,黄磊一边在北体大读书,一边在散打队训练,更显得平和与成熟,成为国内当时学历最高的散打运动员。

2010 年全国散打锦标赛在福建龙岩举行,黄磊参加了 90 公斤级的比赛,在与河南选手靳师武争夺决赛名额过程中,黄磊肋骨骨折,忍着伤痛打完了比赛,获得了决赛名额。决赛对手是实力强劲的山东选手"黑旋风"孙俊峰,对孙俊峰,黄磊并没有必胜把握,何况是带伤上阵?经过慎重考虑,黄磊决定坚持比赛。在比赛中,踢、打、摔,每一个动作都使伤处疼痛无比,但最终黄磊以 2:0 的总比分取胜,夺得 90 公斤级冠军。

虽然已经走过 10 年职业散打之路,对输赢没有一开始那么看重,但作为一名选手,每当输了比赛,黄磊还是难免伤心难过:"运动员是个比较残酷的职业,你在台下所有的咬牙训练、苦累,大多数人是看不到的,只有胜利才能证明这些付出是值得的,并且你的所有信心,也是从这一场场胜利中建立起来的。"

说起家人,黄磊说最难忘的是爷爷去世时自己不在他身边。由于从小跟着爷爷学习武术,黄磊和爷爷的感情很深。2003 年,爷爷因病去世,黄磊在北京训练没能赶回来。"小时候爷爷是最疼爱我的,但刚开始学习武术时,没有能力孝敬他,现在自己有能力了,却已经无法尽孝心。"

三夺世界冠军

2010 年 10 月,重庆,第五届武术散打世界杯,黄磊夺得男子 90 公斤级冠军。

2011 年 10 月，第十一届武术世锦赛，黄磊夺得男子散打 90 公斤级冠军。

2012 年 10 月，第六届世界杯武术散打比赛在福建武夷山举办，中国选手夺得 9 枚金牌，其中，黄磊夺得男子 90 公斤级冠军，这已是他第三次夺得世界冠军。本次比赛由国际武术联合会、国家体育总局武术运动管理中心、中国武术协会联合主办，福建省体育局、武夷山市人民政府共同承办，是国际武联举办的世界范围内最高水平比赛。赛事采用国际武术联合会最新审定的《武术散打竞赛规则》，采用单败淘汰制，分为男子组和女子组两大类别，其中，男子组设 48 公斤至 90 公斤以上 11 个级别。本次比赛从 10 月 23 日开始

黄磊（左）在比赛中

角逐，共有来自中国、印度、菲律宾等 25 个国家和地区的 180 名运动员参加。黄磊在男子 90 公斤级比赛中先后战胜马来西亚选手默哈德等强敌，以不败战绩夺得冠军。

担任国家队队长

2012 年 2 月 25 日，首届中国散打国家队在陕西省西安市成立，时任国家体育总局副局长肖天，陕西省副省长郑小明，中国武协主席、国家武术运动管理中心主任高小军，陕西省体育局局长王建军等多位领导出席成立仪式。以黄磊、张开印等人领衔的 51 名选手入选本次国家队阵容。其中，作为散打国家队中当之无愧的大腕，黄磊在接受采访时表示，入选国家队除了荣幸之外更多的还是责任，面对更多高水平的竞争，自己有压力但更有动力。

作为中国散打在大级别上当之无愧的霸主、两届中国散打争霸赛的王中王，黄磊也是中国散打运动员中拥有硕士研究生学历的第一人，被任命为队长。"能来到国家队进行选拔我感到非常荣幸。参加选拔的都是各个省队排名全国前几的选手，成为一名国家队队员，身上的责任感和使命感会更加强烈。"黄

磊说。

黄磊在采访中说："作为一名散打运动员，散打国家队的挂牌成立的确让自己有一种归属感。以往与奥运项目运动员在一起时，总感觉自己的项目不受重视，以前的散打国家队也往往是因为某一个比赛而临时组建。国家队的组建，对于我们队员来说，不管是从自己心里还是对家人来说，都是一种交代。"

黄磊说："加入国家队之后，武管中心会为成员安排更多专业比赛，这些比赛的水平比一些商业比赛更高也更规范，不管是在安全还是其他方面，更加规范的体系也让我们更有安全感。"

对于这次选拔，黄磊坦言，压力确实存在。由于本次散打国家队的人员构成当中重点偏向于中大级别的选手，因此在人员竞争上与以往历届散打集训相比更加残酷。"竞争确实是有的，但对于散打这个项目来说，没有竞争很难让自己有更大更快的提高。这次选拔不仅包括身体技能的测试、体能测试、实战能力，还有一些技战术运用能力的考核，比赛都会有输有赢，这种高水平的选拔也让我更了解自己的能力与潜力，压力也确实存在。"黄磊说。

完美谢幕捍卫霸主地位

即使再优秀的运动员，也总有退役的一天。2013 年 12 月，黄磊在 2013"搏击之夜"海峡两岸联队 VS 亚洲国际冠军武术搏击对抗赛上迎来谢幕战。在北京体育大学体育馆举行的这场比赛中，黄磊最后出场，并在第二回合重拳 KO 泰国拳王，捍卫自己在中国大级别散打上的霸主地位。

其实，从 2013 年第十二届全运会以后，黄磊从运动员变为北京体育大学武术学院的老师，全新的身份让黄磊在比赛之外经历了更多成长。"作为一名专业运动员，以前整天都是单纯地想比赛、训练方面的事情；成为一名教师之后，在教学方面考虑得要更多一点，还要备课，都是新的体验。但在擂台上，自己还和以前一样，感觉并没有丢。"

同时，早在 2010 年，黄磊就创办了自己的公司——北京国武发展有限公司，办起了"国武功夫会馆"，教授包括散打、少儿武术、跆拳道、太极拳、擒拿格斗术等多种武术门类，通过多种方式延续自己对武术散打事业的痴迷。

谈起散打运动的经历，黄磊不愧是学有专长的研究生，体会非常深刻："运动员是自我训练的作品。"这不禁让我们想起昔日"功夫之王"李小龙的一句经典语录:"人是自我完成的杰作!"

姓名:黄磊

性别:男

出生年月:1985 年 11 月

项目:男子武术散打

主要成绩和荣誉:

2003 年获中国散打王争霸赛新秀男子 80 公斤级冠军。

2004 年获全国武术散打锦标赛男子 85 公斤级冠军。

2006 年获全国武术散打锦标赛冠军赛男子 85 公斤级冠军。

2008 年获中国武术散打功夫王争霸赛"功夫王"。

2008 年获中国武术散打功夫王争霸赛男子 90 公斤级冠军。

2010 年 10 月 12 日获 2010 年功夫王争霸赛冠军并获奖金 100 万元。

2010 年 10 月获第五届武术散打世界杯男子 90 公斤级冠军。

2011 年 10 月获第十一届武术世锦赛男子散打 90 公斤级冠军。

2012 年 10 月获第六届世界杯武术散打比赛男子 90 公斤级冠军。

朱扬涛:立志将中国武术散打发扬光大

他是散打国际健将,曾经集上海男子散打队队长和中国国家武术散打队男子二队队长于一身,两次夺得散打世界冠军,他就是出自武术之乡沛县的朱扬涛。

朱扬涛

自幼练习传统武术

在没接触散打之前,朱扬涛先练了 6 年正规传统武术。说起朱扬涛走上运动员这条路,父亲对他的影响非常深。朱扬涛的父亲朱耿仁是一个武术爱好者,早年曾当过兵,性格坚毅、为人耿直是父亲留给他的最深印象。朱扬涛兄妹四人,他排老三,堂兄弟七人从小就跟随朱耿仁练习武术基本功,朱扬涛从那时起就慢慢喜欢上了武术。

1996 年夏天,朱扬涛还在读小学,学习成绩不是很好,又痴迷武术,父母商量后决定把他送到县城的孟坑少林武校跟随孟宪军老师学习传统武术套路。想到去了武校就可以每天拿着刀枪剑棒耍来耍去很威风,朱扬涛当时就答应了。到了武校后才知道原来训练并不是他想象的那样,苦累不说,生活还很清苦。但苦和累并没有浇灭朱扬涛的武术梦,他一直在努力着。

1996年至2001年,朱扬涛经常代表武校参加县里、市里的比赛,其间还代表沛县参加了江苏省文化艺术节拿到一等奖。如果朱扬涛顺着这个人生轨迹走,没准传统武术套路也会多出个世界冠军。

师从名家改练散打

2001年,散打在沛县风生水起,朱耿仁没事就爱到开展散打项目的沛县武术院去看训练。在朱耿仁的安排下,朱扬涛进入沛县七洲搏击俱乐部。校长周庆福是位武术名家,和朱耿仁是老朋友,在拜师的同时也收下了朱扬涛这个干儿子。在周庆福的调教下,朱扬涛的散打技艺得到迅速提高。2003年,朱扬涛拿到了自己的第一个冠军——徐州市青少年散打比赛冠军,这让他看到了些许希望。

这时,周庆福给了朱扬涛两个选择:去广东的解放军散打队或者上海体育学院散打队。因为文化课差一些,想着能弥补一下,朱扬涛选择了去上海体育学院散打队。

试训时肌肉被砸断

2004年9月,朱扬涛在周庆福陪同下来到上海体育学院男子散打队。刚来的前三个月试用期是最难熬的,因为初来乍到,对周围的一切都比较陌生,高强度训练也让朱扬涛吃不消。在沛县时感觉自己的水平相对算是好的,也很有优越感。可是来到上海体院才发现自己的技术水平是最差的,朱扬涛甚至开始怀疑自己。每一节训练课下来,浑身上下基本上没有一个地方是好的,不是嘴被打烂了就是眼睛被打肿了。那时候,相比较身体上的伤痛,更让朱扬涛难以接受的是心理上的落差,他想要证明自己比别人强,就要想办法给自己寻找动力。从那时候开始,朱扬涛就学会给自己制定目标。每个阶段他都给自己制定不同的目标,在训练中累得快坚持不住的时候,他就在心里默默告诉自己,别人能做到的自己也一定可以,要有永不服输的精神!

2004年12月,在一次力量训练课上,因为杠铃太重脱手,砸断了朱扬涛的右腿肌肉。至今,朱扬涛的右腿上还留着一个凹坑。当时只感到钻心的疼痛,站不起来的他被队友背去了医务室。因为还在试训期,想着不能耽误训练,每天朱扬涛都是由队友搀扶着去训练房,不能练下肢,他就独自练上肢。就这样咬牙坚持了半个多月,伤势才得到控制。

下巴断成三块

2005 年的全国青少年散打锦标赛让朱扬涛一战成名。本来上海体院散打队的夺金重点是另一名队员,教练对朱扬涛并没有抱太大希望。

但机遇总是垂青有准备的人。队友在决赛中发挥失常,导致金牌旁落。朱扬涛却异军突起,杀入 48 公斤级决赛。决赛中,他如有神助,拿到自己第一个全国冠军。从此,朱扬涛在全国散打界拥有了一席之地,从最初的 48 公斤级、52 公斤级到现在的 56 公斤级,他的水平始终稳定在全国前三。

但竞技体育的残酷超乎想象。2006 年,厄运再次袭来,朱扬涛又受伤了。在一次训练中,他的下巴断成三块,当时就不能说话了。后来去医院拍片,队友问医生:"他还能再练散打吗?"医生的回答斩钉截铁:"绝对不能练了。"朱扬涛听到这个噩耗,眼泪又一次掉了下来,自己的运动生涯刚刚有了起色,难道就这样结束了?"我不甘心呀。"朱扬涛在回忆时虽然谈笑风生,但我们能理解他当时的心情。

朱扬涛瞒着家人,每天都在医院接受治疗,但他受伤的消息还是很偶然地被干爹周庆福知道了。等到伤情基本痊愈,也能开口讲话了,朱扬涛请假回到了沛县,先去了周庆福那里。周庆福把朱耿仁夫妻请来,把事情原原本本叙述了一番。看到儿子还肿着的脸庞,妈妈泣不成声,朱耿仁的眼圈也泛红了。以往朱扬涛回家探亲期间也要逼着他每天训练的父亲竟说:"要不咱不练了?"这彻底颠覆了父亲在朱扬涛心中硬汉的形象。从小就离开父亲学习武术和散打,平常的交流沟通很少,让朱扬涛对父亲一直有种敬畏的感觉。但那一刻,朱扬涛感觉对自己的触动很大:父亲年龄大了,而自己已经是男子汉了,必须为家庭多承担一些责任了。

首夺世界冠军

2010 年 12 月 18 日上午,第五届世界杯武术散打比赛男子 52 公斤级决赛在重庆市渝北区举行,朱扬涛以 2 比 0 战胜越南选手夺得金牌,他第一次参加世界大赛就夺得冠军。

由国际武术联合会、国家体育总局武术运动管理中心、中国武术协会共同主办,重庆市体育局、渝北区政府承办的第五届世界杯武术散打比赛,设男女共18 个级别项目,来自中国、俄罗斯、伊朗、巴西、菲律宾等 25 个国家和地区的 63名选手参赛。中国队的参赛选手最多,共有 10 名。根据国际武联章程,只有上一年度位居世界武术锦标赛散打比赛各级别前四名的运动员才有资格参加世界杯散打赛。如果出现因伤弃权的情况,则由国际武联技术委员会指定运动员参加。

朱扬涛能参加世界杯,可以说是天赐良机。从 2006 年到 2009 年的全国比赛,朱扬涛虽然一直保持全国前三的水平,但总是与冠军无缘。当时,有些心灰意冷的他萌生了退役的打算。

但最终,朱扬涛以一种破釜沉舟的心态参加了 2010 年全国武术散打锦标赛,拿到了 52 公斤级金牌,圆了自己全国成人比赛冠军梦。好事成双,当年的全国冠军可以代表中国参加世界杯,朱扬涛又抓住了改变自己命运的机会。

朱扬涛获 2010 年第五届世界杯散打比赛男子 52 公斤级冠军

世界杯武术散打比赛由世锦赛各级别前四名参加,巧合的是,朱扬涛所在的 52 公斤级由于有两名外国选手弃权,只剩下一个越南对手。这个越南对手也并非浪得虚名,他在广州亚运会上获得56公斤级第四名,此次降体重参赛,就是想问鼎冠军。与对手相比,身高1.67米的朱扬涛在身高臂长上都吃亏不少。

虽然只有一个对手,但谁都想赢下对方。比赛采取的是三局两胜制,每局两分钟。首次角逐国际大赛的朱扬涛在第一局打得顺风顺水,让对手疲于招架。第二局,对手改变策略,采用的是压迫式打法,而经验不足的朱扬涛没有及时调整战术,导致场面不好看,凭着点数才险胜。最终,2比0的比分让朱扬涛拿到第一个世界冠军。

再夺世界冠军

2013年11月5日,第十二届世界武术锦标赛在马来西亚首都吉隆坡结束,中国队以17金1银的成绩卫冕奖牌榜冠军。朱扬涛在男子散打56公斤级决赛中遭遇韩国选手的激烈挑战,但他技战术发挥出色,以2比0完胜对手,获得冠军,这是他继2010年夺得第五届世界杯武术散打比赛冠军后,第二次获得世界冠军。

朱扬涛(左二)获2013年第十二届世界武术锦标赛男子56公斤级冠军

第十二届世界武术锦标赛于11月1日在吉隆坡展开各个项目的角逐,来自近80个国家和地区的"武林高手"在此切磋武艺。朱扬涛认为,本次备战世界武术锦标赛的赛前训练是他最满意的一次集训。去国家队之前，他首先对自己做了全面细致的评估，分析自己在国际比赛中的优劣势在哪里。由于国际比赛是一次称重，所以在体重方面自己就比较吃亏，那么在训练中他就要加强力量训练和强化体能来弥补。在对外作战中直线腿法是最有效的得分技术，他就在训练中加强了练习。

到国家队后，教练组又根据当时世界各国的打法和风格特点为朱扬涛等队员制订了详细的训练计划，并且每节训练课都会有科研人员随时监控每位参赛队员的生理指标和伤病处理，确保每一节训练课都能高质量地达到教练组的要求。

中国国家散打队总教练张根学对朱扬涛的要求是：做好一切打硬仗的准备。赛前备战期间的每一节课，朱扬涛都认真完成每项训练任务并达到科研指标。正是这样踏实走好每一步，才能保证在比赛中发挥出正常水平，赢得胜利。

本次世界锦标赛，朱扬涛在第一场轮空的情况下，总共打了4场比赛，分别是16进8对新加坡、8进4对哈萨克斯坦、4进2对越南和决赛对韩国。这4场比赛，每场都是遭遇战，对每一位对手的打法风格和技战术特点都不了解。知己知彼，才能百战不殆。所以，在每场比赛前一天，教练组都会带朱扬涛一起观看录像资料，分析对手的特点及打法，然后制订作战计划。这样，朱扬涛在上场前就已经了解对手的一切，心态也上也就更踏实了。在比赛中积极主动，以我为主，控制过程，展示技艺，夺取胜利，这是张根学对朱扬涛的要求。正是严格按照教练组所部署的战术来执行，朱扬涛才能顺利取得最后的胜利！

虽然夺得世锦赛冠军，但朱扬涛却说，自己暴露出一些问题和不足，有待以后改进。如在抱缠中漏掉了好多机会，没有很好地把握住时机。这也证明自己在这方面的努力还远远不够，所以接下来在国家队的训练中要加倍努力。

经过这次比赛的历练，朱扬涛学到了很多宝贵经验，也开阔了自己的视野。"要想成为一名优秀运动员，必须不断地去学习更全面的知识。如要学会如何进行录像分析和战略、战术制定，学会分析欧洲和亚洲选手之间的差异，找到其弱点，学会从自身找缺陷并不断强化，这样才能立于不败之地。我相信这些经验对我以后备战国际比赛和以后的人生都会有很大帮助！"朱扬涛说。

大学任教延续散打梦

从喜欢散打项目走上这条道路，到后来不得不继续前行，到现在把它当成自己的事业,朱扬涛每一步都走得那么坚实。从上海体育学院体育教育专业研究生毕业后,他来到苏州大学任教。他说自己最大的目标就是将中国武术散打发扬光大:"我相信通过高层次的国际交流,我们这一代运动员能够进一步把武术散打推向世界,让中国武术在世界范围得以很好地传承,让习武者为祖国争得更多荣誉。"

姓名:朱扬涛

性别:男

出生年月:1988 年 5 月

项目:男子武术散打

主要成绩和荣誉:

2005 年获全国青少年武术散打锦标赛男子 48 公斤级冠军。

2010 年获全国武术散打冠军赛男子 52 公斤级冠军。

2010 年获第五届世界杯武术散打比赛男子 52 公斤级冠军。

2011 年获全国体育院校武术散打锦标赛男子 56 公斤级冠军。

2013 年获第十二届世界武术锦标赛男子 56 公斤级冠军。

2013 年获全国武术散打冠军赛男子 56 公斤级冠军。

张凯:江苏首位武术套路世界冠军

"大器晚成"用来形容张凯再贴切不过。继 2011 年在土耳其第 11 届世界武术锦标赛勇夺男子长拳冠军后,他又在 2012 年首届中国武术套路王中王争霸赛总决赛中力压群雄,摘取男子"王中王"这一最高荣誉。在运动生涯进入尾声时,张凯厚积薄发,收获一个个沉甸甸的果实,享受着成功的喜悦。从最初以强身健体为目的,到后来热爱武术并成为专业武术队员,在漫漫习武之路上,张凯付出了许多汗水和辛劳。

七岁走上习武之路

张凯 1986 年出生于武术之乡沛县,家住大屯镇,父母都是农民,他在兄弟姐妹中排行第三。张凯从小活泼好动,7 岁时被送进沛县业余体校习武。1992 年 12 月,沛县被中国武术协会命名为首批"武术之乡",张凯的世界冠军梦在这里开启。他 14 岁加入江苏武术队,常年在南京训练。从徐州到南京体院再到仙林训练中心进入省队,经过 17 年的不懈奋斗,张凯终于完成了心中的梦想——夺得世界冠军。

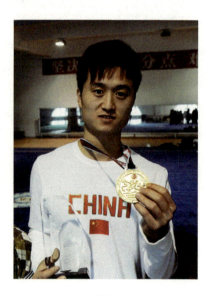

张凯

2009 年,江苏武术队请来退役多年、在国外颐养天年的名宿王振田担任队总教练。"随着王总教练的到来,江苏武术队发生了天翻地覆的变化。"一位武术教练说。江苏武术队 1958 年成立,出现过很多全国冠军,"三张一王"曾名噪一时,王振田就是其中的一王。

王振田讲究基础技术和身体素质训练,在他带领下,江苏武术队有了新面貌。"自从王总教练来了之后,江苏武术队更加讲究团队意识。虽然冠军是张凯,但这块金牌是所有人努力的结果。"张凯的主管教练杨俊毅说。"在江苏队中,不论是全国冠军,还是毛头小伙子,都追求苦练,像张凯这样的'老队员'更是要以身作则。张凯是训练标兵,每个动作都力求完美。"杨俊毅说,每到夏天,张凯一堂3个小时的训练课要汗湿3件训练T恤。"张凯的脚踝经常受伤,对于他来说,每次起跳都要忍受剧烈的疼痛。"一位队友说。

正是每年365天的艰苦训练,才造就了张凯这位世界冠军。

张凯抱拳

首夺武术套路世界冠军

2011年10月10日,张凯在土耳其安卡拉举行的第11届世界武术锦标赛男子组长拳比赛中勇夺冠军。这不仅是徐州历史上第一个武术套路世界冠军,也是江苏首个武术套路世界冠军,意义非凡。

第11届世界武术锦标赛于2011年10月9日晚在土耳其安卡拉市体育馆开幕,比赛为期6天,共有来自83个国家和地区的约700名运动员参加。中国队派出20人参赛,套路和散打各有10人。

从最初以强身健体为目的,到后来热爱武术并成为专业武术队员,在漫漫习武之路上,张凯付出了许多汗水和辛劳,但他却曾一度因为成绩不佳而打退堂鼓。2009年全运会之前,一身伤病的张凯想到了退役。比赛前,他暗自对自己说:如果站不上领奖台,就说明自己没有这个实力,那还不如和武术说再见,回家帮家里干活。张凯的家庭条件并不好,练武术并没有为家里带来经济上的收获,和武术相伴 17 个春秋的他心里动摇了。"谁知道那次,张凯没有比好,此后的全国赛,他仅仅拿了第 9 名,这更坚定了他退役的决心。"杨俊毅得知张凯决定退役的消息后,就和总教练王振田来到张凯房间,和他进行了一次促膝长谈。"当时,我和王总教练跑去见张凯,我们告诉他,并不是他没有练武的天赋,只是他在某些地方没有做好,只要消除技术缺陷,他完全有实力站上最高领奖台。"经过那次长谈,张凯采纳了王振田的建议,重拾基础训练,加强体能训练,终于取得了理想的成绩。

张凯的艰苦努力没有白费。2011 年,25 岁的张凯在国内武术比赛中佳绩频频,在当年的全国武术套路锦标赛中以 9.67 的高分获得第一名,第一次登上职业生涯的全国巅峰。

张凯说,长拳比赛讲究的是身体的舒展,并且在舒展的套路动作中向评委展示动作之间的灵活性。套路动作是运动员自行选择的,但是每套动作中都有必选项目需要完成。

那届武术世锦赛,男子长拳是套路比赛参赛选手最多的一项,共有 103 人。张凯是中国队第一个登场亮相的选手,他的出场抽签顺序排在第三,早早完成比赛后,要等后面 100 位选手都比完后才能知道自己的最终名次。张凯选择的是中等难度的动作,他正常发挥了自己的水平,获得了 9.85 分的高分,在积分排序名单中始终牢牢占据首位并保持到最后。最终,他成为那届世锦赛中国武术代表团第一位获得金牌的选手,也成为江苏武术史上第一个世界冠军。

凯旋回乡受追捧

2011 年 10 月 27 日上午,徐州市举行江苏省首个武术套路世界冠军张凯欢迎会,市委、市政府联合向张凯颁发奖金。10 月 26 日下午,从南京载誉凯旋的张凯在徐州东站一下高铁就受到了英雄般的礼遇。面对家乡媒体的长枪短炮,张凯也连呼:"没想到!"

张凯专程来到市体育中心武术训练馆,手把手指导徐州市武术队的少儿选手。他演练的长拳飘逸自如,让小队员们喝彩不断。一位小队员说:"我长大后也要为国争光,成为像张凯大哥哥一样的世界冠军!"

张凯说,回到家乡,更多的是感动和感谢!家乡人民多年来对他的支持和培养,是他获得世界冠军的动力源泉。

张凯夺冠后回徐与小队员合影

据陪同来徐的南京体育学院领导介绍,张凯 1998 年进入江苏省体校武术队集训,2001 年调入省队。江苏省武术队 1958 年建队,在全国各类武术比赛中共获得 20 多项次全国冠军和亚洲冠军,但是此前从来没有获得过世界冠军,这成为几代武术人的一块心病。

在第 11 届世界武术锦标赛男子长拳比赛中,首次代表中国出征的张凯力挫群雄,夺得一枚弥足珍贵的金牌,这是江苏武术队建队 53 年来获得的第一个世界冠军,填补了江苏竞技武术无世界冠军的空白,翻开了江苏武术的新篇章。

成为武术套路"王中王"

谁也不曾料到,张凯在进入运动生涯尾声时全面爆发,冠军对他来说再也不是那么遥远,幸运的他也赶上了好时候,一项新创的武术套路巅峰赛事——中国武术套路王中王争霸赛在 2012 年应运而生。这种新颖的赛事对于武术套路运动员来说是不可想象的,运动员必须参加长拳、南拳、太极拳、刀术、棍术、剑术、枪术全部七个项目的角逐,按照积分排列决出"王中王"。它不仅要求运动员有出类拔萃的主项,还要求其均衡掌握多种项目的风格特点和演练技巧,也就是运动员必须全面发展。对于武术套路来说,这样的运动员才是中国未来真正的武术家。

对于张凯来说,这是一个机会,也是一个挑战,因为他本来就兼项长拳、刀术和棍术,7个项目中自己有3个比较熟悉,另外几个项目除了太极拳外,还有很多相通之处。在10月7日首站镇江赛区的比赛中,张凯先声夺人,当仁不让地拿到"长拳王"称号,第一个锁定了总决赛资格。与分站赛不同,最后的总决赛才是"王中王"的精髓所在,比赛7个项目集中在两天内角逐,对选手的体力、意志品质是极大的考验。张凯没有放弃这个机会,他不仅在自己拿手的长拳、刀术和棍术上发挥出色,在其他4个项目中也有不俗表现。尤其在太极拳项目上,虽然刚学没多久,但由于有不错的武术根底,一招一式也非常得体。最终,他7个项目的积分位列全部7位男选手之首,"王中王"实至名归。

张凯说,中国武术套路王中王争霸赛很考验选手的体能,两天两场比赛比7个项目,真是太累了。不过这样的比赛形式很有意思,很像体操比赛的全能项目。虽然当时已经积累了一定优势,但他还是很谦虚,说不去想太多,只去打好自己的比赛就行。

毕业后留校任教

2004年,张凯作为高水平特长生被南京中医药大学录取,就读于经贸管理学院公共事业管理(卫生事业管理)专业,多次代表南京中医药大学和省武术队参加各种重大的全国比赛。

研究生毕业后,张凯如愿成为南京中医药大学体育部的一名教师,主要从事太极拳、太极剑、健身气功、棍术等项目教学。在2023年11月19日至20日举行的江苏省第二届高校体育教师教学基本功比赛中,经过理论考核、模拟上课、教案编写和运动技能展示等环节的评比,张凯获得本科院校公共体育组武术组二等奖。

人物档案

姓名:张凯

性别:男

出生年月:1986年6月

项目:男子武术长拳

主要成绩和荣誉：

2006 年获全国男子武术套路锦标赛男子个人全能冠军。

2007 年获全国男子武术套路冠军赛（传统项目）男子长拳冠军。

2011 年获全国武术套路锦标赛男子长拳冠军。

2011 年获第 11 届世界武术锦标赛男子长拳冠军。

2012 年获中国武术套路争霸赛"王中王"称号。

2012 年获全国男子武术套路锦标赛长拳冠军、刀术冠军、棍术冠军。

赵奇:"迟到"六年的竞走世界冠军

所有的突变,背后都是渐变,赵奇的进步也是这样,都藏在日复一日的汲取之中。

这是一份迟到的荣誉!

这是一份沉甸甸的荣誉!

这是对公平竞赛的最好回报!

2018年1月底,国家体育总局出具成绩证明,徐州运动员赵奇2012年5月12日在俄罗斯竞走世界杯男子20公里团体比赛中以1小时21分46秒的成绩获得冠军,这意味着赵奇成为我市首位田径世界冠军。

赵奇(中)获2012年世界杯竞走比赛团体冠军

2014年,俄罗斯田径队兴奋剂事件爆发引起世界体坛震惊,在对2012年俄罗斯竞走世界杯的兴奋剂复检中,国际田联取消了原俄罗斯队获得的冠军,中国队由亚军变为冠军。

时间回到 2012 年那场比赛

时间回到 2012 年 5 月 12 日,在俄罗斯萨兰斯克举行的 2012 年国际竞走世界杯男子 20 公里的争夺中,亚洲纪录保持者、中国选手王镇以 1 小时 19 分 13 秒夺得冠军,收获个人第一个世界冠军。中国男队还赢得 20 公里竞走团体亚军、女子十公里团体亚军和男子十公里团体季军。

竞走世界杯是世界上水平最高的竞走赛事之一,男子 20 公里比赛吸引了 124 名来自世界各地的高水平选手参赛,中国有王镇、陈定、赵奇、王浩和蔡泽林参赛。王镇在比赛中显示出很好的状态,5 公里时以 20 分 31 秒排名第七,落后第一名仅 2 秒;第二个 5 公里,王镇持续发力,排名升至第一;到 15 公里计时点,俄罗斯名将安德雷·基里洛夫以十分微弱的优势领先王镇,两人的成绩同为 59 分 47 秒。最后 5 公里,王镇发力超越基里洛夫后,成功保持优势,最终夺得冠军。安德雷·基里洛夫和弗拉基米尔·卡纳金分获亚军和季军,成绩分别为 1 小时 19 分 27 秒和 1 小时 19 分 43 秒。中国选手陈定获得第九名,赵奇获得第 11 名,北京奥运会第四名王浩由于长期受伤病困扰没能走出好成绩,位居第 30 名,小将蔡泽林排在第 35 名。

竞走运动难度大

徐州是首批"全国田径之乡",并获"全国田径之乡荣誉奖"。一直以来,徐州田径项目群众基础广泛、人才实力雄厚,是江苏田径人才的大本营。其中,徐州竞走项目先后涌现了赵奇、王振东等优秀选手。

竞走起源于英国,运动员行进时,两脚必须与地面保持不间断接触,不准同时腾空,着地的支撑腿膝关节应有一瞬间的伸直,不得弯曲。比赛时,运动员出现腾空或膝关节弯曲,均给予严重警告,3 次严重警告即取消比赛资格。从 1956 年起,男子 20 公里竞走被列入奥运会比赛项目。

竞走比赛途中会出现不同的状况,包括气候、比赛中的身体状况、平衡度、赛道难度、对手实力等,要随时根据场上情况进行调整。在竞走比赛中,运动员因犯规被罚下是常有的事。选手在竞走时,怎么走才能又快又好还不犯规?这得从规则说起。竞走是运动员用双脚与地面保持接触,连续向前迈进的过程中,没有人眼可见的腾空。前腿从触地瞬间至垂直部位必须伸直,即膝关节不得弯曲。

也就是说,在竞走比赛中,运动员在任何时候都不能让双脚同时离地,必须有一只脚接触地面。此外,支撑腿必须保持伸直状态,不能弯曲膝关节。因此,在20公里的赛程中,保持动作规范并不容易,特别是突然的加速,很容易导致动作违规。在漫长的行进途中,稍微的松懈和动作变形都会被裁判抓个正着。

转战 50 公里收获团体铜牌

2014 年 5 月 3 日上午 8 点,在江苏省太仓市举行的 2014 年国际田联竞走世界杯赛打响第一枪——男子 50 公里比赛。该届大赛中国队最大的竞争对手俄罗斯队在比赛中表现抢眼,包揽了个人冠亚军和团体冠军,澳大利亚名将塔伦特获得季军。派出年轻队员出战的中国队虽然在个人成绩上不够理想,但依靠总体实力获得团体第三名,实现了比赛前的预期。

当时,俄罗斯在竞走项目中拥有无法撼动的"霸主"地位,而这一情况在男子 50 公里比赛中体现得尤为明显——除了塔伦特摘得一枚铜牌外,前五名中的四名都被俄罗斯队获得。小将雷若夫以 3 小时 39 分 05 秒的成绩夺冠,这也是当年的世界最好成绩。另一位俄罗斯小将诺斯科夫以 3 小时 39 分 38 秒获得银牌,创造个人最好成绩。

赵奇这次参赛的项目变成 50 公里,这对他无疑是一次新的挑战。

竞走世界杯比赛设置成年组和青年组两个组别,包括成年组男子 20 公里、50 公里,女子 20 公里以及青年组男、女 10 公里 5 个个人项目,还有相对应的 5 个团体项目,共计 10 枚金牌。按照国际田联的规定,成年组项目每队可以选派 5 人参赛,最好的 3 人成绩计入团体总成绩;青年组项目每队可派 3 人参赛,2 人成绩计入团体总成绩。

随着伦敦奥运会铜牌得主司天峰退役,中国队在男子 50 公里项目上的竞争力略逊于另外两个项目,特别是李建波和徐发光两位老将均因个人原因不能参赛。

共有 60 名选手参加了男子 50 公里的比赛,除了强大的俄罗斯军团,澳大利亚的塔伦特、西班牙的加西亚等名将悉数参赛。中国队共有 5 名选手参赛,他们是何永强、姜杰、吴钱龙、赵奇、张琳。

最终,张琳以 3 小时 48 分 49 秒的成绩排名第八,全运会冠军吴钱龙排名第15,赵奇获得第 17 名,取名次最好的三人计团体成绩,中国队获得第三名。

感受竞走的独特魅力

从初生牛犊不怕虎到虎虎生威耀赛场,赵奇少年时期便投身于枯燥、孤独和漫长的训练过程,历经多年的强度训练,他的专业素养不断提高,不断追求体能、技能、心理和智力极限,在失败和胜利中展现和超越自我。

赵奇 1993 年出生于徐州铜山,2005 年入选徐州田径队进行竞走训练,2009 年被输送到江苏省田径队,2010 年入选国家田径队,曾获得 2011 年全国竞走锦标赛男子青年组 20 公里冠军、男子青年组 30 公里冠军,2012 年国际田联挑战赛暨奥运会选拔赛青年组 20 公里冠军,2014 年第二十六届世界杯竞走赛 50 公里团体亚军,2017 年第十三届全运会男子 20 公里团体赛第四名。

赵奇

"刚接触竞走时,觉得动作有点搞笑,感觉走路时扭屁股,速度还那么快,后来接触时间长了,才发现竞走的魅力所在。"赵奇说。

"这个孩子运动天赋很好,身体素质较突出,在运动中双腿活动频率很快,这说明他的协调性好,很适合练习竞走项目。"这是教练第一次见到赵奇时的印象。刚接触竞走时,赵奇觉得一切都很新鲜,虽然每天练的都是一些最基础的东西,但热情高涨。"后来慢慢开始接触正式的竞走训练,每天都要走几十公里,日复一日,又累又枯燥,就没有了之前那种热血沸腾,很多时候自己都想放弃。"赵奇回忆道,尤其是在训练坚持不住的时候,一度也有过放弃的念头。

所有一切都是因为热爱和不想放弃,如果不热爱它,一天也坚持不下来。训练时肌肉拉伤、关节扭伤是家常便饭,训练强度再大点时会出现呕吐和晕厥,连呼吸都疼得要命,但再苦再累赵奇也咬紧牙关继续奋战,没有怨言。

酷暑时,训练会晒得掉皮,汗水直流,全身湿透,严寒时,被汗水浸湿的单薄田径服摇曳在寒风里,冰冷刺骨。训练场上,赵奇永远是最能坚持的那一个。长期的力量训练使他变得更加强大,从力量训练、技术训练、跑步机训练再到爬坡训练等等，唯有不断的坚持和不停的重复，才能让每一次突破都成为进步。

除了勤奋，赵奇还非常善于动脑。训练间隙，他总会认真回忆训练和比赛失误的过程，仔细分析教练讲解的动作要领，不断总结经验、研究训练方法、纠正比赛中的失误。凭借聪明灵活的头脑、勤于思考的习惯和刻苦训练的精神，赵奇从同龄人中脱颖而出。

人物档案

姓名：赵奇

性别：男

出生年月：1993 年 1 月

田径项目：竞走

主要成绩和荣誉：

2011 年获全国竞走锦标赛男子青年组 20 公里冠军、男子青年组 30 公里冠军。

2012 年获国际田联挑战赛暨奥运会选拔赛男子青年组 20 公里竞走冠军。

2012 年获国家体育总局授予的"国际级运动健将"称号。

2012 年获竞走世界杯比赛男子 20 公里团体冠军。

2014 年获第二十六届世界杯竞走赛男子 50 公里团体亚军。

2017 年获第十三届全运会男子 20 公里竞走团体赛第四名。

赵玉超:在通往世界冠军路上高歌猛进

中国技巧队的男子四人项目在国际比赛中历来占有优势,多次在世界技巧锦标赛、世界杯技巧比赛和世界运动会技巧比赛上夺取金牌。在很多重大国际赛事中,中国技巧队男子四人项目的运动员,都是带着必胜的信心奔赴赛场。在赛场上,他们忽而静若深潭、稳如泰山;忽而蛟龙出水、上下纷飞,展示高难度绝活,获得全场观众的热烈掌声。实力强劲的中国技巧队,一次次在世界大赛中夺取男子四人项目冠军,其中就有徐州运动员赵玉超。

赵玉超

慕名前往拜师学艺

1987 年 6 月,赵玉超出生在徐州铜山马坡镇。马坡镇在铜山北部,与沛县相邻。赵玉超父亲听说沛县体校的刘厚义教练是武林高手、梅花拳大师,也是技巧全国冠军,而且师德高尚,培养出大批武术和技巧的顶尖人才。赵玉超父亲与刘厚义教练素不相识,就是因为仰慕刘厚义教练的高超武艺和高尚师德,竟然带着 8 岁的赵玉超来到刘厚义家中,恳求刘厚义收下这个徒弟。刘厚义是个伯乐式的教练,他认真观察了赵玉超的身体条件和精神面貌,又对赵玉超进行细致的考察,对身体素质、肌肉类型、骨骼发育等情况进行测试,初步确认这个孩子是技巧运动的有用之才,可以造就。刘厚义欣然答应了赵玉超父亲的请求,同意收赵玉超为徒。

当时,年仅 8 岁的赵玉超尚不具备独立生活的能力,刘厚义就让赵玉超住在自己家里。从此,刘厚义家中增添了一位新成员。刘厚义把赵玉超当作自己的孩子看待,在训练上严格要求,在生活上悉心照顾。每天早上,刘厚义带领赵玉超与其他孩子一起练习基本功,接着又把赵玉超送到学校上课;中午放学时把赵玉超带回家中吃饭,下午随队员们一起训练,晚餐后还辅导赵玉超完成作业。在训练上,刘厚义是严父,在生活上,刘厚义是慈母,小小年纪的赵玉超已经把刘厚义家当成自己家,把刘厚义夫妇当成亲生父母。

打好基础循序渐进

刘厚义的训练理念是先打好基础,练好基本功。所以,刘厚义对赵玉超的训练也是从基础开始,压腿、下腰、翻跟头都是每天必修的功课。每次训练课,刘厚义都是言传身教,还特地为赵玉超制订了适合他的训练计划。这份科学的训练计划,倾注了刘厚义多年的训练经验。赵玉超的整个训练过程,都是在刘厚义"打好基础"的指导思想下进行的,每天至少要进行 3 个小时的基本功训练。尽管基本功训练单调、枯燥、艰苦,但赵玉超每天都是认真完成训练任务,从不叫苦叫累。有时一个简单的动作,刘厚义却要求他练习数十遍、上百遍,完不成任务不准休息。小小年纪的赵玉超却表现出超常的忍耐力,每次训练课都不放过任何动作细节,不达到教练的满意决不罢休。

刘厚义在训练上总是身先士卒,不厌其烦地先做示范,为了让队员看清动作的细节,有时他自己要先把一套动作做上十遍八遍,然后再指导队员进行模仿练习。刘厚义对赵玉超要求十分严格,时刻盯住赵玉超的每一个动作,及时纠正错误动作,坚持达到准确规范的要求。特别是在辅导翻跟头的时候,因为赵玉超年龄小、个头也小,刘厚义为了他的安全,每次都是膝盖跪在地上,抄着赵玉超的腰,帮助他练习翻跟头,有时一跪就是个把钟头。对于其他孩子,刘厚义也是如此,每次训练完,他都是大汗淋漓、膝盖肿胀。这些都被赵玉超看在眼里、记在心里。

为了避免教练劳累,赵玉超就想自己试着翻跟头,结果摔得头破血流。教练员赶快抱起赵玉超送到医院,直到医生说没有大问题,刘厚义才放下心来,他心痛地说:"你的想法是好的,是怕教练受累,这些教练心里都明白。可训练是讲究科学性的,是循序渐进的,只要你能顺利完成动作,教练吃点苦是值得的。今后一定要注意,自己没有把握的事情,千万不能冒险去做!"刘厚义的话语重心长,感动得赵玉超流下泪水,他也暗下决心,一定不能辜负教练的期望。从此,赵玉超好像变了一个人,处处听从教练的指导,认真领悟教练的意图,使每一个动作都能达到教练的要求。在刘厚义的精心培育和指导下,赵玉超逐步完成了正翻跟头、侧翻跟头、空心跟头等动作,还能把跟头翻得又高、又飘、又稳、又美。

谆谆教诲培育心智

赵玉超跟随刘厚义教练四个年头,之后学校并入沛县第五中学,也就是后来的沛县体育中学。这时,赵玉超也十多岁了,可以在学校住宿,和队友过集体生活。当时学校的生活条件还比较差,十几个学生住在一间平房里,没有床铺,大家就挤在麦草铺成的地铺上睡觉,常常夏天热得睡不着,冬天冻得打哆嗦。对于那一阶段的生活,赵玉超说:"那时候真是体会到卧薪尝胆的滋味,但正是那种艰苦的生活,锻炼了我的意志。"在艰苦的生活环境中,在大强度的训练过程中,赵玉超从没叫过一声苦、喊过一声累,刘厚义也看重他这种吃苦耐劳的精神,喜欢他这种不屈不挠的个性,对赵玉超充满希望和期待。

有一次,刘厚义想试试赵玉超多方向发展的可能性,检验一下他的武术基本功,就让他报名参加了沛县武术散打比赛。沛县是远近闻名的武术之乡,也是武林高手云集、藏龙卧虎之地。但赵玉超展现了初生牛犊不怕虎的精神,一场场顽强拼搏,与一个个高手较量,最后竟然取得了第四名的好成绩。这场出其不意的胜利让赵玉超的心理产生了变化,他有点沾沾自喜,有些飘飘然起来。刘厚义及时发现了他的思想苗头和心理变化,和他进行思想交流。刘厚义说:"尽管沛县是武术之乡,但对于全国来说,只是弹丸之地,人外有人,天外有天,千万不可骄傲自满,只有打出沛县、走向全国、冲出亚洲、冲向世界,那才算是有出息!"赵玉超接受教训,从此沉下心来跟刘厚义潜心练习。他珍惜每一天的时光,把全部精力都投入到训练中。在刘厚义的细心栽培下,赵玉超的基本功日趋踏实,技巧动作也逐步成型,在中国技巧队伍中,在世界技巧大赛的舞台上,一颗新星正在悄然升起。

新星升空登上顶峰

2003 年,赵玉超迎来运动生涯的重要转折点。这一年,在刘厚义教练推荐下,他被江苏省技巧队选中,跟随省技巧队总教练、国家集训队总教练周传标训练。在这里,他开启人生的新起点,把夺取全国冠军和世界冠军作为目标,努力实现更远大的抱负和更崇高的理想。进入南京体院这个更高的平台之后,赵玉超的目标更加明确,他的信心更加坚定,他那种专注、拼搏、不畏艰险的内在潜力也被激发出来。

周传标教练也是从沛县走出来的世界冠军,他对技巧项目有着深刻的理解,他所带领的中国技巧队在世界大赛中一直处于领先位置。赵玉超来到新的训练环境中,所看到的一切都使他十分震惊。赵玉超看到这里的训练场面,所有动作的技术难度都很大,可这里的运动员个个都得心应手,动作非常娴熟,从心里佩服他们。

周教练根据赵玉超基本功扎实的特点,除了让他训练单人、双人项目外,还安排他参与男子四人组的练习,承担底盘位置。在四人技巧中,处于底盘位置的运动员无疑要承担更大的压力。作为底盘的运动员不仅要动作到位、姿态优美,而且要承受上层运动员的巨大压力和冲击,要在高难度的组合动作中保持平衡。如果底盘不稳,其他三位运动员的动作就会出现问题。

赵玉超(右二)

这项新的任务,给赵玉超带来巨大挑战。正如周教练所说,做底盘的人品应当是最高尚的,他宁可让上边人踢倒自己,宁可让上边人踩伤自己,也不能让上边人掉下来摔伤;做底盘的人要确保上面人的安全稳定和行动自如,才能保证这个项目的成功。赵玉超明白了这项挑战对于成功的意义,毅然接受了这项艰巨的任务。赵玉超和队友们全身心地投入到训练中,克服重重困难,朝着新的目标勇往直前,终于迎来了成功的喜悦,奖牌接踵而来——

2003 年,赵玉超与队友参加全国技巧锦标赛,获团体项目金牌;2004 年,在四川乐山举行的全国技巧锦标赛上,赵玉超再摘 3 枚金牌;2005 年,在香港举行的技巧大赛上,赵玉超又一次获得团体冠军;2007 年,在广东珠海举行的全国技巧大赛上,赵玉超再次获得 3 枚金牌。

2008 年,赵玉超开始在国际比赛中崭露头角。2008 年 5 月,在法国举办的技巧世界杯赛上,赵玉超获得男子四人项目冠军,2009 年 8 月又在俄罗斯举办的技巧世界杯赛上夺取金牌。通过国际比赛的历练,赵玉超积累了丰富的大赛经验。

2009 年 7 月,在台湾高雄举行的第八届世界运动会技巧比赛上,赵玉超和队友们不畏强手、顽强拼搏,经过激烈较量,最终获得男子四人项目金牌。赵玉超和徐州籍队友唐建,跨越海峡在高雄升起五星红旗,中华人民共和国国歌也在祖国宝岛上空久久回响。

赵玉超的梦想终于实现了,他登上了世界技巧的最高峰。在成功面前,赵玉超心中想得最多的是老师和教练,他无限深情地说:"请记住我的恩师刘厚义教练和周传标教练,我的每一点进步都凝聚着他们的心血,我的每一步成长都有他们付出的辛劳和奉献。是他们用双手托起一颗

赵玉超

颗闪亮的新星,使中国技巧在世界上一直立于不败之地。"赵玉超时刻不忘恩师教诲,退役后一直从事体育管理工作。

目前,赵玉超担任南京体育学院体育教育与人文学院学生工作办公室主任,继续为我国的体育事业,为建设体育强国做出贡献。

人物档案

姓名：赵玉超

性别：男

出生年月：1987 年 6 月

运动项目：技巧

主要成绩和荣誉：

2009 年获第八届世界运动会技巧比赛男子四人项目冠军。

2009 年被授予中华人民共和国体育运动荣誉奖章。

2011 年被国家体育总局授予"国际级运动健将"称号。

唐建:跨越台湾海峡的体育使者

世上很多事情都有个机缘巧合,唐建的父亲就是通过一位朋友介绍结识了技巧教练刘德镇。当时,在沛县体育中学任教的刘德镇已经是全国有名的技巧教练,为省队、国家队培养了众多技巧后备人才,其中有多名世界冠军。结识这位著名教练之后,父亲产生了新的想法,儿子唐建从小爱好武术,是不是可以拜刘德镇为师,说不定今后能有出息。在父亲带领下,唐建来到刘德镇教练面前。由于唐建有多年练习武术的功底,身体素质和基本能力都很好,经过严格考察后,刘德镇教练决定收唐建为徒。正是这个机缘巧合,把唐建带入一个新天地,从此走上攀登世界高峰之路。

刘教练的"快乐训练"

唐建出生在徐州沛县一个普通的矿工家庭,父亲是一位井下作业的工人,也是沛县众多的武术爱好者之一。他虽然工作很辛苦,但仍然坚持习武练功。唐建从小就在父亲影响下开始接触武术,父亲自然就成了他的启蒙教练。父亲每天早晨第一件事就是把睡梦中的唐建喊起来,在附近一处简陋的场地上开始武术基本功训练。当初,父亲让唐建练习武术,主要是为了让他强身健体、磨炼意志,并没有明确的目标。经过3年的训练,唐建越来越表现出良好的身体素质和接受能力,在一群小伙伴中出类拔萃。这时,父亲恰巧结识了刘德镇教练,机缘巧合下,唐建很快就成为刘教练的门徒。

唐建

跟随刘德镇教练之后，唐建才真正接触正规的技巧训练。刘德镇教练不仅有丰富的教学经验，也注重研究科学的训练方法，特别是他采取的"快乐训练"教学方式，对提高学生兴趣、启发学生思维、培育学生心智、开阔学生视野都起到了重要作用。唐建虽然跟随父亲进行多年武术的基础练习，身体素质也很好，但与正规技巧训练的要求还有很大差距。

为让唐建尽快适应技巧项目的训练，刘教练制订了有针对性的训练计划，采取了最适合他的训练方法，从基础动作练起，从细微处着手。经过半年多的潜心培育，唐建的技巧动作逐步规范，领悟能力也有所提高，技巧运动整体水平有了质的提高。在这个基础上，刘教练又给他确立了新的目标，希望他三年后能在全省蹦床单跳比赛中获得好成绩。

"刘教练的'快乐训练'方法，不仅化艰苦枯燥的训练为乐趣，还能化困难为动力，更重要的是开拓了我们的思维、开阔了我们的视野、提高了我们的兴趣、增强了我们的信心。经过刘德镇教练在技术方面的改进、在思想方面的启迪，我在身体素质、技术水平、训练能力等方面都有了大幅提升，思想和心智方面也逐步成熟。"回忆沛县体育中学的训练生活时，唐建经常对大家说。

周教练的"深究细节"

时间到 2001 年，12 岁的唐建参加江苏省蹦床比赛获得单跳冠军，完成刘教练为他预定的第一个参赛目标。接着，他在江苏省第十五届运动会上夺得蹦床单跳冠军。2002 年，唐建被选入江苏省蹦床队进行单跳训练，2006 年转入省技巧队，在总教练周传标指导下开始从事专业技巧训练。

唐建在省技巧队一天天成熟起来，他的技巧天赋没有被埋没，2007 年进入国家技巧队男子四人组项目。机遇的大门已经向他敞开，这时的唐建信心越来越足、训练劲头越来越大，他感到曾经所向往的世界冠军梦想离自己越来越近了。

进入国家技巧队后，唐建很快就认识到自己肩上的重任，男子四人组的目标就是冲击世界冠军。在平时的训练中，周传标对每一位运动员都提出明确的目标和任务，对于男子四人组这个优势项目更是倍加关注。周传标对运动员的要求十分严格，在训练中必须认真对待每一个动作细节。他说，在现实生活中由于忽视细节而酿成大错的事情比比皆是，无视细节一定会贻误大事。能留意和观察到细节,是成功运动员与普通运动员的区别所在。

唐建和队友在比赛中

此时的唐建心里也明白,作为准备冲击高峰的运动员,任何时候都要牢记周传标教练的教导,忽视小细节就会失去大机会。唐建把周传标教练的至理名言扎根在脑子里、贯穿在训练的全过程中,把"细节"两个字镌刻在心中,从训练中的每一件小事做起。在每天的训练课上,他一边认真训练,一边仔细观察,每时每刻都在研究自己的动作姿态、训练质量,每次小的动作失败,他都要深究缘由,找到那些容易被忽略的细节。在训练中,他还处处注意队友的动作、学习队友的长处、汲取队友的经验,注重与队友的默契配合,找到动作成功与失误的原因。在"深究细节"的训练理念指导下,唐建在动作质量、稳定性、准确性方面都有突飞猛进的提高。

成功与失败的辩证

每一个从事专业训练的运动员,必然会经历失败和挫折。唐建在长期的训练过程中,逐步明白了一个道理:真正优秀的运动员必须学会在失败和挫折中历练自己。他常常静下来反思,挫折和失败能磨炼运动员的意志、成熟运动员的心智,所有运动员都是从一次次的挫折和失败中走向成功的。教练周传标经常告诉他们,每一个冠军运动员的成长都不是一帆风顺的,有顺利也有挫折,有成功也有失败,作为做大事的运动员,必须要有一个坚定的信念:没有永远的失败,只有暂时的不成功。

作为一个专业运动员,在训练参赛过程中碰见困难、遇到挫折是常有的事。从事体育运动的人,经历失败会比其他人更多,运动员就必须做一个不怕困难、不怕挫折、不怕失败的强者。经过周传标教练三年的教导和培育,唐建在技巧运动方面开始展现出天赋。在历经无数困难挫折后,唐建的意志品质更加坚毅,心智方面也逐渐成熟,开启了自己通往世界冠军的征程。

跨越海峡立奇功

2009 年 7 月,在台湾高雄举行的第八届世界运动会上,技巧项目比赛格外引人注目,中国技巧队男子四人项目是奔着金牌来的。唐建和队友们信心百倍,顶住压力,经过顽强拼搏,终于夺取冠军。这枚金牌来之不易又意义重大。周传标教练说:"这块金牌非同凡响,它让五星红旗在祖国的宝岛上空高高升起。"

唐建(左一)

2009 年 9 月,在俄罗斯圣彼得堡举办的技巧世界杯比赛中,唐建与队友再次获得男子四人项目全能冠军。2011 年 11 月,在意大利举办的技巧世界杯系列赛上,唐建又获得男子四人项目全能冠军,这标志着唐建已具备在世界赛场上稳操胜券的实力。

2012 年 4 月,唐建出征在美国举行的第 23 届世界技巧锦标赛,勇夺 2 枚金牌。这次大赛是世界技巧最高水平的比赛,成功夺冠,极大地鼓舞了唐建的士气,他在训练中更加努力、更加追求细节,把中国男子四人组的绝活练得更加精湛。

2013 年 7 月,唐建跟随周传标出征在哥伦比亚港口城市卡利市举行的第九届世界运动会技巧比赛,以稳定的发挥和精湛的技艺获得男子四人项目全能冠军,再次为中国队夺得金牌。2014 年 7 月,在法国巴黎举行的第 24 届技巧锦标赛上,唐建再次在世界最高水平的技巧大赛上夺得男子四人项目冠军。

由于唐建在技巧运动中做出了巨大贡献,2012 年 1 月 31 日,国家体育总局发布表彰决定,按照《运动员技术等级标准》,授予唐建"国际级运动健将"称号。2013 年,唐建被授予中华人民共和国体育运动荣誉奖章。退役后,唐建一直从事自己所热爱的体育事业,目前就职于江苏省体育总会,服务 74 个省级体育社团,主要负责体育社团赛事活动方面的组织协调工作。

2022 年 6 月 22 日,经省体育局推荐和省委组织部选派,成立中共江苏省委驻射阳县乡村振兴工作队,唐建担任射阳县体育局副局长、海河镇党委副书记、阜中村党委第一书记。唐建在新的工作环境中得到多方面锻炼,积累基层工作和管理工作经验,为将来适应新的工作岗位奠定良好基础。

人物档案

姓　名:唐建

性　别:男

出生年月:1989 年 8 月

运动项目:技巧

主要成绩和荣誉:

2009 年获第八届世界运动会技巧比赛男子四人项目冠军。

2012 年获第 23 届世界技巧锦标赛男子四人项目冠军。

2013 年获第九届世界运动会技巧比赛男子四人项目金牌。

2014 年获第 24 届技巧锦标赛男子四人项目冠军。

2012 年被国家体育总局授予"国际级运动健将"称号。

2013 年被授予中华人民共和国体育运动荣誉奖章。

王磊:把中国技巧运动推向新高峰

技巧运动是我国在国际大赛上能够取胜的优势项目,男子四人项目一直是重点。在江苏技巧队,有个叫王磊的徐州籍运动员,在男子四人项目中表现突出,一举在世界杯、世界锦标赛、世界运动会三项世界大赛中夺冠,凭着自己坚强的毅力、执着的追求,不负众望,屡建奇功。

大伯的明智决定

王磊1986年出生于徐州沛县,这里处处有尚武之风。王磊的大伯是一位武术爱好者,对武术有一种天然的痴迷,每天坚持习武练功,在当地武术圈子里也很有名气。大伯看王磊这孩子身体条件好、动作敏捷、脑子灵活,感觉他有武术天赋,如果精心培育,将来有可能在武术方面出类拔萃。大伯私下把想法告诉了王磊的父亲,兄弟两人竟然不谋而合。于是,大伯为了侄子的前途,横下一条心,主动当起王磊的启蒙教练。

王磊

大伯每天早上5点起床,按时叫醒还在沉睡中的王磊,开始跑跳、冲拳、踢腿、拔筋,接着蹲马步、翻跟头,恨不得将自己的一身功夫全部传授给侄儿。刚开始,王磊感觉很新鲜,每天积极参加武术训练,从不叫苦叫累,按照大伯的教导,没有半点马虎。经过大伯的指导和训练,王磊的武术基本功初见成效,做起动作来有招有式,与同年龄孩子相比显得很出色。看到王磊的进步,大伯特别开心,他坚信自己的眼光,坚信王磊日后一定会有出息。

由于武术的基础训练十分枯燥,生性顽皮的王磊渐渐感到厌倦,训练时常常表现得心不在焉,练习基本功时也常常偷懒。大伯看在眼里、急在心里,有一种恨铁不成钢的感觉。大伯是个明白人,他知道自己虽然习武多年,但毕竟不是专业出身,如果想让侄子能够向更高层次发展,就必须寻找更专业的武术教练。于是,大伯决心为王磊换个环境,想办法去拜求名师以锻炼侄儿。

通过朋友的推荐和介绍,王磊 11 岁那年被送到沛县体育中学,跟随刘厚义教练学习武术和技巧。刘厚义教练本着对孩子负责的态度,对王磊进行了全面考察,从身体素质、训练基础到心理状况都进行深入的了解,并要求王磊现场展示一些基本动作。根据王磊的先天素质和现有基础,刘教练感到比较满意,从此他门下又多了一名叫王磊的弟子。刘厚义教练是全国优秀教练员,对武术和技巧都有很高的造诣。刘厚义教练按照从打牢基本功入手的训练原则,为王磊量身定制了一套训练计划,开始悉心教导王磊。因为王磊之前并没有接触过专业训练,很多动作都不够规范,刘教练需要在王磊身上花费更多工夫,很多王磊先前练习过的动作,刘教练还是要求他从头做起、循序渐进、周而复始,从动作的规范和质量上提出严格要求。刘教练的教学方法是:每一个动作都先由教练示范,让王磊和队员们观察学习,然后教练再一步步地指导队员完成动作。在这位大牌教练面前,王磊从不敢松懈,刻苦训练,一丝不苟,这一阶段正规化的训练,为他今后的发展打下坚实基础。三年的光阴匆匆而过,王磊在刘厚义教练的言传身教和专业熏陶下,成为技巧队里有名的后起之秀、刘厚义教练寄予厚望的好苗子。

王磊在沛县体校逐渐站稳脚跟,在技巧训练上也有了明显长进。这时,大伯才渐渐放下心来,他的愿望终于有了着落。不过大伯还是常常到体校来看望王磊,时时关注着王磊的训练情况,时刻牵挂着侄儿的成长,他相信这是一棵能够成才的幼苗,他期待着王磊能够走向更高的理想境地。

省队的历练岁月

2003 年,王磊迎来人生道路上新的机遇,在刘厚义教练的积极推荐下,他被选入省技巧队,成为一名专业技巧运动员。在省技巧队,王磊师从总教练周传标。周教练对这个小老乡很是欣赏,他从王磊身上看到一种倔强的勇气、一股争锋的霸气,他认为是碰到了一个练习技巧的好人才。

周传标教练在中国和世界技巧界都享有盛名,中国技巧队的很多世界冠军,大多出自他之手。跟随周传标教练之后,看到队友们个个奋勇争先,王磊的心中也确定了新的目标——先争取获得全国冠军,进而冲击世界大赛金牌。王磊希望自己能跟师兄们一样,攀登技巧运动巅峰,为国家争得荣誉,为家乡父老争光。

王磊在沛县体校打下了良好基础,经过一段时间训练之后,周传标教练很快就看到王磊身上的亮点,认定这是一块好料子,只要认真培养,一定能在世界大赛上担当重任。从此,周传标倾注了更多的精力在王磊身上,更加精心栽培这棵有望夺魁的好苗子。王磊也是个爱动脑筋的孩子,在周教练的细心指导下,他潜心钻研技巧运动的技术,全面领会教练的意图,在训练上肯下苦功夫。他的运动能力稳步上升,特别是在动作质量、动作细节方面都有了显著提高;与队友的配合更加默契,动作衔接更加完美。历经数年磨炼,王磊已经在技巧运动方面有了深厚的积累,他默默地等待着建功立业的机会,等待着那个梦想成真时刻的到来。

2009 年,王磊入选国家技巧集训队。进入国家队的第一天,王磊就深知自己肩上的重担,在这里,每个人的目标都很清楚,那就是拼搏世界冠军。经过国家队的训练和筛选,王磊终于有机会进入中国技巧队最具夺金优势的男子四人项目,六年的努力开始初见曙光。这次组建的男子四人组,最主要的任务就是瞄准第 23 届世界技巧锦标赛。王磊和队友都知重任在肩,他们只能朝着目标拼搏向前,任何人都没有丝毫退路。在备战的日子里,他们不惜流血流汗,不怕困难挫折,全身心投入到大强度的训练之中,坚毅地走在通往世界冠军的道路上。

王磊(下方左一)

大赛的严峻考验

王磊终于迎来首次参加世界技巧大赛的机会。2011年,在意大利举办的技巧世界杯系列赛上,王磊和队友经受住严峻的考验,在与强手的角逐中,以"稳定、难度、创新、绝活"等优势,一举获得男子四人项目全能冠军。首次参加世界比赛就获得胜利,让王磊和队友都增添无比的信心,他们感受到世界大赛氛围,积累了参加世界大赛的经验,他们相互鼓励,开始在世界大赛中摘金夺银。

周传标教练也是通过这次比赛,对这个组建不久的男子四人组有了更多信心,他们动作优美流畅,相互配合默契,有难度,有绝活,稳定性好。于是,周教练为这个男子四人组确定了在第23届世界锦标赛上夺冠的目标。周教练告诉男子四人组成员,只要大家刻苦训练,顽强拼搏,发挥潜能,大胆稳定,第23届世界技巧锦标赛的金牌肯定能够拿到。一年之后,周教练的目标果然实现了。

2012年4月,王磊出征在美国举行的第23届世界技巧锦标赛。世界技巧锦标赛是技巧运动最高水平的国际大赛,能够充分展现每一支队伍的实力和每一位运动员的水平。在这次大赛上,王磊和队友展现了中国技巧的特色和绝活,

王磊

以稳定、优美、难度、绝招一举夺得金牌。这次在世界大赛上的成功,极大地鼓舞了王磊的斗志,他在训练中更加注重质量、细节、配合,希望百尺竿头更进一步,把中国男子四人组的绝活练得更加精湛,争取在今后的世界大赛中有出色表现。

2013年5月,在保加利亚举行的技巧世界杯比赛中,王磊与队友配合默契,一举夺得冠军。2013年7月,王磊跟随周传标出征在哥伦比亚港口城市卡利市举行的第九届世界运动会技巧比赛,他们以稳定的发挥和精湛的技艺,为中国队再次夺得金牌。一次

次胜利,激发了王磊和队友们进一步冲击巅峰的热情,他们在动作技术上有了创新,在参赛经验上有了积累,在心理上也做好了准备,都在等待着收获季节的来临。

2014年7月,在法国巴黎举行的第24届世界技巧锦标赛中,王磊和队友再次获得男子四人组冠军。此时的王磊已经在通往世界冠军的大路上越走越顺,被戏称为"金牌收割机",成为中国技巧队中获得世界杯、世界锦标赛、世界运动会三项冠军的优秀选手。更难得的是,王磊并未在成绩面前沾沾自喜,而是立下雄心壮志,要跟随周传标教练一起,把中国的技巧运动推向新的高峰。

 人物档案

姓名:王磊

性别:男

出生年月:1990年1月

运动项目:技巧

主要成绩和荣誉:

2012年获第23届世界技巧锦标赛男子四人项目冠军。

2012年被国家体育总局授予"国际级运动健将"称号。

2013年被授予中华人民共和国体育运动荣誉奖章。

2013年获第十届世界运动会技巧比赛男子四人项目冠军。

2014年获第24届世界技巧锦标赛男子四人项目冠军。

齐广璞:四战冬奥终夺金

在 2022 年 2 月 16 日晚结束的北京冬奥会自由式滑雪男子空中技巧决赛中,中国选手齐广璞以 129.00 的成绩摘得金牌。继韩晓鹏在 2006 年都灵冬奥会摘得该项目金牌之后,中国队时隔 16 年再度站上冬奥会最高领奖台。巧合的是,韩晓鹏、齐广璞是师兄弟,两人同为徐州沛县人。作为冬奥会"四朝元老",齐广璞首次在个人项目中登上奥运领奖台。

齐广璞

从 5 岁开始训练,到 21 岁获得世界冠军,到 32 岁登上奥运最高领奖台,齐广璞足足用了近 27 年。

"我想尽量不流泪,把笑容展现给大家。"2 月 16 日,齐广璞夺得金牌后说。2 月 17 日,在张家口赛区颁奖广场举行的颁奖仪式上,齐广璞没有控制住自己,在升国旗奏国歌时,眼含热泪,和女儿"隔空"同唱国歌。2 月 17 日是齐广璞那届冬奥会第二次来到张家口颁奖广场。2 月 10 日,他和队友贾宗洋、徐梦桃获得自由式滑雪空中技巧混合团体项目亚军。但在他心里，依然渴望着冠军。

在北京冬奥会颁奖现场升国旗、奏国歌，这样的场景，齐广璞幻想了很多次。但当这一刻真正来临时，一向从容淡定的齐广璞再也控制不住自己。在颁奖仪式上，面对镜头，齐广璞用手指着衣服上的国旗图案，在登上最高领奖台时，他采用了自由式滑雪空中技巧落地的动作，十分有创意。升国旗奏国歌时，齐广璞放下手中的花束，整理好衣服，注视国旗。在奏国歌环节，齐广璞眼含热泪高唱国歌，国歌结束后，他深情地亲吻金牌，随后做出"比心"的动作。

在齐广璞高唱国歌时，他即将三周岁的女儿也在家中的电视机前和他一起"隔空"唱国歌。"这一天，我是最幸福的男人，这个场景我梦到了无数次，终于实现了！还有我女儿陪我一起唱国歌，看五星红旗冉冉升起，见证我的荣耀时刻，一切都是最好的安排，感恩！"齐广璞说。

世界难度第一人

技巧训练打下的基础，以及刻苦努力的钻研，让齐广璞在 2008 年第十一届全国冬运会上夺得金牌，而这位横空出世的少年也就此跻身国家队，进入国际赛场。

齐广璞在比赛中

2010 年温哥华冬奥会，20 岁的齐广璞初尝冬奥滋味，中规中矩地拿到第七，

"因为那个时候还小,第一次参加冬奥会,也没给自己制定目标,只要进入决赛就可以了。所以我进入奥运村后,对一切都很好奇,每天都跑出去玩,那个时候完全没有压力。"

进入索契冬奥周期,日趋成熟的齐广璞将世界杯分站冠军、世界杯总冠军和世锦赛冠军相继收入囊中。2013年世锦赛,齐广璞完成向后翻腾三周加转体1800度,以138分的高分笑傲群雄,成为世界上首位完成这一难度系数5.0动作的运动员。

2014年索契冬奥会,齐广璞带着"世界第一难度"亮相,但最终因为出现失误,仅获得第四名,与奖牌擦肩而过,"那时候给自己的压力太大了,心态比较紧张,动作不稳定,老害怕出现失误。"

欣慰的是,齐广璞没有因此而变得消极,2015年世锦赛,他再度完成"天际动作",以单跳139.5分的高分刷新了中国选手的最高得分纪录,并成为21世纪首个世锦赛双冠王,也成为首位卫冕该项目世锦赛冠军的中国男子运动员。

备战北京冬奥再出发

2018年平昌冬奥会,齐广璞首轮比赛后排在第一,但第二轮比赛出现小失误,准备的最高难度没有机会在第三轮展现出来,遗憾获得第7名,"这是冲金希望最大的一届,自己做了充足的准备,但很遗憾。如果能闯入最后一轮,冠军肯定就是我的。比赛结束后,整个人都处于一种发蒙的状态。"

平昌冬奥会结束后,萌生隐退之心的齐广璞一度退出国家队,但仅仅一年之后他就带着对冠军的渴望回归:"现在最大的对手还是自己,如果把我的动作都正常发挥出来,我相信能赢过所有人。"

齐广璞的母亲杨运玲说,齐广璞从小训练就特别能吃苦,自律性非常强,手上磨出血泡都会坚持训练:"他爸给他买牛皮自己做了一副手套,戴上后继续练,我都心疼得哭。"

杨运玲说,多年来,齐广璞只在家过了一次春节,剩余的新年都是在比赛或训练中度过:"他一般的训练时间是每年11月到次年3月,只有4月份时能放几天假。天气最冷时零下十几度甚至几十度,他都要训练4个小时。"

为了备战北京冬奥会,齐广璞已经近一年没有看到女儿。"作为运动员,他陪我们的时间确实很少,但我们特别理解他,看到他能为祖国获得金牌,我们也

童年时代的齐广璞（前排中）

为他高兴，这么多年的努力和坚持终于有了回报。"齐广璞的妻子赵姗姗说。

赵姗姗也是一名自由式滑雪空中技巧运动员，获得过全运会冠军，所以她特别了解齐广璞这块金牌的得来不易。最让赵姗姗不舍的是女儿成天说想爸爸，有时还会对着照片亲一亲："女儿的这些举动，我都不敢对齐广璞说，怕他备战分心。"不能陪伴在女儿身边一直是齐广璞的遗憾，但妻子表示，为了祖国的荣耀，舍小家顾大家是再正常不过的了。

北京冬奥实现个人和团体突破

自由式滑雪空中技巧一直以来都是中国雪上项目的传统强项。多年来，中国队屡屡在世锦赛、世界杯上加冕，但追求冬奥会金牌的道路却异常坎坷。在北京冬奥会前，中国女子运动员从未尝过这个项目奥运金牌的滋味，而在2006年的韩晓鹏之后，中国男子运动员也有16年没能在奥运赛场上收获这个项目的金牌。但在北京冬奥会上，中国自由式滑雪空中技巧队实现突破，全项目夺牌，包揽男女个人冠军，收获混合团体亚军，以2金1银绽放云顶。中国自由式滑雪空中技巧队北京冬奥会的征程是先抑后扬，2月10日的新增项目混合团体赛是中国队志在夺金的项目，但由于对手的出色发挥和贾宗洋决赛中的失误，让齐广璞领衔的中国队遗憾摘银。

团体赛的遗憾，更激发了中国队的斗志和对冠军的渴望。"个人赛要突出重围。"徐梦桃赛后的话语吹响了中国队反击的冲锋号。2月16日,四战冬奥会、遍体鳞伤的齐广璞用无法想象的艰苦努力,终于换回那一刻的绽放。在雪地中挥舞国旗庆祝的齐广璞泪水不停地流,坚守16年,他终于在云顶等来了最想要的结果。

齐广璞

25日的预赛,齐广璞以头名身份晋级。15日晚进行的男子个人比赛资格赛共有24人参加,中国队有齐广璞、贾宗洋、孙佳旭、王心迪四人参赛。资格赛第一轮,齐广璞以127.88分名列第1,直接晋级当天的决赛,贾宗洋名列第2,孙佳旭、王心迪未能进入第二轮资格赛。在16日19:00进行的决赛第一轮中,齐广璞以125.22分获得第3名。20:00进行决赛第二轮,齐广璞以最高5.0的难度系数出场,最终以完美的空中姿态稳稳落地,获得129分的高分,摘下金牌。

对齐广璞来说,这枚金牌是20多年汗水和心血的凝结,是坚持梦想,不抛弃不放弃,参加四届冬奥会的回报。相比不满18岁的苏翊鸣一战成名,对齐广璞来说,这枚金牌虽然来得有点晚,但分量更重,完美诠释了一名32岁的"老将"对奥运精神的执着追求。

启蒙教练见证夺金时刻

齐广璞1990年出生于徐州沛县,5岁时在沛县体校跟随刘德镇教练练习技巧,8岁开始转项蹦床。2000年,10岁的齐广璞被刘德镇送到长春改练自由式滑雪空中技巧项目。刘德镇一步步见证了齐广璞的成长历程。

"齐广璞从 5 岁开始训练技巧,10 岁时转练冬季项目,这一练就是 20 多年。这是他第四次参加冬奥会,是名副其实的老将了。在 20 多年的冬季项目训练中,齐广璞虽然获得两届世锦赛冠军,也拿过世界杯总决赛冠军,但唯一的遗憾就是在冬奥会赛场上没有拿牌。但梦想总是留给有准备的人,齐广璞今天终于拿到冬奥会金牌,实现了自己作为运动员的最高荣誉——大满贯,确实太艰辛了! 我看他决赛的时候,心一直怦怦跳得厉害,非常紧张! 但我观察齐广璞在比赛中还是比较放松和自信,他的发挥就很好。第三跳

齐广璞(右)与启蒙教练刘德镇

时,齐广璞拿出了世界最高难度 5.0,这个 5.0 的难度也是他最早做的。因为这个动作,他获得了世界锦标赛冠军,赢得了'世界难度第一人'称号。在北京冬奥会上,他在最后一跳拿出了这个压箱底的高难度动作,可以说是充满了信心,最终不负众望,拿到全场最高分,实现了冬奥会冠军梦想。"刘德镇说。

人物档案

姓名:齐广璞

性别:男

出生年月:1990 年 10 月

项目:自由式滑雪空中技巧

主要成绩和荣誉:

2011 年获 2010—2011 赛季自由式滑雪世界杯年度总冠军。

2013 年获世锦赛自由式滑雪世锦赛冠军。

2015 年获世锦赛自由式滑雪世锦赛冠军。

2017 年获 2016—2017 赛季自由式滑雪世界杯空中技巧赛年度总冠军。

2022 年获北京冬奥会自由式滑雪男子空中技巧冠军,实现奥运会、世界杯、世锦赛金牌大满贯。

芈昱廷:江苏首位职业围棋世界冠军

"芈"读音"米",于今罕见,来历不小,史籍《通志·氏族略》中记载:"芈氏,楚姓也,陆终之子季连之后也。"春秋时,五霸之一的楚庄王就姓芈。在围棋界,这个字并不陌生,因为大家都知道徐州有个世界冠军叫芈昱廷。

芈昱廷

2021 年 5 月 5 日,第四届"梦百合杯"世界围棋公开赛五番棋决赛在江苏如皋落幕,徐州职业围棋九段芈昱廷执白中盘击败谢科九段,以总比分 3 比 2 加冕,获得个人第二个世界冠军,获得冠军奖金 180 万元,这是他时隔 7 年多再获梦百合杯冠军。

2013 年 12 月 6 日,首届梦百合杯决赛第四局,当时年仅 17 岁的芈昱廷以 3 比 1 的比分击败古力,赢下自己的首座世界冠军奖杯,成为中国围棋史上第 13 位世界冠军,收获奖金 180 万元,他也成为江苏第一个职业围棋世界冠军,并直升九段。

在那届梦百合杯五番棋大战中,芈昱廷首局失利,出师不利。但"小米"很快调整好状态并连扳两局,反将"古大力"逼上了悬崖。第四局,双方争夺进入白热化。从序盘到中盘,执白的古力发挥良好,一直控制了枰上的主动权。芈昱廷在劣势下并没有放弃,而是顽强地追赶,给了古力巨大的压力。正当人们以为梦百合杯将要迎来第五局时,古力白 186 竟出现"错觉",导致一条"白龙"意外被歼,"小米"反败为胜。

芈昱廷的夺冠,让中国的围棋世界冠军人数增至 13 人,他们是马晓春、俞斌、常昊、罗洗河、古力、孔杰、朴文尧、时越、范廷钰、周睿羊、江维杰、陈耀烨、芈昱廷。

雏鹰放飞任翱翔

在黑白相间的围棋盘前,他是大气而沉着的棋手,举手落子之间,显现出与年龄极不相称的稳重与睿智;离开棋盘后,他又是一个顽皮的孩童,身边的一切都能激发他的好奇和兴趣,他就是围棋神童芈昱廷。

2001 年 12 月,徐州市围棋升段赛爆出冷门,稚气未脱的 5 岁棋童芈昱廷晋升业余 3 段,成为当时国内入段最高、年龄最小的幼儿棋手。

芈昱廷 1996 年 1 月 8 日出生于徐州市一个普通家庭,父亲在铁路工作,母亲在银行上班,夫妇俩均与围棋无缘。他两岁半就能和外公一起下象棋,其思维之敏捷,同龄孩童难以企及。一次偶然的机会看到电视里的围棋节目,他就闹着要学围棋。于是,在他 4 岁 2 个多月的时候,便由奶奶陪着拜师孔繁威教练开始围棋生涯,没想到一发不可收拾,学棋不到两个月参加市"育苗杯"少儿围棋赛,就在幼儿组取得 3 胜 4 负的成绩,被大赛组委会授予"拼搏奖"。回家的路上,倔强的小昱廷对奶奶讲:"我不想要这个奖,我要得正式的奖励。"

2001 年 1 月,5 岁的小昱廷学棋 10 个月,而跟他一起拜师的六七岁师兄、师姐大多具备 1 到 2 段的实力。师兄、师姐刚开始让他 5 子,一个月后就只能让 3 子,再过一个月就旗鼓相当了。学棋一年,小昱廷的棋力就达到业余 1 段水准,在当年的市"育苗杯"围棋赛上获幼儿组第 2 名。

小昱廷学棋悟性极高、记忆力强、勤学好问,什么都要打破砂锅问到底,但下起棋来又不墨守成规,每盘棋都有新意。训练中输了棋,小昱廷的眼泪含在眼圈里,从不哭出来,而是拉着对手非要再下一盘。严格的训练让小昱廷打下了扎实的基本功,5 岁那年,他就看完了厚厚的一本《围棋死活大全》。2001 年 10 月,在华东地区"育苗杯"围棋赛上,他获得冠军,即使和成人业余高手对弈也能平分秋色。

轻取日本职业七段

在芈昱廷的围棋道路上,曾有过许多值得一提的成绩和荣誉,6岁那年以精湛棋艺战胜来徐的日本围棋职业七段选手就可圈可点。

2002年8月20日,日本爱知县青少年围棋代表团一行14人来徐,与我市8名适龄小棋手进行了一场激烈的"黑白搏杀"。就在小选手们激战的同时,在另一个房间里,正悄悄进行着一场趣味盎然的"一大对两小"比赛。原来,日方总教练、日本围棋职业七段中根直行兴之所至,主动提出要和我市小棋手手谈。而我市派出的这位小棋手更是吸引了所有观众的眼球,一脸稚气的他简直就是个"小不点",个子刚刚勉强够着棋盘。这样一个小孩怎么能与职业七段对弈呢?观众们屏气凝神,更加仔细地观看这场特殊的比赛。中根七段显得气定神闲,让了芈昱廷四子。但很快,中根七段的额头就不断冒汗,开局仅20多分钟,他就对芈昱廷中盘弃子认输了。中根七段一副不可思议的表情,连连竖起大拇指对小对手大加赞誉,观众更是啧啧称奇,而年仅6岁的芈昱廷却是一副不以为然的样子。

上海学棋助力腾飞

在徐州跟随孔繁威老师两年多的时间里,芈昱廷打下了扎实的围棋基础。2002年4至6月,他两度作为特邀棋手代表徐州市青少年宫参加上海少儿围棋赛并获得幼儿组冠军,他在对弈中表现出的准确计算、凶猛攻杀和强烈胜负感,引起了中国职业围棋八段、著名围棋评论家曹志林的注意。在曹志林的鼎力推荐下,上海同洲模范学校向芈昱廷发出邀请,接纳他为2002级新生,并在旗下同洲棋院免费学习围棋。

2002年9月1日,芈昱廷在奶奶陪伴下来到上海同洲模范学校报到。求贤若渴的曹志林每周都要抽出时间与芈昱廷下一两盘辅导棋,使他的棋力突飞猛进。校方对这对祖孙俩非常照顾,免费提供一间寝室供他们居住,并破例为他们接通了宽带上网。在同洲棋院,芈昱廷师承中国业余围棋"棋圣"、原国少队棋手刘轶一。刘轶一对他的评价是:"聪明,悟性好,教一遍就会。"在上海学棋的几年间,凡是芈昱廷参加的大大小小少儿围棋赛都不会让冠军旁落,以至于许多上海本土棋手谈"芈"色变。2003年,在上海围棋段位赛中,芈昱廷5战全胜,获得业余5段荣誉。

羽翼渐丰的芈昱廷在 2005 年全国业余围棋赛中杀入 16 强,成为国内年龄最小的业余高手。2006 年 1 月,芈昱廷代表《彭城晚报》远征宁夏银川参加全国"晚报杯"围棋锦标赛。10 日,刚过完 10 岁生日的他力擒两获全国"晚报杯"冠军的著名围棋高手、业余 7 段孙宜国,在赛场上引起不小的震动。赛前,老道的孙宜国本以为对付这个尚未在国内崭露头角的娃娃可以轻松取胜,但没想到一开局就受到顽强阻击。小家伙环环紧扣,步步透杀机,双方展开对攻战。姜还是老的辣。一场激烈的对攻后,老将孙宜国占得先机、优势明显。小将芈昱廷不得不放出胜负手,在黑棋大空里空降奇兵,双方又开始殊死搏杀。经辗转腾挪,芈昱廷虽未在黑空里成活,但安全地从底线联络回家。收官阶段,芈昱廷又在中腹施展其擅长的劫争功夫,成功打掉两黑子,棋局细至一两目胜负。孙宜国虽久经战阵、擅长搏杀,但此时面对 10 岁的徐州娃娃却畏首畏尾起来,本来牢牢控制白棋右上角劫杀的机会,此时却勇气尽失,选择双活,最后以两目半城下签降。

11 岁成世界最小职业棋手

2007 年 7 月 11 日,全国围棋段位赛在武汉拉开战幕,在被称为"围棋高考"的定段赛中,440 多名少年业余棋手参赛,创下历史纪录。只有入段,才能成为职业棋手。因为只有 20 个入段资格,可以说竞争是空前惨烈。

据悉,中国棋院在册的职业棋手有 400 人左右。在这次全国围棋定段赛中,芈昱廷先是顺利从预赛过关,在随后的本赛 13 轮角逐中,他取得 9 胜 4 负的出色战绩,最终名列第 16 名,被授予职业初段称号,成为一名职业棋手。11 岁的芈昱廷不仅是本次 20 位入段棋手中年龄最小的,也成为中国乃至全世界最年轻的职业围棋选手。

一门心思进国家队

如今,即使面对古力、常昊、孔杰等世界冠军,芈昱廷也很淡泊:"当得知自己以主将或者快棋的身份面对这些高手时,我曾经也激动过,希望能和前辈们切磋一下,多学习一些东西,但当我来到棋盘面前,我就把他们的身份都忘了,忘得一干二净!努力去下棋,没什么想的,我只会根据棋局的发展形势往下走,我知道他们都很优秀,但我下棋时眼里只有棋局,没有别的。"

被问到如何看待中国棋手新老交替的现象?芈昱廷说:"从生理上讲,岁数大的不如年轻的,无论是体力还是智力上来讲会吃亏些,但从经验上来讲他们还是前辈,还是有很多地方值得我们后辈去学习。聂老对中国围棋的贡献有目共睹,在我第一天接触围棋的时候,父亲就给我讲聂老,我对他那种尊敬是不能用语言来表达的,我也渴望有一天能够得到他的指点,或者和他一起下棋。另外,古力、常昊、孔杰,还有我们队的罗洗河,都是我的前辈,罗洗河私下也和我讲了很多经验上的东西,我很感激他们,他们对中国围棋做出的贡献是不可磨灭的。"

谈到 2011 年以国青队 B 组第一名的成绩入选国家队成为当时最年少的国手,芈昱廷坦承:"非常激动。2009 年时,我曾经通过选拔入选国少队,但我一门心思想进国家队。不是因为我攀高,而是在那里有更多学习机会,所以 2010 年国少队组建的时候,我婉拒了,进了国家队很激动,我要珍惜这个机会。"

业余时间最爱网上下棋

芈昱廷说,他现在最常做的事就是在弈城围棋下棋。芈昱廷所说的弈城围棋是一款网络围棋平台软件,很多中韩职业棋手都在那里切磋,芈昱廷的账号叫"拼搏(P)"。

芈昱廷

"P是职业棋手的意思。"芈昱廷一边说一边点开软件、登录。一上线,就接连有好几条消息提示:"有人向您提出对局申请。"芈昱廷说,在弈城围棋这个平台,每天向他提出挑战的人络绎不绝。"人太多了,我只能挑选相对战绩好、等级高的对手。"

值得一提的是,"拼搏(P)"在韩国棋手中非常知名,很多韩国职业棋手都来挑战他。"我们可能从来没有说过话,但在弈城围棋上都是老对手了。我知道他们的账号,他们也知道我的。"在弈城围棋,芈昱廷对阵韩国棋手的胜率非常高,常常被棋迷们"围观"并津津乐道。

芈昱廷说,现在下棋比以前方便多了。"现在只要有电脑有网络就可以练习了。"芈昱廷练棋,已经达到了痴迷的地步。"一大早起床就开始下,吃饭时手里捧着饭碗还在下,一直下到晚上 11 点。"芈昱廷不好意思地说。

世界冠军梦想成真

芈昱廷在 2011 年取得的成绩就足以让人们惊叹:7 月,在围甲联赛前 9 轮比赛中相继战胜常昊、古力等国内高手,创下惊人的联赛 9 连胜佳绩;作为江苏围棋队的重要一员,在 2010 年的围甲联赛中 16 胜 6 负,高居联赛胜率榜第一位;11 月,在第二届全国智运会上,首届全胜夺金的芈昱廷以八战全胜的战绩,蝉联少年个人赛冠军。两年时间里,芈昱廷已经连续击溃七位世界冠军,"巨星杀手"的名号也不胫而走,业界惊呼:"小米"刮起了一股旋风。

"学棋的时候,我比较崇拜李昌镐,希望能成为他那样的优秀棋手。后来进入职业后,我就抱着一个目标,那就是成为世界冠军。"在力克李世石杀入梦百合杯 8 强后,芈昱廷第一次表达了他的"野心"。谁都没想到,他的目标实现得如此之快。11 岁那年,芈昱廷成为世界上最年轻的职业棋手,6 年后,世界冠军的梦想变成现实。

芈昱廷

进入正赛,芈昱廷连斩姜东润、李世石、孔杰三位世界冠军,决赛中又将"七冠王"古力挑落,要知道,这四人的世界冠军头衔多达23个!别忘了,被芈昱廷拿下的还有党毅飞、王檄两位亚洲冠军。捧起冠军奖杯的芈昱廷,笑容中依然写着腼腆:"这会儿还没有回过神来呢,好像在梦里一般。"

梦百合杯冠军奖金达180万元,根据中国棋院的最新规定,棋手们在国际大赛中的奖金在缴纳个人所得税及上缴棋院的部分后个人能够拿到50%以上。换句话说,这个冠军能给芈昱廷带来约100万元净收入。对一个17岁的孩子而言,这如同天文数字。芈昱廷欣慰地说:"我想买个新手机,我的手机实在太烂了,屏幕上的字都已经看不清了。"

芈昱廷把自己的成功归结为"天赋"二字。"除非孩子天赋极好或是特别感兴趣,家长再培养,否则不要硬逼着孩子做不喜欢的事情,因为硬逼是逼不出世界冠军的。反正我们国家队里没有被家长硬逼的。"芈昱廷说。

姓名:芈昱廷

性别:男

出生年月:1996 年 1 月

项目:围棋

主要成绩和荣誉:

2008 年获第 25 届应氏杯世界青少年围棋锦标赛青年组亚军。

2009 年获第 3 届理光杯新秀赛冠军、首届全国智运会围棋少年个人赛冠军。

2011 年获第二届全国智运会围棋少年个人赛冠军。

2013 年获第一届 MLILY 梦百合杯世界围棋公开赛冠军。

2014 年获世界智力精英运动会男团冠军、混双冠军。

2015 年获第十六届农辛杯世界围棋团体赛冠军、第三届全国智力运动会职业快棋组冠军。

2017 年获世界星锐战总决赛冠军。

2021 年获第四届梦百合杯世界围棋公开赛冠军。

尤浩:江苏首位体操单项世界冠军

艰难困苦,玉汝于成。2021年8月3日16时,东京奥运会男子双杠决赛赛场,徐州小伙尤浩为中国男子体操队获得第四名,加上2日获得的吊环银牌,尤浩在东京奥运会完成使命,获得一枚银牌、一个第四名,为徐州体操实现历史性突破!

尤浩

从4岁入行到29岁摘下奥运会首枚个人奖牌,尤浩用25年的坚持实现了梦想。

在电视机前观战的妈妈、爷爷、奶奶、启蒙教练、市体操队小队员及父老乡亲爆发出雷鸣般的掌声,不仅是为尤浩获得奖牌,更是为尤浩挑战自我、突破自我的精神而感动。

奥运会摘银

从4岁到29岁,出生在徐州丰县的尤浩一直坚持学习体操,一步步走到省队,再走到国家队,最终第二次走向奥运赛场。尤浩的启蒙教练李世新就很感慨:"尤浩进入国家队时已经20岁了,是一个大器晚成的运动员,一枚银牌也为他的奥运历程画上完美句号。"

李世新与尤浩在徐州朝夕相伴五年，后来借调到省体操队又把尤浩带到南京，一路见证了尤浩的成长。师徒情深，只要有时间，他都会去现场观看尤浩的比赛。

2012年，尤浩进入国家体操队。

2013年，尤浩在第44届世界体操锦标赛中获得男子双杠第四名。2014年，李世新给尤浩定下目标，在国家队中争取到主力位置，尤浩当年就实现这个目标，成为绝对主力。

尤浩

2014年，尤浩获得第45届世界体操锦标赛男团冠军、男子吊环季军。2015年，尤浩在第46届世界体操锦标赛中获得吊环银牌、双杠金牌，收获运动生涯第一个单人项目世界冠军，成为江苏首位体操单项世界冠军。

2016年，尤浩获得巴西里约热内卢奥运会体操男团第三名。

在2019年体操世界杯德国科特布斯站吊环决赛中，尤浩以14.833的总得分获得第四名。在双杠决赛中，尤浩以15.400的得分获得亚军。作为中国体操男队中的"老将"，东京可能是他职业生涯的最后一届奥运会。

"尤浩的这枚奥运会个人奖牌来得有点晚，更显珍贵。4岁时，由于市体操队没有住宿生，市体育局从训练房给他隔出一间当宿舍，他家人就边卖馄饨边照顾他的生活。尤浩在训练中很听话、很刻苦。"李世新说。

"里约奥运会结束后，他回家待了4天。由于训练太忙、假期太短，尤浩怕耽误训练,所以5年来一直没回过家。他很独立要强,也很刻苦,为了取得更好的成绩,把短暂的假期也用来训练,我们支持他。"尤浩的母亲王素华说。

王素华说,尤浩不到3岁就能抓着爷爷的手指头翻二三十个跟头,4岁时便跟随市体操队教练李世新进行专业训练,2000年进入江苏省体操队,凭着出色的体能脱颖而出,2012年进入国家体操队,2015年在第46届世界体操锦标赛中获得吊环银牌、双杠金牌,收获其运动生涯第一个单人项目世界冠军。

王素华说,平时怕影响尤浩训练,家人和他联系并不多,顶多一星期一次,简单聊聊生活和训练情况。

尤浩的爷爷尤百喜说,他最大的愿望就是听到中华人民共和国国歌在奥运赛场上响起,如今,他的愿望实现了。"中国健儿刘洋吊环夺金,我孙子尤浩拿下银牌,国歌响起了,我非常激动开心,很圆满。"

尤百喜回忆,尤浩两岁时就跳梯子跳楼板。发现孙子身体素质不错,尤百喜就带他去体育场跳蹦床,大人一次跳七八个,尤浩能跳三四十个。尤浩4岁进入徐州市体操队后,爷爷奶奶卖馄饨维持生计,供他训练,每天凌晨两三点才回家,休息三四个小时后又继续出摊。

尤浩每次比赛得奖后,都会把奖牌寄给爷爷奶奶。尤百喜说,孙子能拿奥运会银牌,他已经很骄傲了。

世锦赛夺金

2015年11月2日凌晨,在英国格拉斯哥进行的第46届世界体操锦标赛收官,中国队获得男子双杠和女子高低杠金牌,以2金2银4铜的成绩排在奖牌榜第四位。其中,尤浩一人为中国代表团贡献1金1银1铜,男子双杠个人金牌更是让他成为江苏体操史上第一个单项世界冠军,徐州市委、市政府专程发去贺电。

"我的双杠比吊环更有冲金实力,毕竟我的吊环还有些不太成熟,看起来会有点欠缺,我对吊环决赛的得分不是很满意。"双杠比赛结束后,尤浩说。双杠决赛前,尤浩已经收获男团季军和吊环亚军,双杠夺冠圆了自己的单项世界冠军梦。

一年前的南宁体操世锦赛,尤浩本来是中国男队的第七人,在开赛前的最后时刻,他顶替刘榕冰获得参赛资格。"可能是教练考虑到团体比赛的需要才让

尤浩

我上场的。"尤浩说。那次比赛，尤浩发挥稳定，不仅与队友携手获得男团金牌，还获得吊环铜牌。

一年之后的格拉斯哥世锦赛，尤浩已经完成华丽转变，成为男队的绝对主力。对于角色的转变，尤浩表示："这个不是自己认为角色有转变就会有，这个得靠在比赛中证明自己。"

"我参加过2013年世锦赛，那次我在双杠决赛中出现一点小失误，比较遗憾，这次算是圆了我的单项冠军梦，我对双杠金牌还是非常期待的。这套双杠动作是我这次比赛表现最好的一套，除了一个动作有一点小失误，其他动作的表现我都挺满意。"尤浩说。

赛后，李世新难掩激动："这个孩子大器晚成，很不容易，拿到徐州乃至江苏省第一个体操单项世界冠军，这对他今后的职业道路影响巨大。"

越是艰险越向前

说到尤浩的体操生涯，还有一段比较曲折的故事。前奥运冠军黄旭这样讲述过尤浩的成长："当时的尤浩在省队一点也不起眼，甚至差点放弃体操生涯。"

黄旭说，在几名同龄人面前，尤浩丝毫不显山露水，省队准备把他退回徐州。得知这一情况后，黄旭看了尤浩的训练，发现他基本功虽差，但双杠、吊环项目能力比较强，而当时江苏队这两个项目恰恰较弱。黄旭和师父——江苏省队总教练王国庆商量后，决定对尤浩进行体能测试，这一测让这对师徒如获至宝："尤浩的某些专项指标达到杨威当年的水平,说明他是一名可造之才。"

尤浩

东京奥运会后,尤浩终于回到久违的徐州市体操队,回到自己昔日的"家"和梦开始的地方。

当尤浩出现在市体操队的训练场地时,立刻刮起一阵旋风,前来迎接的师弟师妹们一阵欢腾,他在完成全运会比赛后才有了这个难得的假期。

清爽的发型,一身运动服,嘴角一抹淡淡的微笑,回到自己熟悉的市体操队,面对师弟师妹们迎面而来的献花和掌声,尤浩总是报以亲切的微笑。看到训练场上小运动员落地不稳,尤浩就在一旁示范起来:落地的时候膝盖弯曲,脚不能离地,只能这么并过来,头微微抬一点……再试一次,小运动员的姿势果然标准多了。

"越是困难的时候,越是要坚持,训练中流下多少汗水,赛场上就有更多坚实的依靠,拼搏就有更强大的底气,夺冠路上没有捷径!"面对训练场上兴奋不已的师弟师妹,尤浩道出了自己的心声。

"我们想借此机会让小队员们零距离接触这位优秀的'冠军哥哥',也让他们切身感受到榜样就在身边,从尤浩身上学习,只要愿意为梦想坚持努力付出,就会离梦想越来越近。"李世新说。

尽管赞誉声铺天盖地,但尤浩却十分理性,在他看来,自己始终是一个运动员,别人越是赞扬,就越要找自身的不足。只有不断提高自我要求,才能在赛场上表现得更加优异。"对我来说,这是一种压力,但也是动力。"尤浩说。

姓名:尤浩

性别:男

出生年月:1992 年 4 月

项目:体操

主要成绩和荣誉:

2014 年获第 45 届世界体操锦标赛男团冠军。

2014 年 12 月 19 日,中国体操队在国家体育总局训练局体育馆举行体操新世界冠军登榜仪式,尤浩作为在南宁体操世锦赛上夺冠的新科冠军荣登世界冠军榜。

2015 年获第 46 届世界体操锦标赛男子双杠冠军。

2021 年获东京奥运会体操男子吊环亚军。

2021 年全运会获一金一银一铜,实现奖牌大满贯。

张腾:体育界的"出彩中国人"

张腾出生在徐州沛县一个从事个体经营的家庭中,他是家中的独子,自然也是父母的掌上明珠,从小就在父母的关爱下成长。张腾的父亲热爱体育运动,且对武术和技巧情有独钟,经常跟武术名家和技巧高手切磋,经过多年的努力,在武术技巧方面也稍有成就。但由于家庭生计的需要,这位热爱武术技巧的父亲没有能够继续坚持自己的爱好,心中常常感到失落和遗憾。于是,父亲把自己未能实现的理想都倾注到儿子

张腾

身上。正是父亲深藏心中的体育情结,在不经意间传给了小小年纪的张腾,也促使张腾最终走上体育道路,成为技巧蹦床项目上的一颗耀眼的明星。

父亲带领下走近技巧

张腾从小活泼好动,很早就表现出对体育运动的热爱,在和小朋友玩的时候,总能显现出在体能方面的优势,比其他孩子能跑、能跳、灵活、协调。父亲总感觉自己的孩子在体育上有天赋,于是夫妻俩商量之后,做出了一个影响张腾一生的重大决定,让他从小开始学习技巧蹦床,将来可以考虑从体育方面寻求发展和出路。张腾的父亲与沛县体校的刘德镇教练是好朋友,两人相处多年,亦师亦友。刘德镇教练在技巧蹦床训练方面有独到之处,带出了大批技巧蹦床的后备人才,也培养出多名世界冠军。

由于张腾的父亲与刘德镇教练有这层特殊的关系,刘教练很爽快地答应收张腾为徒。当时,张腾才5岁,虽然刘教练答应收下这个徒弟,但由于张腾年龄太小,父母生意很忙,无法按时接送张腾参加训练,只能暂时在家中做准备。父

亲有空的时候,就带他做一些技巧的基本练习,偶尔带他去看看刘德镇教练的训练场景。其间,张腾也跟老家附近的师傅练习过武术,还练习过一段时间的跆拳道。直到9岁那年,张腾长大一些,不需要父母接送,自己可以前往沛县体校,才正式进入刘德镇教练门下,成为一名技巧蹦床队的小运动员。

当时,在沛县体育中学,技巧和蹦床项目都是由刘德镇教练带着训练的。刚刚走进沛县体校的张腾,接触到蹦床训练后,感到非常新鲜,看到很多队员在蹦床上弹跳轻巧、翻腾自如,自己也很想试试。但当他真正站在蹦床上时,又感到阵阵害怕。当从蹦床上跳起又落下,然后又弹起来,他总感觉自己心里发虚,生怕从高空跌落下来,搞不好还会摔伤。当时的张腾年幼无知,也不懂得规矩,于是就自作主张,瞒着教练和家人,从蹦床训练馆里逃之夭夭了。了解情况后,父亲十分生气,张腾自然免不了吃些皮肉之苦。在父亲的监督之下,张腾又回到训练场地。在刘德镇教练指导下,张腾慢慢熟悉了蹦床,开始从简单的动作做起,通过一段时间的练习,再逐步增加技术难度,这种循序渐进的训练方法,使张腾很快适应了在蹦床上的起跳翻腾,对蹦床训练也越来越感兴趣,动作水平也不断提高,还经常受到刘教练的表扬。直到这时,张腾才算真正走上技巧蹦床的训练之路。

教练指导下十年耕耘

张腾2003年进入沛县体育中学技巧队,跟随刘德镇教练开始技巧蹦床训练。两年之后,由于刘德镇教练工作变动调到徐州市技巧蹦床队任教,张腾也跟随刘教练从沛县体校迁到徐州市技巧蹦床队,进入新的训练环境。跟随刘德镇教练来到徐州后,张腾接触的体育项目更多了,结识的运动员朋友也多了,视野也更加开阔,对技巧蹦床这个运动项目也有了更多认识。在徐州的训练环境中,他看到那么多运动员都在从事艰苦的训练,他们都是在奔着一个目标,那就是参加比赛,争取胜利,夺得冠军。在这个拼搏向上的氛围里,张腾的内心更加充实,从事技巧蹦床运动的信心更加坚定。

刘德镇教练经常对张腾和他的队友说:"一个人无论自身的天资有多么高,如果没有后天的努力,也终将一事无成。"张腾心里明白,自己虽然在技巧蹦床方面有一点优势,但说不上是天资很高,要想超越自己、超越他人,就必须付出加倍的努力。

在徐州体校这个新的训练环境中,张腾变得更加懂事了,每天的训练都能严格要求自己,完不成教练规定的动作决不罢休。有时一个动作虽然已经完成了,但他感觉质量还不高、心里还没有把握,就放弃休息,反复练习,最终让教练和自己都满意为止。有了训练上的积极性和自觉性,张腾的技巧蹦床水平也开始大幅提高,刘教练也在他身上看到了新的希望。为了能够成就这个前途无量的弟子,刘德镇教练经常通过各种渠道与省队的教练沟通,介绍张腾的情况。

2009年2月,15岁的张腾被江苏省技巧队选中,成为江苏省技巧队总教练周传标的新弟子。从此,张腾进入一个崭新的训练环境。周传标教练是全国著名的金牌教练,也兼任国家技巧集训队总教练,这对张腾来说,是一个绝佳的机遇。在这里,他接触的队友都是技巧运动的高手,很多人在世界大赛上有过争金夺银的经历,这使张腾感到异常兴奋。在这种热情向上的训练环境中,张腾处处感受到竞争的压力,他时时激励自己,一定要朝新目标奋勇前进。

张腾第一次见到周传标教练时,周教练只问了他一句话:"你到这来的目标是什么? 是全国冠军还是世界冠军?"还没等张腾回答,周教练就接着说:"如果你的目标是取得全国冠军,那你现在干脆就回家去吧。"张腾一下明白了这个道理,这里不是培养全国冠军的地方,而是培养和造就世界冠军的场所。他立刻回答周教练说:"我到这里来,只有一个目标,那就是世界冠军!"周教练高兴地拍拍他的肩膀说:"好小子! 我要的就是你这句话!"。周教练是个说到做到的人,他把能够吃苦训练的人留下,让不能吃苦的立刻走人。张腾深知周教练的良苦用心,他不愿意半途而废,下定决心投入艰苦的训练之中,跟着周教练和队友一起向着世界冠军的目标进军! 十年挥洒汗水,十年艰苦磨炼,从九岁开始从事技巧训练起,日复一日,年复一年,张腾的努力终于迎来累累硕果。

成功路上写下壮丽诗篇

在2013年的全运会技巧比赛中,张腾开始崭露头角,获得亚军,这是他首次在全国比赛中亮相,开始展现出竞争实力。接着,在全国技巧锦标赛上,他战胜众多强手获得冠军,这是他第一次在全国比赛中取得好成绩。他知道,有了全国冠军的基础,才可能进入参加世界比赛的队伍中。这时的张腾已经充满信心,他知道自己多年的努力已经初见成效,内心所渴望的进军世界大赛的梦想,已经开始向他招手。为了实现梦想,张腾全身心地投入到新的备战训练中。

2014 年，在亚洲技巧锦标赛上，张腾夺得金牌，这是他首次在洲际比赛中获得冠军。20 岁的张腾坚信自己具备了冲击世界冠军的条件，感觉自己与世界冠军之间的距离越来越近了。

张腾与队友在比赛中

　　2015 年，张腾在全国技巧锦标赛上再次夺取全能冠军，接着在亚洲技巧锦标赛上再次摘金。这时的张腾已经看到更光明的前景，参加世界大赛的愿望更加强烈了。同时，他也深知重担已经悄悄压在肩上，自己只能迎难而上，等待巅峰时刻的到来。

　　2016 年，对于 22 岁的张腾来说，创造奇迹的时刻终于到来了，他先是在全国技巧锦标赛上夺得全能冠军，获得参加 25 届世界技巧锦标赛的资格。接着，在福建莆田举行的第 25 届世界技巧锦标赛上，张腾与队友一起经历了顽强的拼搏，终于圆了自己的世界冠军梦，他们在全场观众雷鸣般的掌声中走上冠军领奖台。

张腾(左五)在 2016 年第 25 届技巧世界锦标赛夺冠(左六为周家槐)

　　2017 年,张腾参加"出彩中国人"大型活动,以精彩的表演获得年度总冠军。2018 年,张腾参加春节联欢晚会《海燕》剧组节目表演,他们所表演的"波浪之上"大型体育技巧节目,赢得现场观众的一致好评,节目在中央电视台播出之后,受到全国观众的热情欢迎和社会各界的高度赞誉。

　　在江苏省技巧队和国家技巧队训练的岁月里,张腾一直受到教练的重视,也与队友建立了深厚的友谊,他还被选举担任了国家技巧队队长。经历 10 年风霜洗礼,经历无数困难挫折,张腾用实力书写了自己技巧人生的壮丽诗篇。退役后,张腾依然坚守着他所热爱的技巧运动,曾多年担任国家技巧队队长,为祖国的体育事业发挥自己的聪明才智,为中国的技巧运动薪火相传、再创辉煌!

　　姓名:张腾

　　性别:男

　　出生年月:1994 年 2 月

　　项目:技巧

主要成绩和荣誉：

2016 年获第 25 届世界技巧锦标赛男子四人项目冠军。

2016 年被国家体育总局授予"国际级运动健将"称号。

2016 年被授予中华人民共和国体育运动荣誉奖章。

2017 年在"出彩中国人"大型活动中获得年度总冠军。

2018 年在中央电视台春节联欢晚会上表演《波浪之上》大型体育技巧节目获得成功。

周家槐:春晚舞台上搏击风浪的海燕

在 2018 年中央电视台春节联欢晚会上,导演推出大型体育节目《波浪之上》。导演为这个节目进行了全新的编排和设计,充分展示了"力与美""抗争与不屈""迎难而上""搏击风浪"的海燕形象,受到全国观众的高度赞誉。在这个节目中,周家槐以精湛的技艺和出色的表演,获得巨大成功。同年,在天津卫视的"群英会"专题节目中,周家槐的表现赢得广大观众的一致好评。在庆祝香港特别行政区政府成立 20 周年庆典上,周家槐展示精美绝伦的技巧节目,让香港观众大开眼界,受到香港各界和市民的热烈欢迎和高度赞誉。

周家槐 2018 年参加央视春晚

当然,这些都是周家槐从省队退役后积极参与的各类社会活动。作为中国著名技巧运动员,在福建莆田举行的第 25 届世界技巧锦标赛上,周家槐与队友张腾等人一起获得男子四人项目金牌。鉴于周家槐在技巧运动中的突出成绩,他被国家体育总局授予"国际级运动健将"称号,被授予中华人民共和国体育运动荣誉奖章。能在结束运动生涯之后与舞台结缘,并在春节联欢晚会这个大舞台上取得成功,这一切还都要从周家槐小时候说起。

舞蹈练习塑造健美身姿

周家槐生在徐州沛县一个普通的企业职工家庭,父母都在县城工作。沛县是远近闻名的武术之乡,大街小巷到处可见习武练功的孩子。耳濡目染之下,周家槐开始对武术产生浓厚兴趣。6岁那年,周家槐提出学习武术的要求,父母非常通情达理,认为练习武术可以强身健体,还可以锻炼意志,于是就把他送到沛县汉城公园精英武院,跟随张晓华教练,开启习武生涯。

沛县汉城武院是当地一所名声很大的武术培训学校,张晓华教练是一位很有名望的武术大师。张晓华教练多年从事武术训练工作,对培养青少年武术人才有丰富经验。每次训练课,周家槐都紧跟在师傅后边,看师傅做示范动作,然后一招一式认真学习。虽然年龄小,但他习武的精神和劲头却不输给其他大年龄学员。张晓华教练的教学训练态度十分认真,对每一位学员都是严格要求。对周家槐训练中的每一个细节,教练都严格要求,必须做到规范、标准、到位。在张教练的精心指导下,周家槐逐步迈入武术的门槛。

2001年,周家槐已经到了上学的年龄,父母将他送到沛县实验小学读书。沛县实验小学是当地一所办学基础好、师资力量强、教学水平高的学校,当时学校提倡素质教育,学生的课余生活非常丰富。沛县实验小学的舞蹈队办得很出色,吸引了众多孩子。周家槐见身边的小伙伴都进入舞蹈队,也不免有些心动。他向父母提出进舞蹈队的要求,父母非常尊重孩子的选择,立即同意。在舞蹈队中,周家槐学习了不少基本动作,还能跳上一些简单的舞蹈曲。舞蹈虽然不属于体育项目,但与技巧却有很多共通之处。

经过这一阶段的舞蹈训练,周家槐打下了良好的形体基础,优雅的动作姿态、体形体位的美感,都为他日后从事技巧运动起到重要的作用。很多武术出身的技巧运动员进入高层次训练之后,都需要补上舞蹈课程。因为技巧运动不但需要动作难度、稳定和绝活,更重要的是优雅的姿态、形体的美感、动作的流畅、肢体的舒展,这些都与舞蹈基础有很大关联性。周家槐在舞蹈队的练习,不经意间为他的技巧发展提供了良好的基础条件。

2006 年小学毕业后,周家槐进入沛县体育中学。沛县体育中学是国家高水平体育后备人才基地,为国家培养和输送了大批优秀体育后备人才,特别是在技巧运动方面,培养了众多全国冠军和十多名世界冠军。在沛县体育中学技巧队,周家槐师从著名的技巧教练孟爱国。孟爱国教练曾经是国家技巧队队员,多次参加国际大赛并获得世界冠军,这使周家槐树在最初进行技巧训练时就能得到高水平的指导,为他今后的发展打下良好基础。通过一年多的训练,周家槐显现出技巧方面的出色天赋,在技巧的基础动作与基本技能方面都有突出表现。

技巧训练成就高难绝技

在沛县体育中学进行一年多的训练之后,经业内有关人员推荐,周家槐进入无锡市体育运动学校,师从周星教练学习技巧运动。2010 年,周家槐代表无锡市参加江苏省第十三届运动会技巧比赛,获得混双项目冠军,第一次感受到金牌的喜悦。2011 年,周家槐被选进江苏省技巧专业队,最让他高兴的是能成为周传标教练的弟子。周传标教练是中国技巧运动委员会主任,并担任江苏省技巧队和国家技巧集训队总教练,为国家培育了大批技巧高层次人才,培养了近百名全国冠军和数十名世界冠军,是中国技巧界的金牌教练。

周教练对周家槐提出了远大的目标要求:"这个队伍里有很多人都是全国冠军,你进入到这个团队中,目标不是向全国冠军看齐,更主要的任务是放眼世界,你的目标是夺取世界冠军。"周家槐把教练的话牢记在心,从那时起,他就认定了一个目标:不夺取世界冠军决不罢休!

在新组建的男子四人项目中,周家槐与徐州籍运动员张腾双双入选。江苏技巧队男子四人项目历来是全省竞技体育的优势项目,也是国家技巧队的重点项目,在世界大赛中屡建奇功。周桐教练负责男子四人组的具体训练和指导,周家槐与队友们在教练带领下,开启冲向世界冠军的新征程。身为国家集训队总教练,周传标教练对这个新的组合盯得特别紧,他一直关注着队伍各阶段的训练进程,总是在关键时刻给予准确及时的指导。周桐教练是这个重点项目的责任人,他深知肩上的重担,每天都与队员一起拼搏在训练场上,日复一日、年复一年。

经过五年的磨合,男子四人组的技术水平不断攀升,动作准确稳定,姿态优雅流畅,衔接天衣无缝,高难度和绝活动作都日趋成熟。在此期间,他们有了更多比赛和表演的机会,2014年受邀和奥运冠军一起参加澳门五一体育精英汇表演活动,同年受邀参加荷兰"皇家体操节"表演活动。通过这些大型的表演活动,周家槐与队友们逐渐丰富了赛场经验、积累了夺取世界冠军的实力。

接连夺金纵横赛场

经过多年的艰苦磨炼,周家槐在运动技巧上逐步成熟,在心理素质上也日趋稳定,高难度组合动作也能够配合默契,这时的男子四人组在动作难度、稳定性、绝活等方面都达到新的境地,他们在等待着时机的到来。2011年,周家槐在全国技巧锦标赛上夺得男子四人项目的青少年冠军,这是他第一次在全国比赛中亮相,接着在2013年全国技巧锦标赛成人组比赛中夺冠,这标志着周家槐已进入全国最高水平行列。在2013年第八届亚洲技巧锦标赛上,周家槐首次冲出国门,获得亚洲冠军。

周家槐

在2014年的全国技巧锦标赛和冠军赛上,周家槐两次荣登榜首。2015年,周家槐再次夺取亚洲技巧锦标赛冠军。2015年,世界杯技巧比赛在瑞士举行,周家槐获得首枚世界比赛金牌。2015年至2016年,周家槐在全国技巧锦标赛、冠军赛和亚洲技巧锦标赛中多次获得金牌。历经十多年技巧生涯的风雨洗礼和艰苦磨炼,周家槐终于在2016年炸出了一声惊天响雷。

2016年4月,第25届世界技巧锦标赛在福建莆田举行,中国男子四人项目在比赛中发挥出色,以高难度的动作、中国式的绝活、优美的姿态一举锁定中国代表队的第一枚金牌。周家槐和队友们终于夺得男子四人项目冠军,站到了国际大赛最高领奖台上。周家槐和队友们完成了教练员既定的参赛目标,在中国技巧队的功劳簿上续写了新的篇章。2016年12月,周家槐被授予"国际级运动健将"称号和中华人民共和国体育运动荣誉奖章。紧接着,在2017年全国技巧比赛中,周家槐再获两金。

2018年,24岁的周家槐从技巧队退役,但他没有离开自己热爱的技巧运动,

周家槐（左一）与队友（左二为张腾）

受聘担任江苏省技巧队教练。从此，他全身心地投入到教练员的岗位上，决心把有限的生命奉献给技巧运动，为国家的竞技体育事业发展、为建设体育强国做出自己应有的贡献。他衷心地希望中国技巧运动后继有人，他要用自己的实际行动，为技巧运动续写崭新篇章。

姓名：周家槐

性别：男

出生年月：1994年4月

项目：技巧

主要成绩和荣誉：

2016年获第25届世界技巧锦标赛男子四人项目冠军。

2016年被国家体育总局授予"国际级运动健将"称号。

2016年被授予中华人民共和国体育运动荣誉奖章。

2016年受邀参加巴西里约奥运会体操闭幕式表演。

2017年和奥运冠军一起参加庆祝香港特别行政区政府成立20周年演出活动。

2018年在中央电视台春节联欢晚会上表演《波浪之上》大型体育技巧节目取得成功。

魏海玲：“90后”功夫女侠

想必大家在武侠小说和影视作品里都见过不少女侠形象。

她们武功高强、英姿飒爽。

她们剑胆琴心、侠骨柔情。

她们锄强扶弱、行侠仗义。

她们虽为女儿身，却同样肩负重任。

别以为功夫女侠只会出现在电影里，在现实生活中，在徐州武术界，就有这样一位功夫女侠，她就是两夺世界武术冠军的魏海玲，但她的使命是将中华传统武术传承给年轻一代，让国粹走向世界得以发扬光大。

魏海玲

八岁开始习武

魏海玲1990年出生于邳州。她的习武之路非常简单，小时候喜欢跟着哥哥去少年宫玩，当时看到许多小朋友在少年宫练习武术，就怀着好奇心和他们玩在一起,结果从那时开始就爱上了武术。

魏海玲 8 岁开始练武术,由于不怕苦,教练对她特别喜欢。2000 年,魏垂光大学毕业后进入市体育中心武术队当教练。当时,刚刚 10 岁的魏海玲还在邳州读小学四年级。

这年夏天,魏垂光去邳州选拔武术队队员,10 岁的魏海玲无论身高、身形、弹跳、爆发力等各方面都很出众,魏垂光认定魏海玲是练武的好苗子。

说来也巧,当时家里给魏海玲的哥哥报了武术培训班,但哥哥没练多久就不愿意继续了。于是,当魏垂光教练把想法和魏海玲家人说明后,得到了支持。就这样,魏海玲进入徐州市体育中心武术套路队。

"魏海玲小时候调皮得跟男孩似的,但训练场上的她特别要强,别的孩子都回去休息了,她仍在坚持训练。"魏垂光说。

首次为国征战就夺金

2003 年,经过悉心培养的魏海玲被选拔进入江苏省武术队。2012 年 8 月,魏海玲被选入国家队训练,首次披上国家武术队的战袍。

魏海玲到省队后主攻的是南拳,这个项目在场上比赛时间只有 1 分 20 秒左右,要在有限的时间里连续完成 50 多个技术套路动作,包括两个规定套路动作。要熟练这些动作,每天都得进行无数次摔打和练习。

2012 年 8 月,魏海玲在越南举行的第八届亚洲武术锦标赛上勇夺女子南拳项目金牌,第一次代表国家队出征就站上最高领奖台。从 2012 年到 2015 年的四年间,在全国武术套路锦标赛、全国武术套路冠军赛两大赛事中,魏海玲包揽了女子南拳项目的八个冠军,还多次拿到南刀项目的金牌。不仅如此,在每年的武术套路王中王(长拳、南拳、太极拳、刀术、剑术、棍术、枪术七个项目冠军之间的对决)比赛中,魏海玲还多次加冕。

两获世界冠军

2015 年 11 月 15 日,在印度尼西亚首都雅加达举行的第十三届世界武术锦标赛女子南拳决赛中,魏海玲夺得她的第一个世界冠军。

世界武术锦标赛每两年举办一次,是全球范围内武术领域最高水平赛事,也是将中华武术推向世界、传播中华优秀传统文化的最佳平台。靠着中国及其他亚洲国家的共同努力,武术世锦赛的水平和规格逐年发展,缩小了世界各国与中国的武术竞技水平差距,增进了文化交流,拉近了人心。第十三届大赛的竞争更加激烈,设散打和套路两个大项,中国队派出套路 15 人、散打 13 人参赛。

参加第十三届世界武术锦标赛,魏海玲出发前在微信朋友圈中发了几条微信"中国队的队服……美""出发……中国队,加油",教练魏垂光的评论只有四个字"加油丫头!"

魏海玲(中)获 2015 年第十三届世界武术锦标赛女子南拳冠军

魏海玲(右二)在冠军领奖台上

拿下世界冠军当天，魏海玲就把微信头像换了：身着国家队红色队服，左手拿世锦赛金牌，右手拿鲜花，脸上笑容绽放。"练了15年，终于拿到了世界冠军，当时很激动。新头像是夺冠后回到酒店拍的，换个头像喜庆一下。"魏海玲说。

2016年11月，首届世界杯武术套路比赛在福建省福州市举行，赛事由福建省人民政府和国际武术联合会主办，中国武术协会、福建省体育局、福州市人民政府承办，来自22个国家和地区的近200名顶尖武术高手齐聚，演绎武术套路的"巅峰对决"。根据比赛规则，参赛选手必须是第13届武术世界锦标赛获得项目前8名的运动员，竞赛项目包括长拳、太极拳、枪、棍、南棍、刀、剑、太极剑、南刀、对练等男女各11个共22个单项。在11月20日进行的女子南拳决赛中，魏海玲发挥稳定，最终获得女子南拳冠军，为祖国和家乡争得了荣誉，这也是魏海玲第二次获得世界冠军。

荣膺女子"王中王"称号

在2014中国武术套路"王中王"争霸赛总决赛上，代表江苏队参赛的魏海玲技压群芳，成为当年的女子"王中王"。

"我从一个名不见经传的小将成长为'王中王'，经历了三届。"魏海玲三次参加中国武术套路"王中王"争霸赛，前两次总决赛都非常遗憾，只获得了女子"南拳王"称号。

为了这次比赛，她准备了近半年时间，除了在自己擅长的南拳、南刀、南棍3个项目上下功夫外，也加大了长拳和太极拳的训练力度，有备而来的她终于获得冠军。

"每一次上场比赛时，现场观众都会给我很大的掌声，这让我感到既紧张又兴奋，但更多的是鼓励，让我对自己充满信心，我要谢谢他们。"魏海玲说。

征战全运会不计得失

2017年8月30日，第十三届全运会武术套路女子全能决赛在天津理工大学体育馆展开。在这个项目上，魏海玲是夺冠热门，但由于在南刀项目上的失误，虽然拿到了南拳和南棍两个单项第一，但最终还是屈居亚军。

作为江苏武术套路队的大师姐，魏海玲的实力、成绩早已达到国内顶尖水平。也正是因为这样，那届全运会可能是她退役前的最后一战，她特别希望能以一种完美的方式结束自己的职业生涯。然而,下午在女子南刀项目中的失误,还是未能让她如愿以偿。

赛后,当魏海玲以全场最高分的成绩走出十三届全运会女子南棍比赛赛场时,仍难掩疲惫和失落。面对记者的采访,她只是淡淡地说:"遗憾肯定有,但我必须要来,必须要练。其实,下午我还是太紧张了,那个动作最后没能压住。"

由于多年累积下来的伤病,以及随着年龄增长对动作把握的难度不断增加,对魏海玲来说,那届全运会面临的挑战远远超过以往参加的任何一次比赛。为了能够更好地备战全运会,魏海玲甚至换掉了跟随自己多年的武棍,只是为了减轻些重量,更好地发挥实力。

推广武术不遗余力

2017年,国家武术队成立,魏海玲成为第一批队员。之后,她选择退役,担任江苏省武术套路队教练员。

魏海玲还担任江苏省青年友好使者,宣传江苏文化和中国武术精髓。工作之余,魏海玲还积极投身公益事业。2020年初,新冠疫情暴发,魏海玲参与吴源发起、近百位媒体人推动的102位奥运冠军和世界冠军为武汉加油的视频祝福公益活动;2021年春节,与其他36位奥运冠军和世界冠军一起参加"世界冠军陪你一起就地过年"公益视频推广活动;2021年,与其他99位奥运冠军和世界冠军一起参加由近百家媒体支持的"百名冠军庆建党百年"大型视频祝福公益活动。

如今,魏海玲一心一意地在教练员岗位上尽心尽责,争取带出优秀运动员甚至世界冠军。

姓名:魏海玲

性别:女

出生年月:1990年2月

项目:武术套路

主要成绩和荣誉:

2011、2012、2014、2015、2016年获全国武术套路冠军赛(传统项目)女子八极拳冠军。

2012年获全国武术套路锦标赛女子南棍冠军、第八届亚洲武术锦标赛女子南拳冠军。

2014、2015年获中国武术"王中王"总决赛冠军。

2014、2015、2016年获全国武术套路锦标赛女子南拳、南刀、南棍全能冠军。

2014、2015、2016年获全国武术套路冠军赛(传统项目)南棍冠军。

2015年获第十三届世界武术锦标赛女子南拳冠军。

2016年获第一届世界杯武术套路女子南拳冠军。

张阆:徐州首位蹦床世界冠军

沛县体育中学是一所以"体教结合"为典范的体育特色学校,是国家体育总局命名的国家高水平体育后备人才基地,从这所学校里走出了一大批优秀体育人才。技巧和蹦床是沛县体育中学的特色运动项目,曾经培养出众多全国冠军和十多名世界冠军。1995年9月出生的张阆,四岁那年就有机会接触到技巧蹦床运动,师从刘德镇、孟爱国教练开始了早期技巧蹦床的启蒙训练。刘德镇从省队退役后一直担任技巧蹦床教练,教学经验比较丰富;孟爱国曾经获得过技巧世界冠军,在训练上也有自己独到的见解。因此,张阆的启

张阆

蒙训练起点比较高,这为他今后能够夺取世界冠军创造了一个良好的先决条件。

调皮小孩有梦想

张阆小时候十分调皮,好奇心强,看到什么新鲜的事都想上前去试试,每天睁开眼睛就没有闲着的时候,父母亲都很担心这个不听话的孩子将来会变成啥样。张阆的父母都要工作,家里没有人看管他,怕生性调皮的小张阆在家里惹祸。恰巧当时沛县开展蹦床项目,张阆的父母就把他送去训练,想找个地方让他把调皮的劲头使出来。

1999年,四岁的张阆就有机会接触到技巧和蹦床。张阆走进蹦床的训练房,看到那些大哥哥、大姐姐们在蹦床上腾飞翻转的优美姿态,一下就喜欢上这项运动。小小年纪的张阆,开始进入技巧蹦床的训练行列。

谁都没想到,这个调皮的小孩,竟然迷恋上这个能在上边弹跳自如的蹦床,

他在蹦床上感受到在空中飞翔的快乐。在教练的悉心栽培下，张阔从基本功训练开始，每天在垫子和蹦床上摸爬滚打。张阔从心里酷爱技巧蹦床运动，小小年纪却从不叫苦叫累。他很会注意观察教练的示范，认真琢磨教练教的每一个动作，渐渐地明白了很多道理，他在技巧蹦床方面的天赋也开始展现出来。蹦床不但给少年张阔带来飞翔的快乐，也激发了他取得成功的梦想。

2004年，江苏省体校到沛县体育中学招收运动员，九岁的张阔被教练一眼相中，经过身体素质和专项能力测试，成为省体校蹦床队的一名学员，从此进入一个更加充满幻想的新天地。四年之后的2008年，十三岁的张阔进入江苏省蹦床专业队，开始了高标准、专业化的蹦床训练；七年之后，二十岁的张阔如愿进入中国国家蹦床队。

张阔这个调皮小孩，四岁开始启蒙训练，经过刘德镇、孟爱国教练的栽培，九岁进入江苏省体校，十三岁进入省专业队成为一名专业蹦床运动员，二十岁就在国家蹦床队担当重任。张阔在他所热爱的蹦床运动中找到了自己的乐趣，也逐渐催生了新的梦想，他开始朝着更高的方向努力，把在世界大赛中摘金定为目标，希望有一天能梦想成真。

成长之路有烦恼

也许一切都来得太顺利了，也许是命中注定要面临人生的重大考验，2016年，在国家蹦床队训练时，张阔左脚掌落地时意外受伤，四处骨折，多处骨裂，不得不住院治疗。这次意外事故，差点就断送了张阔通往世界冠军的道路。根据医生的要求，他必须躺在床上静养，整个治疗和恢复的时间需要一年左右。对于一个运动成绩正蒸蒸日上的运动员来说，这无疑是个致命的打击。

住在北京体育医院里，张阔的心情十分沉重。在蹦床运动的道路上，他曾经是那么一帆风顺，他还没有做好经受挫折的心理准备，精神上的压力使他的情绪很不稳定。医生与教练进行了反复沟通，专家之间也进行了多次讨论，尽最大努力为他制订最合理的治疗方案。医生在他的脚掌骨折处打进4根钢钉进行固定，其他受伤部位也都进行了不同程度的治疗。这时的张阔只能躺在病床上，等待伤情的恢复。

一个天天在运动场上拼搏的运动员，让他长期一动不动地躺在病床上，那是一种残酷的折磨。当时，张阔的内心无比痛苦，躺在床上寂寞又无聊。夜深人静的时候,张阆想起了父母,想起他们对自己寄予的无限期望,泪水夺眶而出。

张阆小时候虽然生性顽皮,但是个懂得孝敬父母的孩子。虽然这次受伤对他的打击很大,但他更怕父母为他担心,受伤的事情一直瞒着家里。因为他知道父母平时都很忙,他不想让父母担惊受怕,不想给父母增添精神上的压力。住院治疗期间,他独自承受着伤病的痛苦和精神的压力。当时的主治医生了解到张阆的心情,就经常和张阆聊天,鼓励和开导他。医生告诉他,骨折的治疗和恢复都是需要时间的,着急是没有用的,要安下心来配合治疗和康复。通过与医生的交流,张阆的心情渐渐平稳下来,他决定一边治疗一边康复,争取早日回到运动场上。

张阆

医生也曾经告诫他说,要做好两手准备,有很多骨折的运动员,恢复后也很难回到赛场上去了,只能改行做其他工作。但张阆的心里一直没有服输,他不想离开自己热爱的蹦床,无论如何都不能让理想半途而废。他暗下决心,积极配合治疗,争取尽快回到训练场上去,重新找回那种飞翔的快乐,重新回到教练和队友身边。在他的心灵深处,念念不忘的还是蹦床运动,在他的脑海里,时时呈现的是夺取世界冠军的梦想。在教练的指导下,他积极配合医生的治疗,同时开始体能恢复,进行上肢力量、核心肌肉群的训练。

经过一年的治疗和康复,张阆终于回到自己热爱的蹦床训练场。教练员为他制订了技术训练和体能恢复的专项计划。张阆按照教练的要求,高质量地完成各项训练任务,很短时间内,他在身体素质、动作技术、专项体能等方面都有新的突破,以惊人的毅力战胜了伤病之后的种种困扰。很多业内人士都没有想到,张阔竟然能这么快就在蹦床上再次腾飞,各项训练指标都超出预期,很快就恢复到受伤前的竞技状态。

成功之时有喜悦

凭着一股韧劲,张阔克服了伤病,一年后再次随队出征,在 2017 年 8 月举行的全国运动会蹦床比赛中获得团体第四名。这是张阔伤愈后首次参赛,虽然没有夺得冠军,但已经充分证明他能够再次回到赛场,能够担当大赛的重任。三个月后,张阔将代表中国蹦床队参加在保加利亚索非亚举办的蹦床世界锦标赛。为了能在世锦赛中取得好成绩,张阔主动提出增加动作难度系数,决定采用最高难度的"屈三周"动作作为绝活,争取在世界大赛的博弈中取得优势。

在众多比赛中,张阔印象最深刻的是 2017 年第 32 届世界蹦床锦标赛,这是他的高光时刻。2017 年 11 月 11 日晚,在保加利亚索非亚进行的蹦床世界锦标赛上,张阔和队友获得男子单跳团体亚军。两天后,在世界蹦床锦标赛男子单跳决赛中,张阔以 76.8 的高分勇夺男子单跳冠军。历经 18 年的艰苦努力,他终于圆了世界冠军梦想,终于登上了蹦床世界冠军的领奖台。

张阔(中)

接下来的 2018 年 11 月,在俄罗斯圣彼得堡举行的第 33 届蹦床世界锦标赛上,张阔获得男女混合团体全能冠军。张阔终于走出了人生的低谷,战胜了伤病的困扰,走向了体育生涯最高的境界,创造了蹦床人生的灿烂和辉煌。

2017 年 1 月 23 日,国家体育总局发布表彰决定,授予张阔"国际级运动健将"称号。2017 年 12 月 5 日,张阔入选"CCTV 体坛风云人物"年度最佳男运动员奖候选名单，2018 年 5 月被评为 2017 年度"全国优秀共青团员"。

刘德镇、孟爱国教练对张阔的成长影响非常大。首先，他们使张阔刚刚进入蹦床运动时就能得到高水平的指导，为后来的发展做好基础铺垫；其次，启蒙教练对他的思想引领、心理培育、意志磨炼都给予了科学规范的指导，把一个调皮小孩带上了通往世界冠军之路。

张阔入选省体校蹦床队后，顾洪星教练担任他的指导老师。当时的张阔正处在叛逆期，表现得很不听话，做事总是由着性子来。但顾教练却对他倾注了全身心的关爱，在生活上关心他，从思想上开导他，使他慢慢渡过了青少年的心理变化时期，逐步走上了心智成熟的轨道。

在蹦床训练场上，张阔表现出天赋和对蹦床运动的热爱。在训练中他表现出认真刻苦的劲头，对蹦床技术的悟性也很高，在顾洪星、顾凌、陆春龙、冀方新等教练的共同帮助下快速成长，向着蹦床世界冠军发起一次又一次勇敢的冲锋。张阔常常说："回忆蹦床训练生涯，回忆十几年的艰辛道路，特别感谢我的教练们，他们是我人生的引路人。"一个曾经出了名的调皮小孩，在众多教练的关心和指导下，终于走出伤病和心理的困扰，踏上他所梦想的成功之路，他在这条充满神奇和魅力的道路上一路高歌、阔步前进！

姓名：张阔

性别：男

出生年月：1995 年 9 月

项目：蹦床

主要成绩和荣誉：

2017 年获第 32 届蹦床世界锦标赛个人单跳冠军。

2018 年获第 33 届蹦床世界锦标赛男女混合团体全能冠军。

2017 年被国家体育总局授予"国际级运动健将"称号。

2017 年入选"CCTV 体坛风云人物"年度最佳男运动员奖候选名单。

2018 年 5 月被评为 2017 年度"全国优秀共青团员"。

张雨霏:劈波斩浪成"蝶后"

2023 年,中国体育界经历了一场盛宴,众多杰出运动员在国内和国际赛场上焕发出绚烂的光芒,为祖国赢了一系列耀眼的荣誉。在新华社体育部评出的2023 年中国十佳运动员中,徐州游泳运动员张雨霏在列。

张雨霏

对于 2023 年的表现,张雨霏给自己打了 95 分:"每一场比赛,每一次入水,我都收获到很多东西。该达到的目标、成就都已经如期完成,剩下的 5 分是因为我觉得今年在做的过程中还可以更好,所以会把吸取的经验和教训带到明年。"

对于 2023 年,张雨霏给自己的关键词是——厚积薄发。这一年,她在国际赛场参加 59 次比赛夺得 23 金 4 银 2 铜;在福冈拿到她第一块世锦赛金牌,在成都大运会斩获 9 金,在杭州亚运会拿到 MVP(最有价值运动员)。恢复和积累了实力的她,也积攒了更多大赛经验,更积攒了"赢"的魄力和"输"的勇气。

早在 2012 年 11 月,14 岁的张雨霏首次代表中国参加世界大赛就一战成名。从此,她在刷新纪录的路上昂首阔步。

连破奥运和世界纪录

2021 年 7 月 29 日注定是属于张雨霏的荣光一天！她在东京奥运会女子个人 200 米蝶泳和女子 4×200 米自由泳接力两个项目中先后夺金，成为泳池中最闪亮的明星，也成为新一代世界"蝶后"！

张雨霏在比赛中

在 7 月 29 日上午结束的东京奥运会女子 200 蝶泳决赛中，自信满满的张雨霏不负国人所望，坚定扛起中国游泳大旗，最终以 2 分 03 秒 86 破奥运纪录的优异成绩战胜各国名将，毫无悬念夺冠。

这是中国游泳队东京奥运会首枚金牌！

这是张雨霏首枚奥运会金牌！！

这是徐州体育史上首枚夏季奥运会个人项目金牌！！！

这是江苏军团东京奥运会首枚金牌！！！！

一日两金创造历史。

在接下来进行的东京奥运会游泳女子 4×200 米自由泳接力决赛中，由张雨霏、杨浚瑄、李冰洁和汤慕涵组成的中国队以 7 分 40 秒 33 获得冠军。

这是中国游泳队在这一项目派出的最强阵容。在之前的接力预赛中，代表中国队出战的是汤慕涵、张一璠、董洁和李冰洁，小花们不负众望，游出 7 分 48 秒 98 的成绩，以预赛第三晋级决赛。

决赛中，各队都进行了人员调整，派出最强阵容。中国游泳队做出两处调整：获得 200 米自由泳第四名的杨浚瑄顶替董洁，刚刚在 200 米蝶泳决赛中加冕新"蝶后"桂冠的张雨霏顶替张一璠，与 400 米自由泳铜牌获得者李冰洁、第 5 名汤慕涵联袂出战。

接力决赛前,张雨霏刚在女子 200 米蝶泳决赛中拼尽全力,好在体能充沛的她很快恢复状态。"蝶后"在副项自由泳上同样有不俗成绩,此前在国内比赛中,她在自由泳中的成绩就经常抢戏,也因此被外界冠以"全能战士"称号。在奥运赛场,张雨霏依然游出了高水准。

在奥运会历史上,中国游泳队曾在 2004 年雅典奥运会、2008 年北京奥运会夺得过女子 4×200 米自由泳接力银牌,这次夺冠,宣告中国女子 4×200 米自由泳接力重返世界泳坛强队行列。

三岁跟着母亲下水

1998 年 4 月 19 日,张雨霏出生于徐州的一个体育世家,父母都是游泳教练,张雨霏 3 岁就跟着母亲张敏下水了。一开始,张敏没想着让女儿走职业运动员的道路,"我走过的路,知道有多苦。"但女儿展现出游泳天赋后,张敏还是狠心把她送去了市游泳队,跟着启蒙教练孔淼开始专业训练。

为什么不自己做女儿的启蒙教练? 张敏说,对着自己的孩子,狠不下心来。"雨霏小学一年级时,有大概半年时间很抗拒训练,一去游泳馆就哭,我的做法是把她送去游泳馆转身就走,看不见就心不疼。"张敏说,"我认为做一件事就得坚持到底,不能让她轻易放弃。"张雨霏进国家队前,她的训练和比赛,张敏几乎没到现场看过:"竞技比赛和训练太残酷太辛苦,我不忍心看。"

张雨霏小时候代表徐州市参加省级比赛,从来都是一个人背着训练包跟着教练出发。"别的小运动员都是爸爸妈妈陪着,可雨霏爸爸在她 4 岁多时就去世了,我是一名老师,必须坚守岗位,只能狠心放手让她独立。"张敏说。可以说,张雨霏小小年纪就练就了独立、坚韧的品格。

在孔淼眼里,张雨霏是男孩子性格,开朗活泼,爱说爱笑。"她一直在徐州市水上运动中心练到 12 岁,2010 年 9 月被选入江苏省队。在她八九岁的时候,我发现这个小孩的天赋开始凸显出来。我们训练结束的时候搞接力比赛,她每次都非常主动,而且是第一个和我们同组或其他组的大运动员进行挑战。一开始是输多赢少,但随着她水平提高得越来越快,后来是赢多输少。由此来看,她从小就对胜利非常渴望。"孔淼回忆说。

2009 年,张雨霏 11 岁,正在读小学五年级,孔淼教练带她第一次参加正式比赛,是江苏省的一个少儿游泳赛,结果,在只报了副项的情况下,张雨霏的两个参赛项目都拿到了冠军。孔淼回忆,张雨霏的第一个冠军是蝶泳全能。

张雨霏(右)与启蒙教练孔淼

　　12岁那年,张雨霏离家,到江苏省游泳队训练。"一开始她非常不适应,想家想得厉害,我和雨霏外婆轮流去看她,大概每月一次,后来逐渐拉长时间,半年一次,再后来一年一次。"张敏说。

　　一分耕耘一分收获,在2010年常州举行的江苏省运动会上,12岁的张雨霏大放异彩,夺得2金3银1铜。凭借这一优异成绩,张雨霏被选入江苏省体校。在省体校不到半年,因为表现优异,张雨霏未经试训就接到江苏省游泳队的进队通知,这也创造江苏省专业队的历史,当时她才13岁。

学生时代勤奋好学

　　张雨霏当年在民主路小学读书,有意思的是,张敏就是这所学校的体育老师。张敏说,民主路小学在教育中让雨霏不断开阔了眼界、开放了思维,6年的小学教育给了她宽松的环境和无微不至的关怀,形成了她开朗、活泼的性格,这样的环境给她的成长之路带来非常大的帮助。

　　初中阶段,张雨霏就读于徐州市第二中学。"张雨霏不仅智商高、情商高,而且还特别坚强、坚韧。当年张雨霏是以游泳特长生的身份进入二中的,一开始,她的学习成绩并不突出,但她特别用功。学校开发了智能学习平台和网上学习互助小组,各科老师对张雨霏这样经常外出训练、比赛的学生进行在线辅导,布置学习任务,定期检查作业或者在线答疑解惑,学生们也在网上平台相互交流学习情况,互帮互助。另外,心理教师也会对他们进行线上心理疏导及赛前减压。网上学习平台的搭建,弥补了张雨霏文化课学时上的不足,她的成绩很快就追赶上来。没有训练或比赛时,张雨霏特别喜欢读书,经常会和同学交流读书心得,深受老师和同学喜爱。"张雨霏徐州二中的班主任张永顺说。

据张敏介绍,张雨霏从小喜欢音乐,小学时还是学校铜管乐队成员,当时吹的是次中音。张雨霏曾对妈妈说过:"我要是不走游泳这条路,肯定会选择学音乐。"

后来张雨霏去了南京训练,她又接触了尤克里里等其他一些乐器。在国家队,她自己买了一台电钢琴,没事就会弹奏几曲。张敏说,家里摆的一些乐器都是张雨霏自学用的,也是她自我减压的一种方式。

一度恐惧 200 米蝶泳

200 米蝶泳是公认的泳池中最艰苦的项目之一。如今坚定地认准主项 200 米蝶泳的张雨霏与曾经那个抵触甚至"恐惧"200 米蝶泳的她已经判若两人。

喀山世锦赛后,张雨霏开始经历起伏,她甚至调侃自己一度在国内赛场的状态是"流水的冠军,而我是铁打的第二"。2017 年世锦赛她在 200 米蝶泳上位列第 5。而在 2019 年光州世锦赛上,她的表现十分失准,50 米和 100 米蝶泳都止步半决赛,200 米蝶泳则是预赛"一轮游",草草收场的世锦赛之旅让她陷入了深深的迷茫。不仅大赛上发挥欠佳,甚至在训练测验中张雨霏也无法发挥出训练水平,她开始抵触测验,甚至几次有了放弃 200 米蝶泳的念头。"200 米蝶泳比得我都有阴影了,一比就输,输得我都麻木了。"

张敏表示,那段时间,张雨霏第一次说自己不喜欢游泳,透露出想要放弃的念头。张敏十分震惊,从没想过女儿会不喜欢游泳。

从张敏到孔淼,再到张雨霏在国家队的主管教练崔登荣,都试着跟张雨霏沟通,希望她不要放弃。

崔登荣根据东京奥运会为张雨霏制订了周期性训练计划,也根据她的心理状态进行了调整,让她暂离 200 米蝶泳赛场一段时间。蛰伏的日子里,张雨霏与教练继续着日复一日的训练,努力精进。张雨霏表示,那次冬训给自己带来了翻天覆地的变化，"经过这样一个冬训，有很多次夜里睡觉的时候感觉肌肉都在燃烧，我都是疼醒的。"

此前不提 200 米蝶泳的崔登荣道出了心中的计划："这一年让你比 100 米蝶泳是为了转移注意力、积累信心，别想过去一年 200 米蝶泳的糟糕感觉，但我从来不是为了让你只练 100 米蝶泳，所有 100 米蝶泳的训练、成绩都是为了让你在 200 米蝶泳上取得突破。"

最终，张雨霏走出了那个灰色的阶段，从 2020 年开始，张敏感觉到女儿变得更积极、更自信，终于迈过人生的又一道坎。

2020 年，张雨霏在奥运备战中不断提升个人成绩，女子 100 米蝶泳最好成绩只比世界纪录差 0.14 秒，200 米蝶泳更是创造近 4 年世界最好成绩。

挑起中国游泳大梁

2015 年喀山世锦赛，17 岁的张雨霏首次参加世锦赛就获得一枚铜牌，大有超越师姐焦刘洋成为下一任蝶后的势头。

如今，回首那段日子，张雨霏感慨地说："当时听着挺开心的，但无奈自己实力还没达到，每次比赛后我就感觉辜负了大家的期望。直到当我的实力真正达到了一定程度，我才觉得可以挑起大梁了。"

女子 200 米蝶泳是中国的传统优势项目，焦刘洋、刘子歌都是这个项目的奥运冠军。2021 年 7 月 29 日，张雨霏在东京奥运会女子 200 米蝶泳赛场登顶，这也意味着她接过了"蝶后"的接力棒，开启了属于她的时代。自称是比赛型选手的张雨霏再次刷新了个人最好成绩，以 2 分 03 秒 86 的成绩夺冠，打破了由焦刘洋在 2012 年伦敦奥运会上创造的赛会纪录。这是该项目历史上的第三好成绩，也是近 12 年来的最好成绩。

这一次来到东京，张雨霏的包里一直放着两个小物件，一个是姥姥在她 18 岁时送给她的一条金项链，还有一条手链。这些陪伴她多年的物件都是意义非凡的，她相信这些带给了她好运。

她的书包上还一直挂着个特别的照片挂件。里约奥运会时，她梳了个哪吒造型的娃娃头，发了微博说希望自己能够成功"闹海"，却没料到只获得了 200 米蝶泳的第 6 名，用她的话说"被拍在了沙滩上"。这一次，她把当年的照片制作成小挂件，一直随身背着，以提醒自己。

在诸多赛事中,福冈世锦赛女子100米蝶泳决赛是张雨霏印象最深的一场。"以往比赛时看到旁边的人超上来,我都会感觉很紧张。但那是我唯一一次不紧张,反而觉得'我要按照自己的节奏游',最后还实现了反超,最后5米大逆转很激动人心。"张雨霏也因此收获了自己的第一枚世锦赛金牌。

张雨霏家人与徐州市体育局领导为张雨霏东京奥运会夺冠欢呼

张雨霏东京奥运会夺冠后回徐

超高颜值收获网友赞誉

在东京奥运会上连夺两枚金牌后，张雨霏的生活照被网友找出，超高颜值让她迅速收获一片赞誉。

张雨霏身材高挑、肌肉紧实，妥妥的衣架子，五官精致清秀，高鼻梁，鹅蛋脸，很有古典美，搭配胶原蛋白满满的好皮肤，气质清纯清新。

在平常的生活中，张雨霏就是一个可爱的小女孩，自拍时喜欢嘟嘴卖萌，展现出来的基本都是阳光灿烂的模样，活力满满的笑容让人看了心情大好，肉嘟嘟的小脸十分讨喜。网友们纷纷在评论区里留言大赞张雨霏气质好，又美又飒。

姓　名：张雨霏

性　别：女

出生年月：1998 年 4 月

项目：游泳

主要成绩和荣誉：

2014 年在南京青奥会上收获 4 金 2 银。

2015 年获喀山世锦赛女子 200 米蝶泳第三名，并以 2 分 06 秒 51 的成绩打破女子青年世界纪录。

2018 年获雅加达亚运会女子 200 米蝶泳、男女混合 4×100 米混合泳冠军。

2021 年在东京奥运会上收获 2 金 2 银，获女子 200 米蝶泳和女子 4×200 米自由泳接力决赛冠军，打破女子 200 米蝶泳奥运会纪录和女子 4×200 米自由泳接力世界纪录。

2023 年获福冈世锦赛女子 100 米蝶泳冠军。

陆光祖：徐州首位羽毛球世界冠军

2021年9月26日至10月3日，苏迪曼杯世界羽毛球混合团体锦标赛在芬兰万塔举行。在为期八天的赛程中，中国运动员陆光祖和队友一起顽强拼搏，先后战胜丹麦、韩国，并在决赛中3比1力克日本队获得冠军。陆光祖获得的这个冠军，是徐州羽毛球项目第一个世界冠军。

陆光祖获得2021年苏迪曼杯世界羽毛球混合团体锦标赛冠军

苏迪曼杯又称世界羽毛球混合团体锦标赛，创办于1989年，每两年举办一届，是世界羽联举办的最高水平混合团体锦标赛。迄今为止举办的17届比赛，中国队12次夺得冠军，韩国队、印尼队分别4次、1次问鼎。

那届苏迪曼杯原定在苏州举行，但由于疫情移地芬兰万塔。比赛从9月26日开始，中国队以小组赛三连胜的战绩晋级八强，四分之一决赛，中国队3比2击败丹麦队，半决赛又以3比0零封韩国队，连续14次闯入苏迪曼杯决赛。

全运会一战成名

陆光祖是我市目前培养和输送的水平最高的羽毛球运动员,1996年出生,家住云龙区。陆光祖2001年进入徐州市体育中心羽毛球队,跟随郭鑫教练训练,12岁进入省羽毛球队,2016年入选国家羽毛球二队,2017年6月入选国家羽毛球一队。陆光祖擅长以进攻为主的打法,在比赛中不畏强敌、敢打敢拼。

很多球迷是通过2017年全运会开始认识和熟悉陆光祖的,因为他在单项赛中先后战胜谌龙、杜鹏宇,并在半决赛中把林丹拖进决胜局,最后在季军争夺战中胜出,夺得一枚宝贵的铜牌。而在单项赛之前,他作为江苏男队的第二单打,帮助队伍拿到男团铜牌。这样的成绩,的确足以引起关注了。

但陆光祖自己不这么认为。他否认的不是自己获得的关注,而是两枚铜牌的重量。"自己感觉还好,没有想象中那么开心,毕竟那不是冠军嘛。"有人会觉得铜牌已经是很好的成绩,不应该这样不懂珍惜,事实却是,陆光祖不仅珍惜,而且很感谢那次比赛,他只是希望能用铜牌去鼓励自己向更高的位置发起冲击。

"对我而言,它重要,也不重要。不重要的是,我把它看作是积累的一个过程,尽量去减少比赛背负的压力,目标是以后取得更好的成绩;重要的是,那次比赛算是自己职业生涯的一次突破,是一个新的开始。虽然只是铜牌,但我因此找到了信心,是对我之前训练的肯定和奖励。"陆光祖说。

陆光祖

确实,对于同龄人而言,陆光祖的起点相对低一些,直到2017年,已经21岁的他才首次进入一队,但这样的历程在他看来并非坏事。陆光祖认为,正是因为有了在下面足够的积累和经历,才会实现从量变到质变的过程。他自评自己不是一个特别聪明的球员,不能一学就懂,一用就会,一练就有效果,相反,他需要长时间积累,去消化,去理解,才能出成绩。

首夺国际大赛金牌

2018年5月13日,世界羽联世界巡回赛澳大利亚公开赛展开男单决赛的争夺,陆光祖击败队友周泽奇夺冠,获得徐州历史上第一个羽毛球国际赛事冠军。

决赛第一局,陆光祖迅速进入状态,先拿4分领跑。周泽奇追至3∶5,陆光祖立即还击6分重新拉开比分。之后的比赛,陆光祖越战越勇,不断扩大优势,以21∶8先下一城。第二局周泽奇很快以4∶2、12∶8领先,陆光祖把握机会连拿4分扳平。13平后陆光祖连续得分反超,周泽奇打得很顽强,两次把比分追平。19平后陆光祖连续两次拿到赛点,放手一搏的周泽奇都成功化解危机追平。21平时陆光祖没有再让机会溜走,他一口气连赢两分以23∶21再下一城,以2∶0夺冠。

世界羽联(BWF)2018年世界巡回赛共有26项赛事,选手们全年通过参加这些赛事争取积分以获得年终总决赛资格。在澳洲公开赛中,陆光祖在16进8比赛时以2∶0(21∶15、21∶11)淘汰马来西亚好手张维峰,8进4比赛时以2∶0(21∶14、21∶6)淘汰印度好手萨米尔。半决赛中,陆光祖与队友赵俊鹏进行德比之战,以2∶1(12∶21、21∶19、21∶15)取得胜利,与国家队队友周泽奇相遇。

出任男单一号征战汤姆斯杯

北京时间2021年10月17日晚7点,羽毛球汤姆斯杯决赛中国队与印尼队的对决上演,最终由陆光祖出任男单一号的中国队0∶3不敌对手无缘队史第十一冠。

出于新老交替、锻炼新人的目的,虽然是汤姆斯杯的上届冠军,但中国队并没有派出全主力参加,谌龙、李俊慧、刘雨辰、郑思维四位主力没有参赛。小组赛中国队先后战胜塔西提、荷兰、印度,排名小组第一闯入八强,1/4决赛3∶0战胜泰国队,半决赛3∶1逆转日本队闯入决赛。

中国队单打阵容是陆光祖、李诗沣和翁泓阳,双打是何济霆和周昊东、刘成和王懿律,7名球员中仅刘成参加过三年前3∶1战胜印尼的半决赛,而印尼队的金廷、乔纳坦、苏卡穆约都参加了三年前的对阵。

决赛的首场比赛,世界排名第27的陆光祖对阵世界排名第5的金廷,由于石宇奇的因伤缺阵,让陆光祖不得不以第一单打的身份出战印尼男单一哥。

首局双方战成17平后陆光祖连得2分来到19∶17,紧接着以21∶18先拔头筹。不过经验更加丰富的金廷及时调整,以21∶14扳平比分。决胜局金廷一开始就5∶1领先,连续出现运气球滚网,对陆光祖影响很大,金廷扩大优势以21∶16锁定胜利。

陆光祖

赛后,陆光祖表示:"这次比赛自己进步最大的是心态,虽然输了但还是在场上展示出了拼劲。"

苦战两局险胜老对手

2024年1月11日,马来西亚羽毛球公开赛爆出冷门,陆光祖在男单比赛中以2∶0击败世界排名第二的金廷,晋级男单八强。

这是陆光祖首次战胜金廷,在之前的比赛中,陆光祖已接连输给金廷5场。在这场比赛中,陆光祖赢得非常艰苦,两局比赛都打到加分,陆光祖以23∶21和25∶23险胜。

陆光祖赛后说:"金廷是攻击力较强、速度较快的对手,自己能做的是多限制他几拍,让他多打、多跑、多大范围调动,等待他先失误,这样自己的机会就来了。"

27岁的陆光祖是中国队第三号男单,他首轮比赛也发挥出色,以2:1淘汰了马来西亚一哥李梓嘉。

家人和教练时刻关注他成长

陆光祖的父亲说,陆光祖训练期间风雨无阻、刻苦努力,有一股不服输的劲头。十二岁进入南京少儿体校,到江苏省队,再打进国家队,他依然保持顽强拼搏的精神,再苦再累也从不退缩,脚踏实地去实现梦想,用他自己的话说就是:"我自己选择的路,就是流泪、流血也要坚持走下去。"他是这么说的,也是这么做的。

陆光祖的启蒙教练郭鑫说,小时候的陆光祖个子不高、身材瘦弱,但特别能吃苦,每天完成训练计划后还要加练,展现了很强的自律性和目标远大的优秀运动员品质,从小就把进国家队、成为世界一流选手作为目标,最终也实现了这个目标。

"我时刻关心和关注他的成长,无论在省队还是在国家队,我们都经常沟通交流,他也会经常主动向我汇报近期的训练、生活、学习等各方面情况,可以说我们亦师亦友。"郭鑫说。

姓名:陆光祖

性别:男

出生年月:1996年10月

项目:羽毛球

主要成绩和荣誉:

2017年获全运会羽毛球男团季军和男单季军。

2018年5月获澳大利亚羽毛球公开赛男子单打冠军。

2019年3月获2019年亚洲羽毛球混合团体锦标赛男团冠军。

2020年9月帮助青岛仁洲队获得2020中国羽毛球俱乐部超级联赛冠军。

2021年9月获第十四届全运会羽毛球男团季军和男单亚军。

2021年10月获苏迪曼杯世界羽毛球混合团体锦标赛冠军。

2023年9月获中国羽毛球公开赛男单亚军。

臧哈：奋楫争先，艇力前行

臧哈

赛艇不是一个人的比赛，而是一个团队协作的劈波斩浪，节奏一致，整齐划一，执桨竞逐，是一项团队勇敢和毅力迸发的水上体育运动。

赛艇是徐州竞技体育的传统优势项目，由徐州市体校培养输送的运动员臧哈与队友在2022年7月10日结束的赛艇世界杯总决赛中获得男子四人双桨年度总冠军。

世界杯总决赛与世锦赛、奥运会同属三大赛事之一，这标志着臧哈成为江苏省赛艇公开级项目首个世界冠军，也是徐州市1995年开设赛艇项目以来的首个赛艇世界冠军。

全力备战勇夺世界冠军

2022年7月10日，赛艇世界杯瑞士卢塞恩站收官，意味着那个赛季的赛艇世界杯比赛全部结束。那届世界杯比赛共设三站，分别是塞尔维亚贝尔格莱德站、波兰波兹南站、瑞士卢塞恩站，臧哈参加了全部三站的比赛。中国队在最后一站男子四人双桨比赛中"变阵"，由臧哈、伊绪帝、刘荡、阿迪里江·苏里坦出战，虽然最后一站中国队只位居第六，但凭借前两站的冠军成绩，总积分最终排在第一，荣膺年度总冠军。

在塞尔维亚贝尔格莱德站男子四人双桨决赛中，中国一队在出发后就保持微弱的领先优势，达到1000米计时点时，中国一队已经领先近一个艇身。经过1500米计时点时，奥运冠军荷兰队逐渐追了上来，但中国一队仍保持11米的领先优势。冲刺阶段，荷兰队展现了强大的实力，一度有赶超之势，但中国一队稳扎稳打,最终第一个冲过终点,斩获中国赛艇项目史上第一个男子四人双桨世界分站赛冠军。臧哈在赛后表示,成绩的取得得益于冬训"狠抓体能、恶补短板"的指导思想,"水上问题陆上解决,技术问题体能解决。只要继续按照这个理念,我们会越来越好。"

为了备战奥运会、全运会,臧哈已经 4 年没有回过家,没有时间看望身体不适的母亲。全运会结束后,臧哈放弃了放假回家与家人团聚的机会,迅速回到国家队投入到新阶段的训练当中,克服大强度、大运动量训练带来的伤病,不退缩、不放弃,最终斩获了自己运动史上这块最重量级金牌。

中国赛艇打破欧洲垄断

赛艇比赛是一种水上竞速项目,由一名或多名桨手坐在舟艇上,背向舟艇前进的方向,通过桨和桨架简单的杠杆作用划水。

赛艇比赛开始时,各艇在起航线后排齐,发令员发令后,各艇以最快的速度划向终点,以艇首到达终点的先后判定比赛胜负。

赛艇比赛必须在没有波浪的静水水面上进行,天气情况对比赛成绩会产生影响。所以,赛艇比赛没有世界纪录。

赛艇包括单人、双人、四人、八人项目,分为单桨和双桨,距离都为 2000 米。常见的赛事中,艇制命名是按人数加单双桨来区分的,例如,有单人双桨、双人单桨、四人单桨、八人单桨等,多人艇上还有专业舵手。划桨周期就是一次划桨动作的全过程,包括提桨、拉桨、按桨、推桨,运动员需要重复做这一套动作,赛艇比赛的桨频,大约是一分钟划桨 30 到 40 次,男子 8 人赛艇起航时的桨频甚至高达一分钟 48 次。赛艇比赛考验体力和耐力,也是一项非常有观赏性的户外比赛项目。

1892 年,国际赛艇联合会在意大利成立。1900 年,巴黎奥运会将男子赛艇列为比赛项目,1976 年,蒙特利尔奥运会设立女子赛艇项目。自 2008 年北京奥运会实现金牌突破以来,中国赛艇队在世界性赛艇比赛上一直保持着较好成绩,在东京奥运会女子四人双桨项目上再次夺金。至此,中国赛艇打破欧洲在世界赛艇比赛项目上的垄断局面,成为我国的优势项目。

能吃苦又有天赋

臧哈是徐州新沂人,1996 年出生,2009 年因为机缘巧合被选入徐州市划船运动训练基地,师从周瑶教练开始赛艇训练。刚进队时,臧哈各方面表现都不是特别突出,但周教练发现他有强烈的好胜心,训练很刻苦:"他对自己比较狠,基本上每堂课都把自己练吐。"通过日复一日的魔鬼训练,臧哈参加了 2014 年第十八届江苏省运动会并崭露头角,一人独得男子单人双桨两枚金牌,同年就被输送到江苏省赛艇队。

臧哈

周遥教练说,臧哈能吃苦又有赛艇天赋。2015 年获得全国赛艇锦标赛男子单人双桨冠军后,臧哈被国家队主教练看中,同年入选国家队,从此成为国家队男子四人双桨项目主力。2019 年,臧哈与队友获得世界赛艇锦标赛第六名,取得中国赛艇史上第一张男子四人双桨的奥运会入场券。2021 年,臧哈与队友在东京奥运会上获得第七名,创造中国赛艇队该项目在奥运会上的最好成绩。

泰晤士河畔放光彩

很多人可能听过这样一句话:无赛艇,不名校。现代赛艇运动起源于英国泰晤士河畔,被誉为"水上高尔夫"。泰晤士河畔的伊顿公学(英国最知名的贵族学校)最早将赛艇作为一项体育运动发展起来。随后,伊顿的毕业生又将赛艇带到牛津和剑桥。1829 年,牛津、剑桥举办第一次赛艇对抗赛,这是世界上有史以来高校间首次举办赛艇比赛。牛剑对抗赛的传统延续至今,每年吸引着数十万人到场观看。

"亨利杯"皇家赛艇赛创办于 1839 年,是世界顶级赛艇赛事,顾拜旦建立国际奥委会的灵感即来源于这一赛事。"亨利杯"皇家赛艇赛具有悠久的传统,由牛津郡泰晤士河畔亨利镇的人们发起,由最初的一天、两天发展到现在的五天赛程,规模越来越大,除因两次世界大战中断过 11 个年头之外,每年都吸引世界各地的著名赛艇俱乐部、大学选手参加,涌现出不少世界冠军和奥运会冠军。时至今日,"亨利杯"皇家赛艇赛仍是世界上最重要的赛艇比赛之一。

2022 年"亨利杯"皇家赛艇赛共吸引来自 17 个国家的 739 名运动员参加。臧哈领衔的中国队以领先美国队 2 条艇的优势获得男子四人双桨项目冠军,成为首个在该项目中夺魁的亚洲队,五星红旗和 TEAM CHINA 徽标在泰晤士河上迎风飘扬、大放异彩!

杭州亚运会惊险夺魁

2023 年 9 月 25 日上午,杭州亚运会赛艇男子四人双桨决赛举行,臧哈搭档队友伊绪帝、韩崴、阿迪力江·苏里坦出战。这原本被认为是一场没有悬念的比赛,没想到乌兹别克斯坦队采取了先发制人的战术,开场就给夺金热门中国队施加了不小压力。前500 米,中国队几乎和乌兹别克斯坦队并驾齐驱;划到 1000 米时,中国队也仅比乌兹别克斯坦队领先 0.5 秒。中国队后半程才逐渐占据优势,最终以 6 分 02 秒 65 的成绩夺冠,但也只领先乌兹别克斯坦队不到一个艇位。

臧哈

从容坚定走好每一步

中国赛艇运动起步比欧美国家晚很多,尽管已在亚洲确立领先地位,但放眼世界赛场,中国选手一直是追赶者的角色。

在每天的训练中,臧哈与队友从下水第一下起就把动作做规范,打磨技术细节、锤炼团队配合成为他们每天的常态。日复一日的风吹日晒,给这些风华正茂的小伙带来黝黑的痕迹,但一想到心中未圆的梦,他们又坚定而踏实地走好每一步。

在赛艇这个项目上,每位队员的发挥都至关重要,四人双桨的比赛更是需要队员们的高度配合和默契。中国队克服了一个又一个困难,最终实现了世界冠军梦。

　　谈及获得世界冠军,臧哈表示,这是每个职业运动员的梦想,也是对自己十几年如一日艰苦训练的回报,很欣慰。但成绩属于过去,接下来要争取获得更好成绩,为祖国和家乡人民增光。

　　姓名:臧哈

　　性别:男

　　出生年月:1996 年 3 月

　　项目:男子赛艇四人双桨

　　主要成绩和荣誉:

2015 年获全国赛艇锦标赛男子单人双桨冠军。

2019 年获世界赛艇锦标赛男子四人双桨第六名。

2021 年获东京奥运会男子四人双桨第七名。

2021 年获第十四届全运会男子四人双桨冠军。

2022 年获赛艇世界杯男子四人双桨年度总冠军。

2023 年获杭州亚运会男子四人双桨冠军。

王嘉男：亚洲跳远"第一人"

2022 年 7 月 17 日，徐州运动员王嘉男以最后一跳 8.36 米的好成绩夺得世锦赛男子跳远冠军。这枚金牌"含金量"极高，王嘉男成为中国第一位在世锦赛上赢得田赛项目冠军的男子运动员、第一位赢得世锦赛跳远冠军的亚洲选手。

王嘉男

成功改项天地宽

王嘉男运动生涯的转折点出现在徐州。2011 年，时任徐州市体育局田径运动管理中心主任的王志英远赴辽宁沈阳，把年仅 15 岁的王嘉男带回徐州市田径队备战江苏省第十八届运动会，后又推荐其进入江苏省田径队。

最初练田径时，王嘉男主攻十项全能。到徐州后，王志英在训练中发现王嘉男运动速度快、爆发力好，结合他的身体条件，向省田管中心建议让王嘉男由全能改为单项跳远，随即跟随省田径队徐州籍教练员赵磊训练，开始了跳远运动生涯。

"当时选王嘉男进徐州田径队，我看中的是他的自身条件，特别是他的运动灵性和吃苦的拼劲,具备高水平优秀运动员的天赋。训练中,他喜欢钻研,善于学习总结运动技术,是一名'学习型'运动员。"王志英回忆当时的情景说。

王嘉男的技术特点是助跑时敢跑,速度快、节奏好、起跳能力突出,再加上出色的身体素质,使他具备一名优秀跳远运动员的素质。教练曾评价,王嘉男平时训练非常刻苦,非常聪明,领悟能力强,很多技术动作,几次就能调整过来。

从 2013 年开始,王嘉男在跳远项目上渐渐展现出极高的天赋,他开始专注于跳远。在当年 7 月在印度浦那举行的亚洲锦标赛上,他以 7.95 米的赛季最佳成绩赢得自己第一个亚洲跳远冠军。

王嘉男

2015 年北京田径世锦赛,王嘉男一战成名,以 8.18 米获得季军,成为首位摘得男子跳远世界大赛奖牌的亚洲选手。说到自己成功改项,王嘉男直率又自信:"就是对田径的热爱吧,感觉自己不管经历什么,都不是问题。我不是一般人啊,我能行。"

王嘉男

偶像的鼓励作用大

不说不知道，王嘉男的成长历程中，有一位前辈给他很大鼓励，那就是奥运冠军刘翔。和偶像的第一次亲密接触，王嘉男记忆犹新。那是 2013 年 10 月，国家田径队去江西井冈山集训，刘翔作为运动员代表同行。见到偶像，王嘉男非常高兴，但又有点腼腆，只说了一句"翔哥，你好"。倒是刘翔很亲切，当面为这位跳远新秀送上鼓励："好。加油加油……"

王嘉男透露，刘翔最吸引自己的一点就是赛场上的气质："我觉得他是神一样的人物，跟他见面真的感觉像做梦一样。"后来有人问王嘉男，只和刘翔交流了这些？他满足地回答："够了够了，说太多并不合适，和偶像见面，这样正好。"但刘翔的鼓励，力量是巨大的，让王嘉男在激烈残酷的跳远竞争中保持着平常心和进取力。2018 年，王嘉男追平全国纪录，将自己的个人最好成绩提升至 8.47 米。

逆转取胜改写历史

2022 年世界田径锦标赛 7 月 15 日至 24 日在美国俄勒冈州尤金市举行，设49 个项目，是巴黎奥运周期的首场世界顶级室外田径赛事，为巴黎奥运会锻炼队伍、储备人才是中国田径队的参赛目标之一。

北京时间 2022 年 7 月 17 日，第十八届世界田径锦标赛在美国俄勒冈尤金结束第二天的争夺，在男子跳远决赛中，王嘉男最后一跳跳出 8.36 米的好成绩，夺得金牌。

王嘉男

王嘉男

"最后一跳前又一次犯规了，但我看了一下成绩还不错，也给自己奠定了信心。最后一跳之前我看了一下大屏幕，8.15米以上就能有奖牌，我就觉得我可以拼一个奖牌，想把自己的技术发挥得好一点，没有想太多，就稍微使点劲。"王嘉男赛后回顾夺冠过程时说，"一落地我看了成绩，非常激动，所以也哭了。"

"8年前，我就是在这里获得世青赛金牌。"王嘉男透露，自己的教练兰迪·亨廷顿也在赛前和他说"欢迎回家"，"他让我在家门口好好比赛。"

或许，就是这样一种熟悉而轻松的状态，帮助王嘉男彻底爆发，在实现个人生涯突破的同时，也改写了中国跳远的历史。

荣升奶爸乐融融

2021年10月21日，王嘉男在微博上发布喜讯："国家级证书拿了不少，今天这本尤为重要。相识十五年，相恋十年。今天我们向着美好的人生共同迈进了一步。从此我也有了新的称谓和责任。感谢你这么多年在背后默默支持和陪伴！愿往后余生，冷暖有相知，喜乐有分享。同量天地宽，共度日月长。"

当天，王嘉男与女友解双铭在南京栖霞区民政婚姻登记处领取结婚证。王嘉男出生于1996年8月，解双铭生于1997年2月，两人年龄相仿，郎才女貌，都是田径运动员，更能理解彼此的事业和思想。解双铭来自广东队，从事女子七项全能项目，不过她的职业生涯较短，只有2014—2015两个赛季参加比赛。

王嘉男和解双铭结束爱情长跑修成正果，让人非常羡慕。"亚洲短跑一哥"苏炳添发表贺词：恭喜嘉男加入已婚行列！要好好爱老婆喔！祝你们幸福快乐！国内田径名将石雨豪、王逗等也发来祝福。

目前，王嘉男已荣升奶爸，三口之家其乐融融。

 **人物档案**

性别：王嘉男

性别：男

出生年月：1996 年 8 月

项目：男子跳远

主要成绩和荣誉：

2015 年获北京世锦赛男子跳远铜牌。

2016 年获里约奥运会男子跳远第五名。

2018 年获雅加达亚运会男子跳远金牌。

2019 年获钻石联赛上海站男子跳远银牌。

2022 年获俄勒冈世锦赛男子跳远金牌。

2023 年获杭州亚运会男子跳远金牌。

唐思硕:散打英雄出少年

　　兔年岁尾,在2023年第十六届世界武术锦标赛上夺得散打世界冠军的徐州小将唐思硕载誉归来,回到他运动梦想起航的地方——徐州市体育训练中心,与市散打队的师弟师妹们进行了一次近距离的交流座谈。交流会上,唐思硕向在训的师弟师妹们分享了三点感受:一要仰望星空、心怀梦想;二要埋头苦训、脚踏实地;三要刻苦钻研、打磨技术。

唐思硕

　　2023年11月20日,在美国得州沃斯堡市落幕的第十六届世界武术锦标赛上,18岁的唐思硕代表中国队出战,经过两轮淘汰赛,最终在男子散打52公斤级决赛中不畏强敌,以大比分优势战胜菲律宾选手阿内尔·罗亚曼达尔,赢得一枚宝贵的金牌。唐思硕成为江苏武术散打项目最年轻的世界冠军,也正好验证了"自古英雄出少年"这句古话。

首次参加世锦赛就夺冠

　　第十六届世界武术锦标赛2023年11月16晚在美国得州沃斯堡市开幕。

世界武术锦标赛每两年一届,由国际武联主办,是武术界最高级别的世界级赛事。这是自1995年在马里兰州巴尔的摩举行以来,武术世锦赛近30年后首次重返美国,吸引了来自52个国家和地区的约600名参赛者,分武术套路和武术散打两大项,共产生40块金牌,其中套路比赛设置男女22个比赛项目,散打比赛设置男女18个公斤级别。

唐思硕(右一)参加2023年全国武术散打锦标赛

国家散打队于当年10月10日起在国家体育总局集训,总教练是来自北京体育大学的李杰,另一名教练员是吉林散打队主教练仲丛阳。8名运动员中,年龄最大的是28岁的叶翔,最小的是年仅18岁的唐思硕。

集训期间,散打队采用教练员负责制,每个参赛运动员均由一名教练员负责,整个训练过程由总教练李杰负责策划,首先对集训备战的前期工作进行科学规划,让大家明确集训的核心任务,科学设计训练的关键内容及各阶段适宜的训练负荷,让各位责任教练员能把握好整个训练备战工作。在应战手段上,教练员团队仔细研究国外主要对手的技战术特点,合力找出应对策略,并在训练期间充分实施。

此次比赛是唐思硕首次代表国家队参加成年组世界锦标赛。在与对手交手时,唐思硕拳拳生风、见招拆招,利用一个个抱摔动作击败对手……得益于前期的充分准备,他战无不胜。

八进四战胜格鲁吉亚选手基维·戈恰什维利晋级、半决赛战胜越南选手谭庭文……最终,在 11 月 20 日进行的男子散打 52 公斤级决赛中,唐思硕不畏强敌,以大比分优势打败菲律宾选手阿内尔·罗亚曼达尔,为中国队赢得一枚宝贵的金牌。

连夺世青赛和全国冠军

2022 年 10 月,国家体育总局武术项目管理中心公布参加 2022 年世界青少年武术散打锦标赛名单,唐思硕以总分第一的好成绩入选国家青年队,出战第八届世界青少年武术散打锦标赛。

第八届世界青少年武术锦标赛于 2022 年 12 月 5 日至 10 日在印度尼西亚万丹的丹格朗隆举行,吸引来自 62 个国家和地区的 800 多名运动员参加,比赛项目分为武术套路和武术散打两个大项。中国代表队派出 12 名运动员参赛,经过 6 天的激烈角逐共获得 10 枚金牌。

唐思硕是本届国家队唯一一名江苏籍武术散打项目运动员。比赛中,唐思硕一路过关斩将,16 进 8 以 3 记中鞭腿 KO 新西兰小伙,仅用时 17 秒便取得胜利,创造那届比赛最快终结纪录。进入半决赛后对阵突尼斯选手亚当·凯米西,唐思硕又以绝对优势获胜。决赛中对阵越南选手花文端,经过两个回合的较量,以 2 比 0 的比分轻松获胜,为中国代表队夺得一枚宝贵的金牌。

2023 年 8 月 14 日,在全国武术散打锦标赛男子成年组 52 公斤级决赛中,唐思硕勇夺金牌,这是他首次夺得全国成人比赛冠军。

唐思硕

比赛于8月7日至20日在山东省枣庄市举行,共有全国43支代表队的597名运动员参加,分男、女两个组别,共设21个比赛项目。唐思硕代表江苏队出战,经过五轮激烈角逐,在52公斤级决赛中战胜贵州选手王宣孔获得冠军。

从小就有个武侠梦

和许多男孩一样,出于对电影中动作明星的喜爱,唐思硕从小就有一个武侠梦。

"小时候最爱的就是成龙、李连杰,电影里他们的武打动作很潇洒,我特别喜欢。"10岁那年,唐思硕就拉着家人帮自己找了一家武术散打俱乐部。"其实那会刚进俱乐部,自己还在上小学,也不知道武术散打到底是个啥项目。就是看到能够对练、对打,所以就开始在俱乐部里慢慢练起来。"唐思硕说。

在俱乐部练习武术散打两年后,唐思硕被推荐进入徐州市武术散打队训练,站上了人生的十字路口。"我记得那时候俱乐部教练告诉我去那里会有更好的发展,而我其实也没想过是不是要做运动员,还是因为喜爱这个项目,所以才选择去市散打队继续训练。"唐思硕说。

2017年,唐思硕跟随市武术散打队教练孟江南接受半职业化训练,无论是训练量还是训练强度都远远超过俱乐部,但艰苦、枯燥的日常训练却没有阻挡他追寻梦想的脚步,"还是因为热爱吧,我从来没想过放弃"。

教练对他情有独钟

2021年7月,唐思硕进入江苏省武术散打队集训。"有一次我去徐州看训练,一眼便从一堆孩子中看到了他,可以说对这个孩子情有独钟吧。"江苏省武术散打队教练李明记忆犹新,唐思硕吸引他的一点就是训练态度。"从技术层面上看,当时他年龄太小了,技术也比较毛糙一点。但他的训练态度在所有人中绝对是出类拔萃的,再加上当时省队没有小级别的好苗子,所以我就把他从徐州要了上来。"

在李明看来,与其他大多数体育项目需要运动员不停地与自己较劲去提升实力略有不同,武术散打项目是非常直接的对抗。"唐思硕对这个项目的热爱,让他能够直面枯燥甚至痛苦的训练,并在比赛中拿出不惧强敌的心态,哪怕遭遇比他级别大、力量大的运动员,他都敢上去啃、去拼。这就是他这几年能够快速成长的原因吧。"

"有一次他拿到全国冠军，我以为他会张扬显摆，但没想到他比赛下来发了朋友圈说，'接下来一切从头开始'，这件事让我对他有了非常好的印象。"李明说，未来他会有针对性地帮助唐思硕进一步提升自信心和技术，为未来的成长打好坚实基础。

辉煌过后继续努力

从10岁接触武术散打项目开始，唐思硕就通过热爱加持下的刻苦努力，不断展现着自己的天赋和潜力，短短两年多时间便获得为国出战世锦赛的机会，这也是对他最好的褒奖和鼓励。但对于参加世界大赛，唐思硕却有着不一样的理解。

"世锦赛和世青赛上有很多世界各地的选手，他们的技术风格不一样，打法也不一样，我看了很多比赛视频去研究他们。和他们比赛，我会找到自己的不足，也会找到对手的优点，这些都让我有了技术上的提高。当然，为国争了光，这也是我最大的收获。"唐思硕说。

"拿到这个冠军后，我还会继续努力。"唐思硕说，武术散打是他的挚爱，无论如何都会一直拼下去！

唐思硕（左）与教练孟江南

孟江南教练也对爱徒寄予厚望："因为热爱,所以执着;因为梦想,闪闪发光。从名不见经传到世锦赛夺魁,其间的艰辛和付出只有自己知晓。如果说两年三冠是对他默默努力的回报,那为国争光登顶世界之巅则更具使命感和自豪。征途漫漫,唯有奋斗;砥砺奋进,行稳致远。愿他下了领奖台后戒骄戒躁,更加精进自己,磨炼意志和技术,永远为下一场比赛而准备,用更多荣誉书写不平凡的散打人生,为祖国和家乡增光添彩!"

目光投向更远未来,时间会给唐思硕最好的答案,也将造就明天更好的他。对于年仅 18 岁的唐思硕来说,他的美好未来在路上!

姓名:唐思硕

性别:男

出生年月:2005 年 9 月

项目:男子武术散打

主要成绩和荣誉:

2022 年获第八届世界青少年武术锦标赛散打项目男子组 52 公斤级冠军。

2023 年获全国武术散打锦标赛男子 52 公斤级冠军。

2023 年获第十六届世界武术锦标赛男子 52 公斤级冠军。

后　记

七十年，可能是历史长河的一瞬间。

七十年，却见证了徐州体育的辉煌与荣光。

七十年来，徐州运动员筚路蓝缕，英勇顽强，拼搏进取，创造了一个又一个历史奇迹。为了梦想和荣誉，他们不断突破自我、追求卓越的精神风貌，他们在失败中吸取教训、不断成长的必胜信心感人至深、催人奋进。这正是竞技体育的魅力所在。

我们不会忘记，北京冬奥会男子自由式滑雪空中技巧冠军齐广璞的故事感动了无数粉丝。之前三届奥运会冲击失误，十几年才磨一剑，他的成功绝非偶然。那些挫折并未能将他击败，反而使他更加清晰地意识到，想要实现梦想就必须要有百折不挠、永不言败的精神。

我们不会忘记，"感动中国 2023 年度人物"颁奖之后，张雨霏在社交媒体上表示："冠军是胜者，更是逆境中崛起的人，获此殊荣，荣幸之至。谢谢大家的祝福，更感谢体育和赛场给我带来的感动，我也希望能将这份感动继续传递。洲暖水花美，巴黎见！"

在徐州体育七十周年之际，接到为徐州 42 位世界冠军作传的任务后，我就紧锣密鼓地寻找搭档，在多方考察和市体育局推荐下，选定了市体校原副校长郭申。郭申多年来笔耕不辍，长于体育公文，熟悉 20 世纪八九十年代的徐州体育情况，与其间的技巧世界冠军周传标、苏红等人有着不错的私交，我认为他来主笔技巧、蹦床项目人物的故事再合适不过。退休多年的郭申不负众望，很快与 16 位技巧、蹦床世界冠军全部建立联系，一一进行采访，并在专家指导下三易其稿。

我从 1987 年开始涉足体育新闻报道,1994 年正式加入体育记者行列,曾出征 2002 年韩日世界杯、2004 年雅典奥运会、2006 年德国世界杯、2008 年北京奥运会进行现场采访。30 年的体育记者生涯让我对徐州体育大事如数家珍,参与了近 30 年来所有徐州世界冠军的采访报道,与他们建立了长期的友谊与联系。所以,其他项目 26 位世界冠军的故事则由我主笔。

　　在此,要特别感谢市体育局的大力支持,感谢世界冠军的教练、家人提供宝贵的资料和图片。

　　一切过往皆为序章,飞云踏海乘风破浪!

　　加油! 每一个追光的徐州体育人! 向你们致以崇高的敬意!

王瑜珩记于二〇二四年五月